BÊNÇÃO DOBRADA

BÊNÇÃO DOBRADA

MARK BATTERSON

Vida

Vida

EDITORA VIDA
Rua Conde de Sarzedas, 246 – Liberdade
CEP 01512-070 – São Paulo, SP
Tel.: 0 xx 11 2618 7000
atendimento@editoravida.com.br
www.editoravida.com.br

Todos os grifos são do autor.

■

Todas as citações bíblicas e de terceiros foram
adaptadas segundo o Acordo Ortográfico da
Língua Portuguesa, assinado em 1990,
em vigor desde janeiro de 2009.

Editor responsável: Gisele Romão da Cruz
Editor-assistente: Amanda Santos
Tradução: Cecília Eller
Revisão de tradução: Andrea Filatro
Revisão de provas: Josemar de Souza Pinto
Diagramação: Claudia Fatel Lino
Capa: Arte Vida

1. edição: nov. 2021

Dados Internacionais de Catalogação na Publicação (CIP)
(Câmara Brasileira do Livro, SP, Brasil)

Batterson, Mark

Bênção dobrada / Mark Batterson ; [tradução Cecília Eller]. -- 1. ed. -- São Paulo : Editora Vida, 2021.

Título original: *Double blessing*
ISBN 978-65-5584-248-7
e-ISBN 978-65-5584-236-9

1. Bênção 2. Bênção e maldição 3. Deus (Cristianismo) - Amor 4. Vida cristã I. Título.

21-83900 CDD-248.4

Índices para catálogo sistemático:
1. Bênção de Deus : Vida cristã : Cristianismo 248.4
Cibele Maria Dias - Bibliotecária - CRB-8/9427

A todos aqueles que generosamente
investiram tempo, talento e recursos na
National Community Church.
Uma vez acionista, sempre acionista.

SUMÁRIO

Prefácio

O FIO DE ARIADNE

Deus os abençoou e lhes disse:
"Sejam férteis e multipliquem-se!"
Gênesis 1.28

Na mitologia grega, existe uma lenda sobre um labirinto intransitável e inescapável. Aqueles que ali entravam jamais saíam. Pois ali pelo labirinto vagava o Minotauro, uma criatura terrível que era metade homem, metade touro. A cada nove anos, o rei de Creta exigia que os atenienses enviassem sete meninos e sete meninas para serem sacrificados ao Minotauro. Como você deve imaginar, os atenienses não apreciavam nem um pouco essa tradição.

Na terceira edição dos Jogos do Minotauro, o príncipe de Atenas se voluntariou como tributo em lugar dos jovens cidadãos. Quando Teseu chegou a Creta, a princesa Ariadne, filha do rei da ilha, apaixonou-se perdidamente por ele. Ela sabia que ninguém que se aventurara naquele labirinto tinha conseguido sair. Por isso, elaborou um plano bem engenhoso. Ariadne deu a Teseu uma espada para matar o Minotauro e, o mais importante, um novelo. Após amarrar uma extremidade do novelo à entrada, Teseu foi desenrolando o fio enquanto se movia pelos corredores sem fim, que mais pareciam uma teia de aranha. Após ter êxito em matar o Minotauro, Teseu conseguiu fazer o caminho de volta e sair do labirinto com ajuda do fio de Ariadne.[1]

A vida é um labirinto, não é mesmo? É cheia de reviravoltas relacionais e profissionais que não estavam nos nossos planos. Ziguezagueamos em meio a decisões importantes e escolhas ruins. Envolvemo-nos em situações das quais não sabemos como nos desvencilhar depois. E encontramos alguns Minotauros ao longo do caminho!

Enquanto serpenteamos pelas situações difíceis da vida, sentimos tão pouca esperança quanto aqueles que tentavam escapar do antigo labirinto. Mas existe uma saída. Há um fio de novelo à sua espera, porém é preciso fazer todo o caminho de volta até o princípio da história humana a fim de descobrir seu nó bem amarrado.

Instinto antigo

O psicólogo austríaco Alfred Adler ficou conhecido por começar as sessões de aconselhamento de seus novos pacientes com a pergunta: "Qual é a sua memória mais antiga?". A despeito da resposta dada pelo paciente, Adler dizia: "E assim é a vida".[2]

Adler acreditava que as nossas primeiras memórias deixam uma marca profunda na alma. Para o bem ou para o mal, pode ser muito difícil fugir do que ela atrai. As nossas memórias mais antigas têm o poder incomum de permanecer.

Imagine Alfred Adler assentado com Adão, o primeiro Adão, fazendo a ele sua pergunta característica. As primeiras lembranças de Adão variam de uma cirurgia na costela até vagar pelo jardim. Dar nome aos animais foi, sem dúvida, uma experiência inesquecível, em especial ao pichiciego-menor. Sim, esse bicho existe de verdade e faz jus ao nome! Então, claro, veio a estranheza da nudez após sucumbir à

1 **Encyclopaedia Britannica Online**, verbete "Ariadne", <www.britannica.com/topic/Ariadne-Greek-mythology>.

2 Batterson, Mark. **Soulprint:** Discovering Your Divine Destiny. Colorado Springs: Multnomah, 2011. p. 57.

tentação da serpente. E, com certeza, pesadelos subsequentes de estar nu em público! Mas nenhum desses instantes representa a memória mais antiga de Adão.

> Deus os abençoou e lhes disse: "Sejam férteis e multipliquem-se! Encham e subjuguem a terra! Dominem sobre os peixes do mar, sobre as aves do céu e sobre todos os animais que se movem pela terra". (Gênesis 1.28)

Antes do pecado original, houve a bênção original. E assim é a vida! Essa primeira bênção dá o tom, estabelece a base emocional e a tendência espiritual da vida de Adão. Não se trata, porém, apenas da memória mais antiga de Adão. Revela também o instinto mais antigo de Deus.

A bênção é a configuração divina padrão — o primeiro e mais predominante reflexo de Deus. Se você não crê nisso, está duvidando da bondade do Senhor. E, se você questiona a bondade do Senhor, acaba abdicando de sua bênção.

Deus deseja abençoar você além da sua habilidade de pedir ou imaginar.

É isso aí. E tenho dito. E acredito nisso de verdade. A pergunta é: e você?

A bênção de Deus é o fio de Ariadne, e nós o colocaremos na agulha do Gênesis ao Apocalipse. O que aconteceu lá nos primórdios está muito mais relacionado ao seu futuro do que você pode imaginar. A minha oração é que este livro traga uma nova temporada de bênçãos na sua vida. É claro que você precisa se posicionar para receber as bênçãos. E eu lhe mostrarei como fazer isso. Mas a bênção de Deus é mais do que um mistério a ser resolvido. É uma decisão a tomar, um hábito a desenvolver e uma mentalidade a consolidar.

Bênção original

Não posso saber com certeza qual é a sua memória mais antiga, se positiva ou negativa. Para muitos, porém, a lembrança do pai terreno não espelha a experiência de Adão. Aliás, é possível até mesmo que você se sinta amaldiçoado, em vez de abençoado, por sua família de origem. Se essa for a verdade no seu caso, pode ser difícil imaginar um Pai celeste cujo desejo mais profundo seja abençoar você. Talvez haja inclusive uma maldição geracional que precise ser quebrada. No entanto, quer você creia, quer não, Deus tem bênçãos reservadas para a sua vida em categorias que você nem consegue imaginar! Para ter a vida feliz, saudável e santa para a qual Deus o chamou, você precisa ter essa verdade entranhada. O propósito de Deus é abençoar! E, por sermos filhos dele, as bênçãos são um direito nosso.

Já sei no que você deve estar pensando. Será que estou prometendo saúde, riqueza e prosperidade? A resposta para isso é **NÃO**. Assim mesmo, bem claro! Deus nos promete algo muito melhor do que saúde física ou riqueza material. Além disso, algumas das maiores bênçãos de Deus são bênçãos disfarçadas.

> **Algumas das maiores bênçãos de Deus são bênçãos disfarçadas.**

A bênção divina não é um cartão de imunidade contra a dor e o sofrimento. Jesus disse sem nenhum rodeio: "Neste mundo vocês terão aflições" (João 16.33a). Ele próprio suportou uma montanha de problemas terrenos, inclusive a cruz! O que nos faz pensar que podemos nos tornar semelhantes a Jesus sem passar por algumas das mesmas lutas que ele enfrentou? Note, porém, que essa promessa não termina com "aflições". Não cometa o erro de colocar ponto final onde Deus só colocou ponto e vírgula! No mesmo fôlego, Jesus declarou: "contudo, tenham ânimo! Eu venci o mundo". Sem dúvida, há sacrifícios a fazer. Com certeza, há sofrimentos a suportar. Mas há uma bênção do outro lado, uma bênção dobrada!

Contudo, há algo que preciso deixar claro logo no início: Deus não abençoa a desobediência! Deus também não abençoa o orgulho, a ganância ou a preguiça! Precisamos nos posicionar para receber a bênção de Deus, e é disso que este livro trata. Não se engane: Deus já se colocou na posição certa para abençoar você desde o início. E essa bênção não é apenas o ato inaugural de Gênesis.

Uma nuvem de palavras é a representação visual de dados textuais, mostrando a importância das palavras por cor e tamanho da fonte. Se você fizer uma nuvem de palavras do Antigo Testamento, não sei se apareceria uma palavra maior ou em cor mais viva do que *bênção*. Aliás, *bênção* é uma placa em neon chamativo! Se formos honestos, admitiremos que muitos de nós têm dificuldade em crer nisso por causa do grande volume de brutalidade e derramamento de sangue antes de Cristo. Mas a palavra hebraica para "bênção", *barak*, se repete 330 vezes! O termo significa "abençoar aquele que abençoa você".[3] E, no Novo Testamento, recebemos isso em dois sabores: *makarios* e *eulogētos*.[4] O conceito de bênção pode até lhe parecer grego, mas, ao final deste livro, você saberá como receber e como dar bênção. Analisaremos de maneira bem detalhada as dimensões da bênção, mas quero que você entenda, desde o princípio, que as bênçãos formam o enredo central das Escrituras, do início ao final.

Abençoado para abençoar

Não é fácil quantificar ou qualificar a bênção de Deus. Ela é tangível e intangível, no tempo certo e atemporal. É universalmente oferecida a todos, mas ao mesmo tempo tão única quanto a sua impressão digital. Algumas bênçãos são tão simples e diretas quanto o nascer do sol. Outras são mais difíceis de discernir, como a bênção de ser quebrado e lapidado. Mas de uma coisa tenho certeza:

[3] Strong's H1288 — *Barak*, **Blue Letter Bible**, <www.blueletterbible.org/lang/lexicon/lexicon.cfm?t=kjv&strongs=h1288>, paráfrase do autor.

[4] Strong's G3107 — *Makarios*, **Blue Letter Bible**, <www.blueletterbible.org/lang/lexicon/lexicon.cfm?t=kjv&strongs=g3107>; Strong's G2128 — *Eulogētos*, **Blue Letter Bible**, <www.blueletterbible.org/lang/lexicon/lexicon.cfm?t=kjv&strongs=g2128>.

A bênção de Deus é a solução para o seu maior problema, a resposta para a sua oração mais ousada e o cumprimento do seu sonho mais corajoso.

Conforme sugere o subtítulo deste livro, exploraremos *como receber a bênção* e *como entregá-la*. Existe arte e ciência em ambos. Contudo, não se engane: o objetivo final não é receber, mas dar! Deus não nos abençoa para elevar o nosso padrão de vida. Deus nos abençoa para elevar o nosso padrão de doação. Nas palavras de Winston Churchill, "nossa sobrevivência depende daquilo que recebemos, mas a nossa vida é marcada por aquilo que doamos".[5] Trata-se de um conceito tão antigo quanto a aliança abraâmica:

> "Farei de você um grande povo, e o abençoarei. Tornarei famoso o seu nome, e você será uma bênção. Abençoarei os que o abençoarem e amaldiçoarei os que o amaldiçoarem; e por meio de você todos os povos da terra serão abençoados" (Gênesis 12.2,3).

A aliança de bênção firmada com Abraão continua tão válida hoje quanto sempre foi. Por quê? Porque Deus cumpre sua aliança! E o melhor: a antiga aliança foi atualizada e aperfeiçoada por aquilo que Cristo realizou na cruz. Mas não nos adiantemos...

Dizendo de forma simples, *nós somos abençoados para abençoar.* A maneira de transformar uma bênção em uma bênção dobrada consiste em movimentar a bênção. O segredo da bênção dobrada é simplesmente o seguinte: *é dando que se recebe*. Trata-se de uma ideia contraintuitiva e contracultural, mas esse é o milagre do lado de lá do fio de Ariadne. E você será uma bênção maior para mais pessoas por causa disso.

[5] Winston Churchill Quotes, **BrainyQuote**, <www.brainyquote.com/quotes/winston_churchill_131192>.

Tour rápido

Antes de embarcarmos nessa peregrinação de bênçãos, permita-me conduzir você em um *tour* rápido do Gênesis ao Apocalipse. Lembre-se: uma extremidade do fio de Ariadne precisa estar amarrada à bênção original: "Sejam férteis e multipliquem-se!" (Gênesis 1.28). A bênção de Deus então tece seu caminho do jardim do Éden até Ur dos caldeus, onde Deus firma uma aliança de bênção com Abraão. Esse episódio é sucedido por um encontro enigmático, mas ao mesmo tempo profético, com Melquisedeque. O sangue e o vinho oferecidos pelo rei-sacerdote de Salém a Abraão prefiguram a nova aliança, e Abraão faz expiação com o dízimo de todos os seus bens (Gênesis 14.18-20). A bênção de Deus sobrevive a uma novela conhecida como Isaque e Jacó, provando-se maior e melhor do que qualquer erro que possamos cometer. A bênção transforma Jacó em Israel, o qual, por sua vez, pronuncia uma bênção maior e mais forte sobre seus 12 filhos, as 12 tribos de Israel (Gênesis 32.28; 49.1-27).

Nós somos abençoados para abençoar.

Ao longo de quatrocentos anos de escravidão no Egito, a bênção sobrevive a sofrimentos impronunciáveis e reveses indescritíveis. Encontra voz em uma sarça ardente nos rincões do deserto, dando a um homem chamado Moisés confiança santa para confrontar o faraó (Êxodo 3.1—4.17). Na véspera do êxodo, a bênção de Deus é o sangue do cordeiro pascal, que ergue um muro de proteção ao redor do povo de Deus e o liberta do cativeiro. Durante a peregrinação de Israel, a bênção se transforma em nuvem durante o dia para dar sombra e em fogo à noite para iluminar (Êxodo 13.21).

Ainda no deserto, uma bênção sacerdotal é pronunciada sobre o povo de Deus (Números 6.22-26). Essa bênção edifica e separa os israelitas. Deus dobra a bênção com uma declaração grandiosa no alto do monte Gerizim (Deuteronômio 28.1-14). Então, a bênção abre o rio Jordão, faz cair as muralhas de Jericó e rende a região montanhosa denominada Hebrom (Josué 3.7-17; 6.1-21; 14.6-13).

O fio de Ariadne tece seu caminho até o campo de um pastor e a caverna de um fugitivo e chega ao vale de Elá, onde Davi derrota Golias. A bênção milenar que Davi herdou da linhagem de Judá se cumpre profeticamente no Filho de Davi, na cidade de Davi, mil anos mais tarde.

O leão da tribo de Judá nasce em Belém — *Deus conosco*. A bênção parece ir na direção errada no Getsêmani, ao passar pela Via Dolorosa e terminar em morte, na cruz do Calvário. Todavia, foi nesse momento que a maldição se quebrou e a bênção foi derramada — *Deus por nós*. A aliança de bênção se transforma em cálice de bênção, o cálice sem medida da graça de Deus, do qual bebemos toda vez que nos achegamos à mesa do Senhor e celebramos a nossa comunhão com Cristo (1Coríntios 10.16). A bênção é assinada, selada e entregue no terceiro dia com um túmulo vazio. Junto com ela, há uma nota de rodapé em letras miúdas, da qual o Pai não se esqueceu: "Eu dou a vocês as santas e fiéis bênçãos prometidas a Davi" (Atos 13.34).

A última coisa que Jesus fez, antes da ascensão, foi levantar as mãos e abençoar os discípulos, assim como faziam os antigos sacerdotes de Israel (Lucas 24.50). A primeira memória de Adão se tornou sua última e mais duradoura lembrança. Dez dias depois, uma segunda bênção foi concedida aos discípulos no cenáculo. O Espírito Santo foi derramado no dia de Pentecoste — *Deus em nós*.

Bênção eterna

O que é a bênção de Deus? É Deus — Deus *conosco*, Deus *por* nós, Deus *em* nós. Reduzi-la a qualquer coisa inferior a isso é uma desonra a Deus e uma desvalorização da bênção. Deus *conosco* é alegria indizível e paz que excede todo o entendimento (Filipenses 4.7). Deus *por* nós é seu favor, o diferencial entre o melhor que nós podemos fazer e o melhor que ele é capaz de realizar. E Deus *em* nós é poder — poder de ressurreição.

Cada bênção espiritual pertence a nós em virtude daquilo que Cristo realizou por intermédio de sua morte e ressurreição (Efésios 1.3).

E, quando finalmente chegamos ao fim da revelação divina, o instinto mais antigo de Deus encontra sua expressão eterna. É ali que amarramos a outra extremidade do fio de Ariadne, à última bênção da Bíblia. A bênção original se transforma em bênção eterna: "Felizes os que lavam as suas vestes, e assim têm direito à árvore da vida e podem entrar na cidade pelas portas" (Apocalipse 22.14).

Nas páginas que se seguem, puxaremos o novelo da bênção de Deus por todo o caminho do Gênesis ao Apocalipse. A minha oração é que este livro seja a gênese da bênção de Deus na sua vida e uma revelação da bênção maior que ele deseja que você se torne para os outros.

Posso dar uma sugestão ao começarmos esta jornada juntos?

Não leia este livro sozinho. Leia com um amigo ou familiar que tem potencial para transformar esta leitura em bênção dobrada. Alguns livros funcionam bem quando lidos individualmente, mas este rende muito mais quando lido em comunidade. Fazer a leitura lado a lado com outra pessoa multiplicará a bênção.

PARTE I

BÊNÇÃO DOBRADA

Como receber

Capítulo 1

PORÇÃO DOBRADA

"Quero receber por herança porção dobrada do seu espírito."
2Reis 2.9, NAA

Em 6 de janeiro de 1998, eu estava assistindo a uma aula do doutorado em ministério na Regent University, em Virginia Beach, quando fui chamado a sair da sala para atender um telefonema. Nada na terra é capaz de preparar alguém para receber a notícia alarmante de que um ente querido se foi. São palavras que mudam a vida para sempre.

Bob Schmidgall não era apenas o meu sogro; era um pai espiritual. Ele plantou e pastoreou por trinta e um anos a Calvary Church, em Naperville, Illinois. Foi o exemplo dele que inspirou o meu sonho de pastorear uma igreja ao longo da vida inteira. Ele foi o meu mentor e um modelo no ministério. Não era perfeito, mas havia uma unção singular em sua vida.

Dois dias antes daquele telefonema, o meu sogro havia comemorado seu aniversário de 55 anos. Estava no auge da vida e do ministério. Em seu *check-up* anual, o médico lhe disse: "Eu poderia passar uma carreta por cima das suas artérias!". Como então ele pôde ter um ataque cardíaco fulminante dias depois? Se você já andou pelo vale da sombra da morte, sabe que nele há perguntas impossíveis de serem respondidas deste lado da eternidade. E, embora Deus conceda o óleo da alegria para os enlutados (Isaías 61.3), a nossa tristeza não será resolvida até entrarmos na dimensão da realidade que a Bíblia chama de céu.

Os dias que sucederam sua morte foram uma espécie de borrão emocional, e isso pela obra da graça de Deus. O espírito entra em choque, assim como o corpo. Não me lembro muito dos dias próximos à morte do meu sogro, mas há um momento do qual jamais me esquecerei.

Depois de dirigir de Virginia Beach a Washington, D.C., em tempo recorde, Lora e eu pegamos o voo seguinte para Chicago. Algumas horas depois, que mais pareceram uma eternidade, estávamos na funerária Friedrich-Jones, em Naperville, Illinois. É difícil descrever o que aconteceu em seguida, e não consigo explicar por que fiz essa oração. Mas, enquanto eu estava ao pé do caixão do meu sogro, pedi a Deus uma porção dobrada de seu espírito. Não sei se eu tinha exata noção do que estava rogando, mas sabia que necessitava de unção divina para conseguir honrar o legado do meu sogro. Por isso, pedi a Deus uma porção dobrada, assim como havia feito o profeta Eliseu.

O dobro

Ao se aproximar o fim de seu ministério, o profeta Eliseu sabia que seus dias estavam contados. Então, disse a seu aprendiz Eliseu: "O que posso fazer em seu favor antes que eu seja levado para longe de você?" (2Reis 2.9a). Suponho que Eliseu poderia ter pedido qualquer coisa, até mesmo todos os bens de Elias. Mas o aprendiz deixou bem claro o que ele realmente desejava: "Quero receber por herança porção dobrada do seu espírito" (2Reis 2.9b, NAA).

Seria coincidência o *curriculum vitae* de Eliseu incluir 28 milagres, exatamente o dobro dos realizados por seu mentor profético?[1]

[1] Pyles, David. A Double Portion of Thy Spirit, **Berean Christian Bible Study Resources**, <www.bcbsr.com/survey/eli.html>.

Creio que não, mas me permita inverter um pouco as coisas. A verdadeira medida do sucesso de Elias não se encontra nos 14 milagres que ele realizou, mas, sim, em assistir à próxima geração fazer coisas que ele jamais havia sonhado.

Em termos simples, *sucesso é sucessão*. Por favor, não leia como se fosse uma mera frase de efeito. Sucesso é entregar o bastão para aqueles que vêm atrás de nós e animá-los a prosseguir enquanto correm mais rápido e para mais longe do que nós fizemos.

Comecei o ensino superior na Universidade de Chicago. Essa instituição de ensino já formou 98 ganhadores do Prêmio Nobel, mas acho que nenhum deles deixou uma marca tão profunda na universidade quanto Amos Alonzo Stagg, seu célebre técnico de futebol americano. Stagg dirigiu o time Monsters of the Midway por quatro décadas e venceu dois títulos nacionais, em 1905 e 1913. Suas invenções em campo incluem a reunião do time para combinar as jogadas, o chute lateral, a formação em T e o passe adiante.[2]

Amos Alonzo Stagg inventou o futebol americano da maneira que é conhecido hoje, mas esse não foi seu maior legado. Quando ele aceitou o convite para ser técnico, fez uma espécie de discurso de aceitação para o reitor da universidade: "Após muita reflexão e oração, decidi que a minha vida pode ser usada da melhor maneira a serviço do Mestre na posição que você me ofereceu".[3] Stagg foi técnico de futebol americano até os 98 anos de idade, mas não realizava apenas o trabalho esportivo. Ele discipulava seus jogadores.

[2] WIKIPEDIA, verbete "Amos Alonzo Stagg", última modificação em 9 de março de 2019, 15:46, <http://en.wikipedia.org/wiki/Amos_Alonzo_Stagg>.

[3] HANSEN, Collin. Football's Pious Pioneer: Amos Alonzo Stagg Instilled in Football Christian Values That Remain Apparent Today, **Christianity Today**, <www.christianitytoday.com/ch/news/2005/jan14.html?start=2>.

Após uma temporada vitoriosa, um repórter o parabenizou pelo bom trabalho. Em vez de aceitar passivamente o elogio, Stagg aproveitou para ensinar o jovem jornalista. De maneira bem direta, disse: "Só daqui a vinte anos saberei se fiz um bom trabalho. É então que verei como os meus garotos se saíram na vida".[4]

Como você já deve imaginar, Amos Alonzo Stagg foi premiado no *hall* da fama do futebol americano universitário. O que talvez você não saiba, porém, é que ele foi premiado tanto como jogador quanto como técnico. E tem mais: Stagg também entrou para o *hall* da fama do basquete! Aliás, Amos Alonzo Stagg foi técnico de futebol americano, de basquete *e* de beisebol na Universidade de Chicago. Recusou seis propostas para jogar beisebol profissionalmente, mas ajudou muitos futuros jogadores da liga principal com mais uma de suas invenções — o túnel telado para prática de rebatidas![5]

O legado não é medido por aquilo que realizamos em vida, mas por aqueles que treinamos, por nossa corrente de mentoreamento. É mensurado pelos frutos que fazemos crescer nas árvores dos outros. É avaliado pelos investimentos que fazemos nos outros, os quais continuam a render juros compostos vinte anos depois. É confirmado por todas as bênçãos que derramamos.

O legado não é medido por aquilo que realizamos em vida, mas por aqueles que treinamos, por nossa corrente de mentoreamento.

O relacionamento entre Elias e Eliseu é um protótipo do que significa a bênção dobrada. Após receber a capa de Elias, Eliseu passou a bênção à frente, transformando-a em 28 milagres em prol dos outros! Nesse processo, Eliseu se transformou no legado de Elias.

4 STAGG, Amos Alonzo, citado por: WOODEN, John; JAMISON, Steve. **The Wisdom of Wooden:** My Century On and Off the Court. New York: McGraw Hill, 2010. p. 19.

5 WIKIPEDIA, verbete "Amos Alonzo Stagg".

Elias foi a porção dobrada de Eliseu. E Eliseu foi a bênção dobrada de Elias. Você é porção dobrada de quem? E quem é a sua bênção dobrada?

De joelhos

Sob a liderança de Bob Schmidgall, a Calvary Church cresceu e se tornou uma das maiores igrejas dos Estados Unidos na época. O mais significativo foi que ela se transformou em uma das igrejas mais generosas em doações missionárias do país. É claro que Bob Schmidgall escondia esse fato o máximo que podia, pois não queria que a congregação se enchesse de satisfação própria com seu nível de sacrifício! Ele e a minha sogra eram os primeiros nesse processo, muitas vezes firmando compromissos financeiros além de seus recursos.

É difícil pintar um retrato adequado de Bob Schmidgall. Quando ele orava, você sentia que não haveria como Deus não atender! Quando pregava, aumentava a sua fé para crer que Deus é capaz de coisas maiores. Mas o maior impacto que ele causava estava em andar a segunda milha para ajudar os necessitados. Se ele passasse por um motorista à beira da estrada com um pneu furado, era grande a chance de que ajudaria a trocá-lo. Em muitas ocasiões, ele permanecia à noite com enfermos hospitalizados, lendo a Bíblia e estendendo uma palavra de consolo.

Quando falo em igrejas ou eventos pelo país, às vezes conto uma história sobre ele. Quase sempre, mesmo duas décadas após sua morte, alguém do público me procura e me conta algo que Bob Schmidgall fez para abençoar sua vida de forma transformadora.

Assentado ao pé de seu caixão no dia em que ele morreu, pensamentos e sentimentos inundaram a minha mente e o meu coração. Mas nisto eu creio: Deus honrou aquela oração por uma porção dobrada de maneiras que eu jamais teria imaginado.

Posso tirar um pouco da pressão sobre a sua vida de oração? As bênçãos de Deus não dependem da sua capacidade de combinar as

27 letras do alfabeto em uma espécie de mágica. E, sem dúvida, você não precisa dizer a Deus como ele deve fazer a própria obra! Uma notícia para você: Deus não fica nervoso! Nem nós deveríamos ficar. Dito isso, Deus não responderá a 100% das orações que não fizermos. Por isso, precisamos pedir, da melhor maneira que conseguirmos. Mas devemos ir além disso. Um dos erros mais comuns que cometemos é pensar que podemos alcançar o nível de sucesso que outros conquistaram sem fazer os mesmos sacrifícios! Antes de desejar demais ou por muito tempo o sucesso de alguém, vale a pena calcular o preço.

O sucesso daquela pessoa é resultado
de sacrifícios que os outros não estiveram
dispostos a fazer!

A primeira coisa que se desgastava nas calças do meu sogro eram os joelhos, porque ele passava muito tempo orando. Pedir uma porção dobrada de sua unção sem dobrar os joelhos como ele seria uma desonra sem tamanho. A bênção de Deus não é um substituto para a prática de orar como se tudo dependesse de Deus e de trabalhar como se tudo dependesse de nós. Trata-se de um suplemento. Se você quer sucesso sem sacrifício, boa sorte na tentativa, pois é exatamente disso que você vai precisar — *sorte*. A bênção de Deus é tudo, menos um amuleto. É impossível merecê-la, mas é preciso trabalhar para alcançá-la. E, embora ela seja absolutamente gratuita, vai lhe custar caro! Se você quer bênção dobrada, prepare-se para dobrar a sua ética de trabalho e oração!

Foi por isso que Elias respondeu ao pedido de Eliseu desta maneira: “Dura coisa pediste” (2Reis 2.10, ARA).

Orações ousadas

Quando o meu sogro faleceu, a National Community Church ainda era uma criancinha de 2 anos de idade. Éramos menos de 100 membros e só nos tornamos uma igreja capaz de pagar totalmente as próprias contas um ano depois. Eu não tinha certeza se a National Community Church iria sobreviver, mas contei com esta crença fundamental: *Deus honra orações ousadas porque as orações ousadas honram a Deus.*

Quando fiz inicialmente aquela oração pedindo uma porção dobrada, subentendi que isso poderia se traduzir em uma igreja do dobro do tamanho da Calvary Church. E já seria uma oração muito ousada naquela época. Mas hoje tenho a convicção de que porção dobrada significa muito mais do que "multiplicado por dois!". Deus atendeu àquela oração de maneiras que eu não pedi e jamais seria capaz de prever. A porção dobrada pela qual orei veio por meio de duas unções, sem que eu soubesse. Uma delas é o chamado para pastorear, e a outra, o chamado para escrever. Embora às vezes eu sinta que tenho dois empregos, não consigo imaginar a minha vida sem uma dessas duas facetas.

A bênção de Deus não é um substituto para a prática de orar como se tudo dependesse de Deus e de trabalhar como se tudo dependesse de nós.

Ao longo das duas últimas décadas, a National Community Church cresceu e chegou ao tamanho da Calvary Church quando o meu sogro faleceu. E eu ficaria surpreso se não dobrássemos de tamanho ao longo da próxima década. É claro que isso não é algo sob o meu controle. Nós plantamos e aguamos, mas é Deus quem faz crescer (1Coríntios 3.6). Pastorear uma igreja na capital dos Estados Unidos nem sempre é fácil, mas eu não gostaria de estar em nenhum outro lugar, nem de fazer nada além disso.

Amo pregar, mas a maior parte do meu impacto se dá por meio das palavras escritas, não da mensagem falada. Em algum momento do caminho, deixei de ser um pastor escritor para me tornar um escritor pastor. Sem dúvida, sou grato por ter a oportunidade de exercer ambas as funções. E, para que fique claro, ainda tenho algumas metas do tamanho de Deus que não aconteceram, como os roteiros de filmes que já propus e não foram aceitos. Também sofri uma parcela considerável de fracassos. Mas acredito genuinamente que qualquer medida de impacto que vivenciei como pastor e autor remonta àquela oração pedindo uma porção dobrada, junto ao caixão do meu sogro. Espero honrar o legado que ele deixou e passar a bênção adiante, assim como a porção dobrada de Eliseu.

Prisioneiros da esperança

O conceito de bênção dobrada tem sido usado e abusado por pregadores do evangelho da prosperidade desde antes do meu nascimento. Entendo o perigo de interpretar e aplicar incorretamente as promessas de Deus, mas não devemos, por causa disso, jogar a bênção pelo ralo junto com a água do banho! Precisamos entender o que ela é e o que não é. Bênção dobrada não é saúde, riqueza e prosperidade. Também não é um retorno de 200% em cada investimento realizado. Trata-se de algo maior e melhor do que isso.

Existem seis "promessas dobradas" nas Escrituras. O profeta Isaías prometeu porção dobrada de regozijo, exultação ou riquezas, dependendo da versão que você escolher (Isaías 61.7). O apóstolo Paulo conferiu dupla honra àqueles que lideravam bem (1Timóteo 5.17). E, conforme acabamos de examinar, uma porção dobrada do espírito de Elias resultou no dobro de milagres no ministério de Eliseu. Talvez, porém, a bênção dobrada mais singular da Bíblia seja a declarada pelo profeta Zacarias: "Voltem à sua fortaleza, ó prisioneiros da esperança; pois hoje mesmo anuncio que restaurarei tudo em dobro para vocês" (Zacarias 9.12).

O profeta Zacarias pronunciou essa bênção dobrada sobre os prisioneiros judeus de guerra, mas os chamou de prisioneiros da esperança. Esses dois conceitos são radicalmente opostos, não é mesmo? Então, qual deles valeria — prisioneiros de guerra ou prisioneiros da esperança? Tudo depende da perspectiva, não é mesmo? Se você deixar as circunstâncias definirem a sua maneira de ver Deus, será um prisioneiro da perspectiva. Ou pior, um prisioneiro dos seus erros do passado! Mas, se deixar Deus definir como você enxerga as suas circunstâncias, passará a ser um prisioneiro da esperança.

Por favor, não permita que ninguém rotule você, a não ser Deus. Você não é o rótulo que recebe dos outros. Você é quem Deus diz que você é! Você é a menina dos olhos de Deus (Zacarias 2.8). Você é alvo da afeição divina (Deuteronômio 10.15). Você é mais do que vencedor (Romanos 8.37).

Israel sofreu uma derrota amarga nas mãos dos babilônios. Os judeus ficaram à mercê de seus captores, que profanaram o templo e zombaram de seu Deus. Mas o Senhor os lembrou de quem riria por último. Em meio à dor, ele prescreveu a promessa de bênção dobrada.

A NVI diz: "Restaurarei tudo em dobro para vocês".

A NAA diz: "Anuncio que lhes restituirei tudo em dobro".

A NTLH diz: "Vou lhes dar duas vezes mais bênçãos do que os castigos que vocês receberam".

Precisamos tomar cuidado para não transformar princípios bíblicos em equações matemáticas. Sim, um dia nos átrios do Senhor vale mais que mil (Salmos 84.10). Mas não acredito que o salmista estava formulando uma proporção de um para mil. Afinal, a bênção da presença de Deus não pode ser reduzida a horas ou minutos, tanto quanto não equivale a dólares ou centavos. Um dia é como mil anos para Deus (2Pedro 3.8), todavia Deus existe fora das quatro dimensões do tempo-espaço. Logo, o tempo é imaterial para um Deus eterno.

Dito isso, não subestimemos as bênçãos de Deus, nem ignoremos o fato de que o Senhor é aquele que promete bênção dobrada. Reconheço que essa promessa foi feita aos refugiados judeus que viveram no século V a.C., mas também creio que ela nos pertence. Por quê? Porque o Deus que fez a promessa é o mesmo ontem, hoje e para sempre (Hebreus 13.8). Porque toda bênção espiritual é nossa em Cristo (Efésios 1.3). E porque, não importa "quantas forem as promessas feitas por Deus, tantas têm em Cristo o 'sim' " (2Coríntios 1.20).

Você não pode reivindicar as promessas de Deus como se fossem um jogo de tiro ao alvo, mas cada uma delas contém o seu nome escrito. Toda bênção da Bíblia faz parte da nossa herança espiritual em virtude daquilo que Cristo realizou na cruz. Para recebermos essas bênçãos, começamos nos ajoelhando ao pé da cruz e terminando lançando a nossa coroa diante do trono de Deus. Nesse meio-tempo, passamos a bênção adiante.

O melhor ainda está por vir

Jó pode até ser o livro mais antigo da Bíblia, mas aborda um ponto atemporal. Tudo o que era precioso para Jó — sua família, sua saúde, sua fonte de renda — lhe foi tirado. Mas Jó não apenas sobreviveu a esses reveses, como também prestou a Deus um sacrifício de louvor. Em seu momento mais difícil, bendisse o Deus que dá e o Deus que tira (Jó 1.21).

No funeral do meu sogro, fiz o máximo para dar uma de Jó. Felizmente, os nossos amigos e familiares foram muito melhores em nos consolar do que os amigos de Jó. Jamais me esquecerei da pessoa que pegou todos os nossos sapatos e os lustrou antes do funeral. Foi um pequeno ato de bondade, mas que significou muito para nós. É esse tipo de bênção que registro na mente e tento passar adiante.

Houve também uma palavra de encorajamento à qual nossa família se apegou. Se Bob Schmidgall tinha um Jônatas, era Betta Mengistu. Durante os nossos dias mais sombrios, as palavras do tio Betta foram como uma boia salva-vidas:

> "Quando sofremos um revés, não damos um
> passo para trás, porque Deus já está preparando
> a nossa volta por cima".

Se fossem ditas por qualquer outro, essas palavras não teriam o mesmo peso. Na verdade, poderiam até ter o efeito oposto. Contudo, ditas por ele, ajudaram-nos a superar o peso do luto.

Reserve esse pensamento.

Há alguns anos, participei de um painel com Bob Goff em um evento. Bob é uma das pessoas por quem mais tenho apreço no mundo. Ele tem um jeito de dizer as coisas que, ao mesmo tempo, simplifica e expande as boas-novas do evangelho. Não consigo me lembrar de qual era a pergunta, mas a resposta de Bob foi extraordinariamente animadora: "Os melhores títulos de capítulos ficam para o final".

Talvez você esteja em um capítulo intitulado "Revés", que pode ser um divórcio complicado, uma decisão ruim ou um diagnóstico difícil. Não é possível ter um capítulo chamado "Volta por cima" sem um capítulo anterior denominado "Revés". Foi essa a experiência de Jó, não é mesmo? Seu livro é uma tragédia até o último capítulo, mas é Deus quem ri por último. O melhor capítulo é o final e poderia se chamar "Bênção dobrada".

"Depois que Jó orou por seus amigos, o SENHOR o tornou novamente próspero e lhe deu em dobro tudo o que tinha antes". (Jó 42.10)

Há algo na sua vida que precisa de oração? Assim como Jó, pode ser que um amigo o ofendeu ou o seu chefe o traiu. O ato de perdoar não só quebra a maldição da amargura, como também invoca a bênção de Deus. Permita que o perdão comece um capítulo novo na sua vida!

Você observou a especificidade do que Deus fez? A Bíblia diz que o Senhor lhe deu o *dobro* de antes. Mas quem é que está contando, não é mesmo? Eu lhe digo quem: o Deus que recolhe as nossas lágrimas em um jarro (Salmos 56.8, NVT). Por favor, não transforme essa passagem em uma promessa batida, mas saiba que o Senhor não perde de vista aquilo que sofremos.

"O SENHOR abençoou o final da vida de Jó mais do que o início. Ele teve catorze mil ovelhas, seis mil camelos, mil juntas de bois e mil jumentos" (Jó 42.12.)

O que acho mais fascinante nessa bênção dobrada é o fato de ela estar alinhada com a antiga lei da aliança. Quando um ladrão era culpado de roubar um animal, o preço da recompensa era pagar de volta em dobro (Êxodo 22.4). Por que não seria verdade para o ladrão que vem para roubar, matar e destruir (João 10.10)?

Se você já sofreu uma perda de partir o coração, como Jó, não é fácil encontrar um novo normal. Demora até você conseguir se erguer de novo, e eu o exorto a levar o tempo que for necessário! Se você tentar suprimir o sofrimento, a sua alma entrará em curto-circuito. Embora eu não possa prometer que a dor irá embora para nunca mais voltar, a paz de Deus ajudará você a administrá-la. E as promessas divinas o ajudarão a vencê-la.

Quando o seu coração começar a sarar, você terá ousadia suficiente para crer que Deus lhe dará bênção dobrada? Será corajoso o bastante para crer que Deus deseja abençoar a segunda metade da sua vida ainda mais que a primeira? Lembre-se: ninguém ganha o jogo no intervalo. Nem perde! Como eu creio que as bênçãos de Deus requerem obediência (Deuteronômio 28.2), acredito em retomadas no segundo tempo e em reviravoltas no último minuto! Eu creio nisso para a sua vida. A pergunta é: e você?

Permita-me voltar à promessa de Zacarias.

Tenho certa preferência pela paráfrase encontrada em *A Mensagem*: "Voltem para casa, prisioneiros cheios de esperança! Neste dia, estou prometendo um presente duplo". Se você está em um relacionamento com Jesus Cristo, não há perigo dobrado. O seu pecado é perdoado e esquecido. Por mais surpreendente que isso seja, é apenas metade do evangelho. Não só a dívida do nosso pecado é completamente paga, como também a justiça de Cristo é transferida para a nossa conta — por completo, devo acrescentar. Se isso não é um bônus dobrado, então o que seria? E inclui todas as bênçãos espirituais em Cristo.

Permita que o perdão comece um capítulo novo na sua vida!

Já vivi capítulos intitulados "Fracasso", e como eles são frustrantes! O meu enredo contém "Coração ferido", e ainda dói. Meu sumário inclui "Dor" e "Sofrimento", mas há um Deus fazendo todas as coisas cooperarem para o bem daqueles que o amam e foram chamados segundo o seu propósito (Romanos 8.28). E, por causa disso, o melhor ainda está por vir!

Capítulo 2

A BÊNÇÃO GUARDA-CHUVA

"Todas estas bênçãos virão sobre vocês e os acompanharão se vocês obedecerem ao SENHOR, o seu Deus."
Deuteronômio 28.2

No corredor oeste do transepto norte da Abadia de Westminster, existe um memorial para um homem genial chamado Jonas Hanway. A abadia icônica de Londres é o local de sepultamento de alguns dos poetas, políticos e cientistas mais célebres da história. A lista de famosos inclui a rainha Elizabeth I, Isaac Newton, Charles Dickens e Charles Darwin. O relevo em homenagem a Jonas Hanway retrata um homem distribuindo roupas para crianças e tem uma inscrição que diz:

> O bebê desvalido alimentado por seu cuidado, a prostituta sem amigos abrigada e reformada, o jovem sem esperança resgatado da miséria e da ruína, treinado para servir e defender seu país — todos unidos em uma só voz de gratidão testemunham das virtudes de seu benfeitor: "ESTE foi AMIGO e PAI dos POBRES".[1]

[1] Jonas Hanway, **Westminster Abbey**, <www.westminster-abbey.org/abbey-commemorations/commemorations/jonas-hanway>.

Jonas Hanway fez fortuna como capitão marítimo e mercador. Já mais velho, voltou sua atenção para a filantropia. Hanway serviu como administrador e vice-presidente do Foundling Hospital, uma casa para os desabrigados. No século XVIII, a palavra hospital era um termo mais genérico — indicava a hospitalidade oferecida a famílias em grande necessidade ou a crianças abandonadas pelos pais.[2]

Há, porém, mais um motivo que tornou Jonas Hanway famoso. Ele fez algo que nenhum inglês jamais fizera. Jonas Hanway foi o primeiro homem londrino a carregar um guarda-chuva. O teto portátil, conforme era chamado na época, era considerado um acessório adequado somente para mulheres. Há 250 anos, os homens realmente entravam na chuva para se molhar!

Fico imaginando Jonas Hanway andando pelas ruas de Londres, cantando sob os pingos d'água, debaixo de seu guarda-chuva. Também ouço os cocheiros e limpadores de chaminés assoviando e gritando, zombando dele até não poderem mais! Jonas Hanway pode ter sido o homem mais ridicularizado de sua geração, mas era também o mais seco.

E o que tudo isso tem que ver com bênção dobrada?

> Gosto de pensar na bênção de Deus como um guarda-chuva. O guarda-chuva não muda a previsão do tempo. Vai chover dor na vida, sem sombra de dúvida. Mas a bênção de Deus proporciona uma espécie de cobertura, uma camada extra de proteção contra os elementos atmosféricos.

A bênção guarda-chuva significa que nos desviaremos da doença? Não, de maneira alguma. E do sofrimento? Não. Do fracasso?

2 Wikipedia, verbete "Foundling Hospital", última modificação em 7 de maio de 2019, 3:43, <https://en.wikipedia.org/wiki/Foundling_Hospital>.

Temo que não. Deus nos ama demais para nos privar exatamente das coisas que catalisam o desenvolvimento do nosso caráter. Além disso, o que nos faz pensar que podemos nos conformar à imagem de Cristo sem sermos traídos por Judas, criticados pelos fariseus ou tentados pelo próprio Diabo?

A bênção de Deus não significa que você não irá se molhar, mas ela pode mantê-lo cantando na chuva, como Jonas Hanway. O que é a bênção guarda-chuva? É uma medida extra de graça durante os tempos difíceis. É uma música no meio da noite em períodos de tristeza. É a paz que excede todo o entendimento quando a vida não faz sentido. É alegria indizível quando você chega ao fim da linha.

Precisamos, é claro, nos posicionar debaixo da bênção guarda-chuva. E eu lhe mostrarei como fazer isso. Mas gosto da maneira com que Ed Young se expressou a esse respeito: "Precisamos ficar debaixo daquilo que Deus pôs sobre nós para podermos passar por cima das coisas que Deus colocou debaixo de nós".[3]

Hábitos das pessoas muito abençoadas

Em 1406 a.C., foi pronunciada uma bênção sobre o povo de Deus no alto do monte Gerizim. Com 868 metros de altitude, o monte Gerizim era um dos picos mais altos do antigo Israel. É um mistério para mim por que Deus escolheu pronunciar sua bênção lá do pico do monte, mas, no grande esquema do plano de Deus, penso que o monte Gerizim pode ter a mesma relevância do monte Sinai.

No cume do monte Sinai, Deus teve um encontro com Moisés e inscreveu os dez mandamentos em tábuas de pedra. Esses mandamentos criam a condição sobre a qual se baseia a bênção de Deus. A bênção divina não é uma carta branca. Todas as bênçãos do Senhor vêm com uma condição que precisa ser atendida. Nesse caso, é

[3] Young, Ed. **Under the Umbrella of Authority**, vídeo, 2:01, 27 de setembro de 2014, <www.youtube.com/watch?v=SYGReK0919E>.

bem simples: "Se vocês obedecerem fielmente ao SENHOR, o seu Deus, e seguirem cuidadosamente todos os seus mandamentos que hoje dou a vocês, o SENHOR, o seu Deus, os colocará muito acima de todas as nações da terra" (Deuteronômio 28.1).

Uma das minhas camisetas preferidas diz: "Tá pensando que é moleza?". Não há maneira melhor de se posicionar para receber a bênção de Deus do que a velha e boa obediência. Mas você prestou atenção aos advérbios do versículo? Precisamos obedecer *fielmente* ao Senhor e seguir *cuidadosamente* seus mandamentos. Em vez de procurar brechas ou dar desculpas, andemos a segunda milha. Por favor, considere que obedecer fielmente ao Senhor e seguir cuidadosamente os mandamentos de Deus não são atos que denotam *legalismo*. Legalismo é obedecer à letra da lei enquanto se viola seu espírito. É fazer emendas humanas a leis divinas, tornando-as mais difíceis de serem obedecidas do que deveriam! Isso não honra a Deus. Na verdade, trata-se de uma desonra à intenção original divina. O legalismo é, na melhor das hipóteses, uma modificação superficial do comportamento e, na pior, justiça própria. Essa abordagem não garante a bênção de Deus.

Permita-me ampliar um pouco a perspectiva.

Quando entregamos a vida a Cristo, entramos sob o guarda-chuva da bênção de Deus. A nossa cobertura é Cristo crucificado, uma cobertura que remonta ao jardim do Éden. Depois que Adão e Eva comeram da árvore do conhecimento do bem e do mal, Deus cobriu a nudez do casal com roupas feitas de pele de animais. Esse primeiro sacrifício prefigurou o sacrifício final na cruz do Calvário.

A melhor maneira de se posicionar para receber a bênção de Deus é a obediência fiel e cuidadosa.

A cobertura de Cristo também é prefaciada pela Páscoa. Na noite em que Deus libertou Israel do Egito, instruiu o povo a passar o sangue do cordeiro pascal nos umbrais das portas (Êxodo 12.7). O sangue do cordeiro proporcionava uma cobertura protetora. Jesus é o nosso Cordeiro pascal e é o sangue dele que rompe o poder do pecado cancelado.[4]

Se você está em Cristo, encontra-se sob a cobertura divina. Isso é algo que vale a pena celebrar a cada dia — as misericórdias divinas são tão certas quanto o nascer do sol! Dito isso, precisamos tomar a decisão diária de permanecer sob o guarda-chuva da bênção divina andando em obediência. Por favor, leia com todo o cuidado que estou prestes a dizer, mas não acrescente mais do que as palavras revelam. Quando saímos da cerca de segurança da boa, perfeita e agradável vontade de Deus conforme revelada nas Escrituras, sujeitamo-nos às consequências do pecado. Não se trata de uma ameaça. É a pura realidade.

Se você cometer fraude fiscal, por exemplo, sairá da cobertura do guarda-chuva da bênção de Deus. O mesmo acontece se você trair o seu cônjuge. Deus perdoa essas ofensas? Se nos arrependermos, é claro que sim! Mas não posso prometer que o leão ou o seu cônjuge farão o mesmo.

É importante, neste ponto, estabelecer a distinção entre *pena* e *consequência*. Quando você confessa o seu pecado, ele é perdoado e esquecido. A *pena* pelo pecado foi totalmente paga há dois mil anos, mas você ainda precisará lidar com as *consequências* dos seus atos.

Quando desobedecemos a Deus, colocamo-nos em uma posição precária. De novo: não se trata de ameaça. Há algo de que tenho certeza: Deus não quer que o medo dite as nossas decisões. O perfeito amor lança fora todo medo, a fim de que possamos enfrentar o futuro com santa confiança! Dito isso, você não pode quebrar a lei de colher aquilo que plantou, assim como não consegue quebrar a lei da gravidade. Ninguém é capaz de fazê-lo. A lei de colher o que se plantou pode fazê-lo vencer ou sucumbir, e o ponto de virada dessa gangorra é a obediência! Em palavras simples, a obediência é *o primeiro hábito* das pessoas ricamente abençoadas.

4 WESLEY, Charles. **O for a Thousand Tongues to Sing**, 1739, domínio público.

Garantia estendida

Assim como as bênçãos de Deus vêm com uma condição, elas também têm uma garantia. Nos contratos, a garantia nos protege de defeitos de fábrica ou de venda. Existem variedades diferentes de garantias, com diversas cláusulas distintas. Há as garantias vitalícias, sem limite de tempo. Há também as garantias estendidas, que ampliam o guarda-chuva da cobertura. Mas sejamos honestos: a maioria de nós acaba se dando mal nas letras miúdas. Na minha experiência, a maioria das garantias faz propaganda demais e resolve de menos. Tenho, porém, uma boa notícia: não há data de validade para as promessas divinas, e elas são asseguradas por um Deus que não falha.

"Todas estas bênçãos virão sobre vocês e os acompanharão se vocês obedecerem ao SENHOR, o seu Deus." (Deuteronômio 28.2.)

Note que a condição é repetida para fins de ênfase: "Se vocês obedecerem ao SENHOR, o seu Deus". Escrevi um livro sobre como ouvir a voz de Deus. Chama-se *Sussurro*. Não darei aqui os detalhes de todas as sete linguagens descritas no livro, mas destaco que a palavra em latim para "obedecer" é *obedire*, que significa "dar ouvidos". A obediência começa com um ouvido consagrado a Cristo. Significa se sintonizar com a frequência dele e aumentar o volume. É obedecer a seus sussurros, mesmo que a cultura grite exatamente o contrário.

A voz mansa e suave do Espírito Santo é a mais alta na sua vida?

Agora observe como é a garantia: "Todas estas bênçãos virão sobre vocês e os acompanharão". Você já recebeu uma bênção aparentemente vinda do nada? Que chega pelas suas costas? É a bênção de Deus acompanhando você. Tão certo quanto o seu pecado o encontra, a bênção de Deus sempre acompanha a obediência de longo prazo na mesma direção![5]

Você pode colocar no mapa a sua latitude e longitude para descobrir a distância, mas eu moro a 9.461 quilômetros do monte Gerizim.

[5] Eugene Peterson escreveu um livro lindo sobre esse tema, intitulado **Uma longa obediência na mesma direção:** discipulado numa sociedade instantânea. São Paulo: Cultura Cristã, 2019.

É uma distância enorme, mesmo em linha reta. Ainda assim, não estou "fora de área". E não há taxa de longa distância para a bênção. A bênção de Deus não tem limites nem fronteiras! As bênçãos pronunciadas no topo do monte Gerizim continuam tão válidas hoje quanto eram há 3.425 anos. Por quê? Porque Deus vigia para que sua palavra se cumpra (Jeremias 1.12)!

Quando precisamos usar a garantia de um contrato, em geral é necessário dar vários telefonemas e passar bastante tempo na espera, escutando música de fundo. A garantia de Deus funciona da maneira oposta. É ele quem vem bater à porta. Hanani, o vidente, disse: "Os olhos do Senhor estão atentos sobre toda a terra para fortalecer aqueles que lhe dedicam totalmente o coração" (2Crônicas 16.9). Em outras palavras, Deus está ativamente em busca de oportunidades para cumprir suas promessas!

O salmista declarou: "Sei que a bondade e a fidelidade me acompanharão todos os dias da minha vida" (Salmos 23.6). A palavra traduzida por "acompanharão" é um termo hebraico de caça.[6] Você pode dar as costas para Deus. Pode negar sua existência e evitá-lo a cada esquina. Mas o cão de caça celestial não se detém. Ele nunca deixa de nos rastrear porque não pode desistir de nós. Se você virar para o outro lado, descobrirá que o Pai celeste está bem ali, de braços estendidos, pronto para abençoar e receber você de volta ao lar.

Não há data de validade para as promessas divinas.

Após a explicação da garantia, chegou a hora de abrir o guarda-chuva da bênção. E um guarda-chuva é sempre tão bom quanto sua estrutura.

Conjunto de Mandelbrot

Na geometria fractal, há um conjunto completo de números que produz uma forma infinitamente complicada quando representado

[6] Psalm 23 in Hebrew, **Hebrew for Christians**, <www.hebrew4christians.com/Scripture/Ketuvim/Psalms/Psalm_23/psalm_23.html>.

graficamente em um plano. Chama-se conjunto de Mandelbrot, em homenagem ao pai da geometria fractal, Benoît Mandelbrot.[7] As nuvens e o contorno do litoral são exemplos clássicos dessa complexidade infinita. Qualquer detalhe pode ser ampliado para revelar ainda mais detalhes, *ad infinitum*.

As bênçãos de Deus são um conjunto de Mandelbrot. Elas não vêm em tamanho único. Cada bênção é fabricada sob medida para se adequar à sua complexidade e, devo acrescentar, à sua personalidade. Veja a misericórdia divina, por exemplo. A misericórdia que Deus estende a você é tão singular quanto a sua impressão digital. O autor de Lamentações disse que as misericórdias do Senhor se renovam a cada manhã (Lamentações 3.22,23). A palavra hebraica para "renovar-se" não significa apenas "de novo e de novo", mas, sim, "diferente". Em outras palavras, a misericórdia de hoje é diferente da de ontem, que é diferente da misericórdia do dia anterior.

Se você deseja apreciar plenamente a misericórdia de Deus, pegue uma calculadora. Multiplique a sua idade por 365 dias. Então, acrescente o número de dias que se passaram desde o seu último aniversário. O total de dias de vida que você tem é sinônimo das diferentes vertentes de misericórdia que lhe foram estendidas. A misericórdia de cada dia é um milagre que nunca mais se repetirá. No dia em que o meu sogro foi conduzido à eternidade, ele havia recebido 20.077 doses diárias de misericórdia.

Permita-me fazer um aprofundamento ainda maior nessa área.

Nunca houve e jamais haverá alguém como você, mas isso não é mérito seu. É mérito do Deus que o criou. E a relevância disso é:

ninguém pode adorar a Deus
como você ou *por você*.

[7] WIKIPEDIA, verbete "Mandelbrot Set", última modificação em 25 de abril de 2019, 14:35, <https://en.wikipedia.org/wiki/Mandelbrot_set>.

Quando cantamos um hino como "Tu és fiel, Senhor", podemos até entoar as *mesmas palavras,* mas cada um canta *um hino bem diferente.* Deus tem sido fiel a mim de milhares de maneiras distintas. E a você também. Se você não cantar, talvez a pessoa ao seu lado não sinta falta da sua voz, mas Deus sentirá. Na verdade, você deixará de oferecer algo a Deus. Por quê? Porque o seu louvor é insubstituível! Assim como o nosso louvor é oferecido de maneira única a Deus, as promessas divinas são singularmente adaptadas a nós.

A bênção pronunciada no cume do monte Gerizim é uma bênção fractal. De acordo com a minha contagem, a bênção guarda-chuva contém no mínimo 17 sub-bênçãos distintas. Elas abrangem toda a gama da experiência humana — relacional, profissional, financeira, emocional, geracional e espiritual. É como uma cobertura de seguro abrangente. Como não quero minimizar essa bênção, eu a incluí por completo. Não se contente em apenas ler a bênção. Reserve alguns momentos para meditar nela e permitir que se infiltre no seu espírito. Vale a pena até memorizá-la!

> Vocês serão abençoados na cidade e serão abençoados no campo.
>
> Os filhos do seu ventre serão abençoados, como também as colheitas da sua terra e os bezerros e os cordeiros dos seus rebanhos.
>
> A sua cesta e a sua amassadeira serão abençoadas.
>
> Vocês serão abençoados em tudo o que fizerem.
>
> O SENHOR concederá que sejam derrotados diante de vocês os inimigos que os atacarem. Virão a vocês por um caminho e por sete fugirão.
>
> O SENHOR enviará bênçãos aos seus celeiros e a tudo o que as suas mãos fizerem. O SENHOR, o seu Deus, os abençoará na terra que dá a vocês.
>
> O SENHOR fará de vocês o seu povo santo, conforme prometeu sob juramento se obedecerem aos mandamentos do SENHOR, o seu Deus, e andarem nos caminhos dele. Então todos os povos da

> terra verão que vocês pertencem ao SENHOR e terão medo de vocês. O SENHOR concederá grande prosperidade a vocês, no fruto do seu ventre, nas crias dos seus animais e nas colheitas da sua terra, nesta terra que ele jurou aos seus antepassados que daria a vocês.
>
> O SENHOR abrirá o céu, o depósito do seu tesouro, para enviar chuva à sua terra no devido tempo e para abençoar todo o trabalho das suas mãos. Vocês emprestarão a muitas nações e de nenhuma tomarão emprestado. O SENHOR fará de vocês a cabeça das nações e não a cauda. Se obedecerem aos mandamentos do SENHOR, o seu Deus, que hoje dou a vocês e os seguirem cuidadosamente, vocês estarão sempre por cima, nunca por baixo. (Deuteronômio 28.3-13)

De acordo com a tradição rabínica, cada palavra das Escrituras tem 70 faces e 600 mil significados.[8] A Palavra de Deus — cada palavra — é caleidoscópica. É impossível mergulhar em toda a sua profundidade nem alcançar seu pico. Sem dúvida, é isso o que acontece na bênção guarda-chuva.

Setenta faces

Antes de girar o caleidoscópio na bênção guarda-chuva, permita-me lembrá-lo de que coisas ruins também acontecem com pessoas boas. Mais uma vez, o guarda-chuva não garante que não nos molharemos. O algoritmo do Todo-poderoso inclui livre-arbítrio. E o livre-arbítrio é um radical livre. Também devo destacar que coisas boas acontecem com pessoas ruins. Tudo isso faz parte da graça preveniente de Deus. Nas palavras de Jesus, Deus "faz raiar o seu sol sobre maus e bons e derrama chuva sobre justos e injustos" (Mateus 5.45).

De acordo com o 25º cânone aprovado pelo Segundo Concílio de Orange em 529 d.C., a graça de Deus é a gênese de todo bem.[9]

[8] Embora a tradição rabínica não seja equivalente à Bíblia propriamente dita, o comentário é útil. Essa ideia foi extraída de KUSHNER, Lawrence. **Eyes Remade for Wonder:** A Lawrence Kushner Reader. Woodstock, VT: Jewish Lights, 1998. p. 50.

[9] WIKIPEDIA, verbete "Prevenient Grace", última modificação em 3 de maio de 2019, 1:31, <https://en.wikipedia.org/wiki/Prevenient_grace>.

Não podemos nem assumir o crédito por nossas boas obras, porque a origem de toda boa obra é a graça divina.

A bênção de Deus não significa que você ganhará todas as causas, assinará todos os contratos ou vencerá todas as eleições. Não significa que você terminará o campeonato sem derrotas e contusões, nem que jamais alguém o insultará. Mas a bênção de Deus é capaz de ajudá-lo a ter o melhor desempenho dentro das habilidades que o Senhor lhe concedeu — e além delas. E isso é verdade a despeito do que você faça.

Se a bênção tivesse nome, eu a chamaria de Favor.

Se a bênção tivesse sobrenome, eu a chamaria de Unção.

Deus quer ajudar você a fazer o que você faz de maneira que santifique a sua vida e dê glória a ele. Como Deus faz isso? Dando-nos coisas humanamente impossíveis para fazer. Por quê? Porque, quando Deus as fizer, não poderemos assumir o crédito!

O favor de Deus é o grande diferencial. E sua unção é a diferença entre o melhor que você pode fazer e o melhor que Deus é capaz de fazer. Trata-se de um dom que vai além da habilidade natural e de uma provisão além dos recursos próprios. É também sabedoria que excede o conhecimento — algo que chamo de "ideias de Deus". E prefiro ter uma ideia de Deus a mil boas ideias! Boas ideias são boas, mas as ideias de Deus mudam o rumo da história!

Mas a bênção de Deus é capaz de ajudá-lo a ter o melhor desempenho dentro das habilidades que o Senhor lhe concedeu — e além delas.

Sua frágil mão

A bênção guarda-chuva abrange tudo e todos. Ela diz: "Aonde quer que você for e em tudo aquilo que fizer, você será abençoado". Mas me permita dar um *zoom* em uma sub-bênção, por ser um microcosmo da bênção inteira: "O Senhor enviará bênçãos aos seus celeiros e a tudo o que as suas mãos fizerem" (Deuteronômio 28.8). Se você não tiver um celeiro, já era. Estou brincando, é claro. Essa bênção tem contexto agrícola por causa do ambiente original das pessoas a quem foi proferida. Mas você pode preencher a lacuna com qualquer coisa que você fizer. Deus quer abençoar o seu lar, o seu escritório, a sua organização e a sua igreja.

Já orei pedindo essa bênção sobre atletas profissionais, políticos eleitos e cirurgiões cardíacos. Já orei por professores, advogados e empresários. Não importa o que você faz, Deus quer ajudá-lo a fazer de maneira que leve as pessoas a louvá-lo. Todos temos dias ruins, e ninguém acerta todas. Mas a atitude que usamos para abordar o nosso trabalho deve mudar a atmosfera! E a excelência honra a Deus.

Não creio que Deus garanta um toque de Midas, que transforma em ouro tudo aquilo que toca. Nenhum de nós está isento da regra das 10 mil horas.[10] Você precisa fazer os seus dons crescerem por tentativa e erro. Ganharemos algumas coisas e perderemos outras pelo caminho! Mas a obra das nossas mãos deve, de algum modo, ter a marca da bênção de Deus, seja por meio de uma dose extra de amor, seja por uma dose extra de excelência.

Dorothy Sayers dizia: "Ouso jurar que nenhuma mesa torta ou gaveta mal encaixada era vendida na loja do carpinteiro de Nazaré".[11] Jesus fabricava móveis da maneira que tratava as pessoas — com muito cuidado. Não importa se você tem um trabalho intelectual ou braçal. Devemos dar o melhor para o Altíssimo. A excelência invoca a bênção, e a bênção invoca excelência. É possível inclusive dizer que a *excelência* é um hábito das pessoas ricamente abençoadas.

Quando eu estava na pós-graduação, fiz uma avaliação vocacional que revelou baixa aptidão para a escrita. Em outras palavras,

[10] Essa ideia foi popularizada por Malcolm Gladwell, mas foi articulada pela primeira vez por Anders Ericsson. Se você ainda não leu, recomendo a leitura de ERICSSON, Anders; POOL, Robert. **Peak:** Secrets from the New Science of Expertise. New York: Mariners Books, 2016 [**Direto ao ponto:** os segredos da nova ciência da expertise. Belo Horizonte: Gutteberg, 2017].

[11] SAYERS, Dorothy L. Why Work?, **Letters to a Diminished Church:** Passionate Arguments for the Relevance of Christian Doctrine. Nashville: W Publishing, 2004. p. 132.

"Faça qualquer coisa, menos escrever livros!". Eu me senti chamado a escrever, mas sabia que esse não era o meu dom natural. Felizmente, Deus não chama os qualificados, mas qualifica os chamados.

Sem a ajuda do Espírito Santo, fico abaixo da média! É por isso que tiro os sapatos quando vou escrever. É a minha forma de reconhecer que estou em solo sagrado. É o meu jeito de pedir a Deus unção para escrever. Quando começo a digitar, na verdade estou adorando a Deus com as 27 letras do alfabeto. Torno cativos todos os pensamentos e os faço obedientes a Cristo com um teclado. Veja bem, o seu patrão pode não ficar muito feliz se você começar a comparecer descalço nas reuniões. Mas haveria uma forma singular para você reconhecer que está cumprindo o chamado de Deus? Consegue pensar em um jeito único de destacar que a sala de reuniões, a classe ou o vestiário é solo sagrado?

Sem dúvida, Deus quer usar você nos seus maiores dons. Foi ele próprio quem os concedeu a você! Mas o Senhor também deseja usá-lo no seus pontos de fraqueza. Por quê? Porque é na nossa fraqueza que o poder de Deus se aperfeiçoa (2Coríntios 12.9). Ele não unge apenas as nossas mãos fortes, mas as frágeis também! E, quando o faz, existe a consciência aguda de que Deus está trabalhando em nós e por meio de nós de maneiras que vão muito além de tudo o que poderíamos pedir ou pensar!

Unção multiplicadora

No outono de 2006, preguei em um congresso na cidade de Baltimore, com Tommy Barnett. Tommy e seu filho Matthew são cofundadores do Los Angeles Dream Center. Tommy contou sobre a compra providencial do hospital Queen of Angels, um prédio de 33.500 metros quadrados, em 3,5 hectares de terreno em uma região nobre de frente para a Rodovia US 101. Os donos recusaram ofertas mais lucrativas de importantes estúdios de Hollywood e venderam para o Dream Center a preço de banana. Hoje o local atende 50 mil pessoas por mês, por meio de centenas de ministérios relacionados a diversas necessidades. Foi o Los Angeles Dream Center que inspirou o nosso em Washington, e Matthew Barnett teve a gentileza de inspirar a nossa congregação com essa visão.

Após compartilhar seu testemunho do favor de Deus, Tommy Barnett fez um apelo que mudou a trajetória da minha vida. Convidou para ir à frente todos aqueles que queriam aquilo que ele chamou de *unção multiplicadora*. Eu nunca havia escutado essa expressão e cheguei a me perguntar se era bíblica. Mas, se Tommy Barnett estava jogando a capa como Elias, eu não perderia a oportunidade de pegá-la, assim como fez Eliseu! E, claro, descobri, desde então, quanto o conceito é bíblico! Aliás, faz parte da composição da bênção original: "Sejam férteis e multipliquem-se!" (Gênesis 1.28).

O termo hebraico traduzido por "multipliquem-se" é *rabah*. Significa "fazer muito", "fazer numeroso" e "fazer grande".[12] Pode ser traduzido por "maior", como em: "Fará coisas ainda maiores do que estas" (João 14.12). Também pode ser traduzido por "infinitamente mais", como em: "Capaz de fazer infinitamente mais do que tudo o que pedimos ou pensamos" (Efésios 3.20). Em uma de suas parábolas, Jesus destacou que o solo bom produz um retorno 30, 60 ou 100 vezes maior (Mateus 13.8). Esse é o objetivo, não é mesmo? Mordomia é dar a Deus um bom retorno para seu investimento.

Permita-me agora voltar para o altar no qual orei pedindo a multiplicação da unção.

Faltavam poucos dias para o lançamento do meu primeiro livro, *Na cova com um leão em um dia de neve*.[13] Para ser franco, a estatística de venda de livros é bem desanimadora para os autores de primeira viagem. Hoje, nos Estados Unidos, um livro de não ficção vende, em média, menos de 250 exemplares por ano e menos de 3 mil

[12] Strong's H7235 — Rabah, **Blue Letter Bible**, <www.blueletterbible.org/lang/lexicon/lexicon.cfm?t=kjv&strongs=h7235>.

[13] **Editora Vida, 2008.**

exemplares ao todo.[14] Reuni toda a fé que consegui e orei pedindo a unção multiplicadora sobre aquele livro. O número que sussurrei? Mesmo me sentindo meio bobo, orei pedindo para que vendesse 25 mil exemplares. Eu poderia não pensar dessa maneira ainda naquela época, mas estava abrindo o meu guarda-chuva. Invoquei a bênção original que Deus pronunciou no jardim do Éden. Esse tipo de oração não garante um número de vendas específico. Para falar a verdade, com frequência, o nosso alvo é baixo demais! Aquele livro excedeu as expectativas em meio milhão de exemplares, e a única explicação para isso é a unção multiplicadora.

Se o seu objetivo for multiplicar vendas para fins egoístas, Deus não irá abençoá-lo. Mas,

se os seus motivos forem puros,
Deus tem bênçãos em categorias que
você nem consegue conceber.

A unção multiplicadora precisa ser aliada a uma ética de trabalho? Sem dúvida! Deus não abençoa a falta de esforço nem a falta de integridade. Se você quer a bênção guarda-chuva, precisa suar e queimar algumas calorias. Pode até ser que perca um pouco de sono! Há algo que devo confessar: escrever um livro exige que o meu despertador toque muito cedo pela manhã. Acordo antes que o dia clareie. Nos períodos de escrita, os dias são longos, com exaustão mental, emocional e espiritual. Mas a bênção de Deus significa que o todo é maior que a soma das partes. Por quê? Porque Deus multiplica os nossos esforços com sua unção!

A bênção guarda-chuva faz a seguinte promessa: "O Senhor concederá grande prosperidade a vocês, no fruto do seu ventre, nas crias

[14] Gallagher, B. J. The Ten Awful Truths — and the Ten Wonderful Truths — About Book Publishing, **Huffpost**, 6 de dezembro 2017, <www.huffpost.com/entry/book-publishing_b_1394159>.

dos seus animais e nas colheitas da sua terra" (Deuteronômio 28.11). Uma vez que a multiplicação é um dos temas mais difusos por toda a Bíblia, não deve nos surpreender quando aparece como subenredo da bênção guarda-chuva. Em termos simples, a bênção de Deus é uma unção multiplicadora.

O que Deus quer multiplicar? Qualquer coisa boa, correta, pura ou justa. Ele quer multiplicar os dons do Espírito e o fruto do Espírito. Quer multiplicar o seu tempo, talento e tesouro para a glória dele e para o seu bem. Mas aquilo que Deus faz para nós nunca é somente para nós! O Senhor deseja abençoar a sua família até a terceira e a quarta gerações. Quer multiplicar a própria bênção sobre a sua vida de tal modo que esta transborde para os seus vizinhos e colegas de trabalho.

Nós pensamos no aqui e agora. Mas Deus pensa em nações e gerações! E posso lhe prometer: a visão que ele tem para a sua vida é maior e melhor do que aquela que você concebeu! Esse é o grande segredo da bênção guarda-chuva! E a unção multiplicadora está à sua disposição; basta pedir.

Considere esse o seu apelo no altar.

Capítulo 3

O DIFERENCIAL

[O Senhor] não recusa nenhum bem
aos que vivem com integridade.
Salmos 84.11

Ao longo de sua celebrada carreira como compositor, Georg Friedrich Händel escreveu 42 óperas, 29 oratórios e 120 cantatas. Ludwig van Beethoven disse o seguinte sobre Händel: "A ele dobro os meus joelhos".[1] Sem dúvida, Händel é um dos maiores compositores de toda a história, mas chegou a um ponto decrescente mais tarde na vida. Aos 55 anos de idade, Händel havia passado de seu auge nas composições. Estava deprimido, endividado, e um derrame atrapalhava o uso de sua mão direita. Händel tinha dificuldades em permanecer musicalmente relevante, o que é irônico, considerando o fato de que estava prestes a criar uma das peças musicais mais icônicas da história.

Em 22 de agosto de 1741, Georg Friedrich Händel começou a compor. Não saiu de casa por três semanas. Aliás, quase não deixava a cadeira de composição. Vinte e um dias depois, Händel saiu de seu escritório com

1 Forbes, Elliot (Ed). **Thayer's Life of Beethoven**, ed. rev., v. 2. Princeton, NJ: Princeton University Press, 1967. p. 920.

uma obra-prima de 259 páginas intitulada *O Messias*. O ato de abertura aponta profeticamente para o Messias vindouro. O segundo ato aborda a Paixão de Cristo. O ato final celebra o Salvador ressurreto, que "reinará para sempre". Por fim, Händel escreveu três letras na última página, SDG — *soli Deo gloria* (só a Deus seja a glória)!

Esse é o pano de fundo, mas aqui está o resto da história.

O Messias estreou como uma oferta de Páscoa no Great Music Hall, em Dublin, Irlanda, em 13 de abril de 1742.[2] A música encantou os ouvintes, mas fez muito mais do que isso. Não era um mero concerto, mas um concerto beneficente. A apresentação inaugural arrecadou 400 libras, o equivalente a 86 mil dólares atuais (cerca de 470 mil reais)![3] E essas 400 libras foram usadas para libertar 142 homens que estavam presos por dívidas. É isso que qualifica *O Messias* como uma bênção dobrada. A primeira bênção é a bela música que inspira a alma. A segunda? A libertação de 142 cativos!

É claro que esses foram apenas os primeiros frutos da peça musical que estava destinada a se tornar, quem sabe, a mais apresentada na história do Ocidente. Em seu testamento, Georg Friedrich Händel deixou toda a partitura de *O Messias* para o Foundling Hospital. Você se lembra de Jonas Hanway, o primeiro homem a usar guarda-chuva em Londres? Bem, Händel fundou a instituição que Hanway administrou de 1758 a 1772. Todo o lucro proveniente dessa peça musical foi usado para promover a missão de Mateus 25, a fim de alimentar os famintos, abrigar os sem-teto e cuidar dos enfermos.

O que é bênção dobrada?

A primeira bênção é usar o tempo e o talento que Deus nos dá para fazer a diferença no mundo. Para Händel, isso significava compor

[2] KANDELL, Jonathan. The Glorious History of Handel's Messiah, **Smithsonian** magazine, dezembro de 2009, <www.smithsonianmag.com/arts-culture/the-glorious-history-of-handels-messiah-148168540>.

[3] NYE, Eric W. Pounds Sterling to Dollars: Historical Conversion of Currency, <www.uwyo.edu/numimage/currency.htm>.

músicas que mexem com a alma. A segunda bênção é usar o tesouro que o nosso tempo e talento produzem, em geral na forma de um contracheque, para abençoar os outros com generosidade.

Tempo, talento, tesouro

Como pastor, já vi muitas sacolas coletoras de ofertas serem passadas em inúmeros cultos. Mas nunca presenciei alguém sair do lugar, entrar dentro de uma delas e tentar passá-la adiante. Provavelmente, a sacola se romperia e tudo soaria um pouco estranho... Mas é exatamente isso que fazemos quando devolvemos a Deus, não é mesmo? A pessoa que doa dinheiro trocou seu tempo e talento por aquele tesouro. Para alguns, é o salário mínimo, ganho com o suor do rosto. Para outros, são ideias criativas que conquistam comissões. De todo modo, não é apenas o dinheiro puro e frio que doamos. Trata-se de tempo e talento que trocamos por aquele tesouro! Quando você coloca algo dentro da sacola, põe parte de si mesmo ali. É claro que essa equação funciona nas duas direções.

São necessários cerca de 500 voluntários para realizar 12 cultos em 7 locais diferentes a cada fim de semana na National Community Church. Em média, os voluntários dedicam cerca de três horas por fim de semana. Se você fizer as contas, verá que o total é de 1.500 horas de voluntariado. Se você multiplicar esse número pelo pagamento médio por hora de trabalho em Washington, D.C., chegará ao valor de 49.500 dólares de tempo doado semana após semana. É claro que isso não inclui os ministérios de serviço à comunidade e evangelismo, nem as viagens missionárias. A nossa equipe dos sonhos do D.C. Dream Team voluntariou 16 mil horas no ano passado, amando, servindo e mentoreando crianças do bairro Ward 7, uma das regiões mais carentes da capital dos Estados Unidos. Isso totaliza uma doação equivalente a 528 mil dólares, os quais, por sua vez, se multiplicam em muito mais.

A primeira bênção é usar o tempo e o talento que Deus nos dá para fazer a diferença no mundo.

Lembra-se do velho ditado "Tempo é dinheiro"? É verdade em mais de uma maneira! Você trocou o seu tempo pelo saldo da sua conta bancária. Para muitos de nós, isso significa trabalhar das 8 da manhã às 5 da tarde, de segunda a sexta-feira. Não importa se você é contador, assistente administrativo, educador ou motorista do Uber, está trocando o seu talento por esse tesouro também. É isso que torna a sua doação tão estimada. Ou, quem sabe, eu deveria dizer, inestimável. Você pode doar o mesmo valor que outra pessoa, mas a sua contribuição é única. Por quê? Porque foi o seu tempo e o seu talento que a conquistaram.

Georg Friedrich Händel trocou 21 dias de tempo por *O Messias*. É claro que ele também trocou anos de treinar escalas e décadas de compor cantatas. Então, usou o tesouro que aquela peça musical produziu para abençoar quem mais necessitava. É isso que significa bênção dobrada. É isso que a bênção dobrada faz. E ela é tão singular quanto você!

Händel não foi um compositor que seguia Cristo; ele era um seguidor de Cristo que fazia músicas. Essa sequência é tão significativa quanto buscar *primeiro* o Reino de Deus. E espero que essa seja a realidade na sua vida, a despeito da sua ocupação profissional. A música era a paixão de Händel, mas o evangelho era sua missão. E a música de Händel servia a um duplo propósito. Ele direcionava seu talento dado por Deus como músico para escrever oratórios cheios de unção, mas também distribuía o tesouro que suas criações produziam para se tornar uma bênção dobrada — bênção para aqueles que ouviam suas músicas e bênção para quem se beneficiava de sua generosidade.

A segunda bênção é usar o tesouro que o nosso tempo e talento produzem para abençoar os outros com generosidade.

"O *Messias* alimentou famintos, vestiu nus, cuidou de órfãos [...] mais do que qualquer outra produção musical" — observou um dos biógrafos de Händel. Outro escreveu: "Talvez a obra de nenhum outro compositor tenha contribuído tanto para o alívio do sofrimento humano".[4]

Diante disso, só posso dizer: "Aleluia!".

Rendimento em dobro

Na década de 1950, havia um programa televisivo de perguntas e respostas chamado *The $64,000 Question* [A pergunta de 64 mil dólares]. Provavelmente, você nunca assistiu ao programa, mas até hoje, nos Estados Unidos, as pessoas usam a expressão. Uma "pergunta de 64 mil dólares" se refere a uma indagação crucial. Com frequência, é a pergunta mais importante, mas, ao mesmo tempo, a mais difícil de responder. Por quê? Porque a resposta depende de fatores que não podem ser preditos.

Permita-me fazer uma pergunta dessa relevância: o sucesso de *O Messias* tem alguma ligação com o fato de ter sido lançado em um concerto beneficente ou com o fato de ter destinado a renda da apresentação ao Foundling Hospital? Sei que alguns argumentarão que *correlação não equivale a causa*. E, embora eu entenda essa falácia lógica, ela é superada por uma convicção teológica. Se Deus sabe que nós o honraremos com os resultados, creio que ele se alegrará em abençoar duplamente. É claro que o sucesso de *O Messias* tem muito que ver com a qualidade musical. Mas há outro fator em ação, um diferencial.

Posso lhe dizer por que Deus tem abençoado a nossa cafeteria em Capitol Hill? É mais do que o *latte* de lavanda e mel, embora ele seja delicioso, devo admitir. E, embora ela fique a um quarteirão da principal estação de trem e metrô de Washington e bem em frente à Comissão de Valores Mobiliários, é mais do que a excelente localização.

[4] Messiah and George Frideric Handel, **Christianity.com**, 28 de abril de 2010, <www.christianity.com/church/church-history/timeline/1701-1800/messiah-and-george-frideric-handel-11630237.html>.

Por que, então? Acredito que seja porque a Ebenezers Coffeehouse doa cada centavo de seu lucro para as causas do Reino. Nesse caso, por que não abençoar?

O nosso café não tem apenas um bom sabor. Ele faz bem e faz as pessoas se sentirem bem. Por quê? Porque é um café com uma causa! Mais de 1,2 milhão de dólares em lucro líquido já patrocinou dezenas de causas preciosas ao coração de Deus. Também patrocinamos o projeto Ebenezers for the Living Room, um ministério para os nossos amigos que se encontram desabrigados. Temos uma convicção fundamental como igreja: *Deus nos abençoará na proporção em que doamos para as missões e cuidamos dos pobres da nossa cidade*. Se investirmos o nosso tempo, talento e tesouro em coisas que são preciosas ao coração de Deus, não me preocupo com os resultados! Por quê? Porque Deus está por trás de tudo.

A Ebenezers Coffeehouse já foi eleita várias vezes a melhor de Washington, D.C., enfrentando uma concorrência difícil. Alguns podem considerar que se trata de mera correlação, sem causa. Dito isso, creio honestamente que Deus tem abençoado a nossa cafeteria porque ele sabe que não a usamos em benefício próprio. O diferencial é o favor de Deus. E o favor de Deus é passar adiante a bênção em cada xícara de café que servimos.

Temos rendimentos duplos na Ebenezers. Como em qualquer empreendimento comercial, queremos lucrar enquanto lançamos mão das melhores práticas de mercado. Amamos receber cinco estrelas nas avaliações de usuários e sabemos que a qualidade do produto e o atendimento ao cliente são parte crucial dessa equação. Mas a margem de lucro não é o objetivo final. Há um segundo rendimento quando você empreende de maneira missionária. O grande alvo é doar tudo!

Se você cultivar a mentalidade de
bênção dobrada, com foco em passar adiante
cada bênção, é melhor apertar os cintos.

Por quê? Porque Deus abrirá as janelas do céu e derramará mais bênçãos do que você será capaz de conter. Estou falando somente de bênçãos materiais? É claro que não! Doar produz alegria — e como este mundo necessita de mais alegria!

Quando você passa a bênção adiante, tira a pressão dos seus ombros e coloca a bola no campo de Deus. Isso permite que você viva em santa expectativa, sempre esperando para ver o que o Senhor fará em seguida.

Bênção plena

Permita-me voltar à obra *O Messias*, de Händel, e à pergunta de 64 mil dólares. O concerto beneficente ou a herança para o Foundling Hospital têm algo que ver com a longevidade e popularidade de *O Messias*? A minha opinião é a seguinte: se Deus sabe que você não acumulará para si a bênção de 400 libras, ele não recusará seu favor. "[O Senhor] não recusa nenhum bem aos que vivem com integridade." (Salmos 84.11.)

Você se lembra de quando recebeu o seu primeiro salário? Ainda me recordo da empolgação ao abrir aquele envelope, mas tive uma grande decepção. Por quê? Para começo de conversa, eu só ganhava 5,25 dólares por hora. Então, descobri algo sobre impostos retidos. São os impostos que o empregador recolhe e envia diretamente para o governo. Digamos que o meu primeiro salário não foi tudo aquilo que eu imaginava que seria!

Tenho uma excelente notícia para lhe dar, mas, antes de tudo, uma palavra de cautela. Deus não abençoa fraudes, e isso inclui fraudar os impostos! Entendeu? Se você quer se posicionar para receber a bênção de Deus, a integridade é tão importante quanto a humildade. É tentador pegar atalhos e cortar caminhos, não é mesmo? Em especial quando não há ninguém observando. Mas, se você comprometer a sua integridade, colocará um obstáculo à bênção de Deus.

A boa notícia? Se agirmos com integridade, não há retenção de impostos nas bênçãos de Deus. E esse é o alvo, não é mesmo?

Viver de tal maneira que Deus possa nos conceder sua bênção plena — *além da nossa habilidade de pedir ou imaginar*. Não se contente com nada menos e com nada diferente disso.

Se você comprometer a sua integridade para aproveitar uma oportunidade, isso não é uma oportunidade. Trata-se de uma tentação. Não sacrifique o favor de Deus pela promoção humana. Assim como os primeiros serão os últimos e os últimos serão os primeiros, às vezes aquilo que parece um passo atrás se revela um passo gigante à frente. Por fim, a integridade catapultará você para muito além de manobras ou manipulações. Integridade significa permanecer na pista da bênção, mesmo quando você sente vontade de mudar de faixa. Confie em mim: a integridade é a faixa expressa para a bênção.

Se você não recusar nada a Deus, ele não recusará a bênção a você. Se você der glória a Deus, não há nada de bom que ele reterá. Por quê? Porque ele é um Pai maravilhoso!

> "Qual de vocês, se seu filho pedir pão, lhe dará uma pedra? Ou, se pedir peixe, lhe dará uma cobra? Se vocês, apesar de serem maus, sabem dar boas coisas aos seus filhos, quanto mais o Pai de vocês, que está nos céus, dará coisas boas aos que lhe pedirem!" (Mateus 7.9-11)

Um adendo divertido: fiquei todo para baixo quando descobri aquele imposto retido, mas a minha tristeza se transformou em alegria alguns meses depois, quando recebi uma carta da Receita Federal com a restituição do imposto de renda. Era tão pouco dinheiro que eles acabaram me devolvendo tudo! Assim como essa devolução *a posteriori*, as bênçãos que são fruto da integridade encontram uma forma de voltar como um bumerangue, meses, anos e décadas depois!

A caixa de depósito

Assim como a cafeteria, também temos um cinema em Capitol Hill. The Miracle é um cinema popular, que exibe filmes a preços reduzidos depois que eles já deixaram de ser exibidos pelas grandes redes. Mas também já fizermos alguns eventos de tapete vermelho e pré-estreias. Uma das mais memoráveis foi do documentário *Emanuel*. O filme conta a história do perdão incompreensível ao homem que, cheio de ódio e motivações racistas, saiu atirando em Charleston, na Carolina do Sul, na noite de 17 de junho de 2015. Quando subiram os créditos, eu estava sem fala. Há uma unção especial sobre o filme e seu diretor, Brian Ivie.

Em 2011, Brian era um promissor aluno do terceiro ano da Faculdade de Cinema, na University of Southern California. Leu um artigo no jornal Los Angeles Times sobre um pastor em Seul, na Coreia do Sul, que construiu uma caixa de depósito para bebês abandonados. Esse pastor já havia cuidado de mais de 600 bebês indesejados, a maioria deles abandonada por causa de deformidades ou deficiências.

Ao ler esse artigo, um pensamento disparou suas sinapses neuronais: “Se eu não fizer algo a respeito disso, se eu não contar essa história, todos esquecerão!”.[5] Pode chamar isso do que você quiser, mas eu digo que foi uma ideia de Deus. Mas é só ideia até você fazer algo a respeito. Você precisa levar cativo o pensamento, para torná-lo obediente a Cristo (2Coríntios 10.5). Como fazer isso? Com tempo, talento e tesouro. Com sangue, suor e lágrimas.

As bênçãos que são fruto da integridade encontram uma forma de voltar como um bumerangue, meses, anos e décadas depois!

Brian mandou um *e-mail* para o pastor Lee, lá na Coreia. Recrutou uma equipe de 11 estudantes para fazer o filme. Levantou 65 mil dólares de doações para custear a produção. E então dormiu no chão do orfanato por três meses enquanto fazia o filme. Ao realizar esse documentário, Brian Ivie se entregou a Cristo por causa da maneira que

[5] SMITH, Warren Cole. *The Drop Box* Director on Coming to Christ, **World**, 3 de março de 2015, <https://world.wng.org/2015/03/the_drop_box_director_on_coming_to_christ>.

aquele pastor coreano amava cada um daqueles pequeninos. Depois de tudo o que foi dito e feito, Brian produziu um documentário premiado chamado *The Drop Box*.

De volta a *Emanuel*. Assim como em qualquer filme, não é fácil conseguir recursos. Tenho bancado alguns filmes por mais tempo do que gostaria! Não muito tempo depois da exibição no nosso cinema, Steph Curry e Viola Davis entraram como produtores executivos do filme. É um dos longas-metragens mais poderosos que já vi e recomendo que você assista.

Posso lhe dizer por que Deus tem abençoado os filmes produzidos por Brian com recursos e premiações de cinema? Porque o coração por trás dos filmes aborda temas preciosos ao coração de Deus. Contudo, há algo mais. Brian Ivie está dando uma de Händel com *Emanuel*. Como assim? É um filme beneficente. Se você assistir ao filme, a sua alma será abençoada, mas você fará algo mais. Trata-se de uma bênção dobrada porque os lucros do filme vão para aqueles que perderam entes queridos naquele trágico tiroteio.

Diante disso, só posso dizer: vá em frente e faça o mesmo!

Habilidades radicais

Já bem perto do fim de sua vida, Moisés pronunciou bênçãos sobre as 12 tribos de Israel. Uma das minhas favoritas foi a proferida sobre os levitas: "Abençoa todos os seus esforços, ó SENHOR, e aprova a obra das suas mãos" (Deuteronômio 33.11).

Como já passei por 12 cirurgias, orei rogando essa bênção sobre vários cirurgiões! Sem dúvida, quero um cirurgião habilitado e que tirava boas notas. Mas não peço desculpas em momento algum por pedir a unção de Deus sobre as habilidades do médico!

A unção de Deus transforma as nossas simples
habilidades em habilidades radicais!

É o diferencial que faz o radical entrar na equação em potência máxima! Tenho rogado essa bênção sobre jogadores profissionais de futebol americano, altos executivos e políticos. Abençoei até os nossos baristas da Ebenezers Coffeehouse! Não importa o que você fizer, Deus quer ungi-lo para isso.

Martin Luther King Jr. disse:

> Se couber a você varrer ruas, varra assim como Michelangelo pintava quadros, varra como Beethoven compunha músicas [...] Varra como Shakespeare fazia poesia. Varra tão bem que todas as hostes do céu e da terra precisarão fazer uma pausa e dizer: "Ali viveu um grande varredor que cumpria muito bem sua tarefa!".[6]

Um diferencial é uma qualidade indescritível que torna alguém muito especial. Também pode ser definido como uma variável em determinada situação capaz de causar o impacto mais significativo sobre o resultado.

Em sua bênção no leito de morte, Moisés abençoou José com "o favor daquele que apareceu na sarça ardente" (Deuteronômio 33.16). Sei que não temos a opção de escolher as bênçãos como se fossem respostas em uma prova de múltipla escolha ou opções em um jantar do tipo junta-panelas, mas quer saber a verdade? Todas as bênçãos de Deus são nossas! Se você pertence a Cristo, é descendente de Abraão e herdeiro das bênçãos da aliança (Gálatas 3.29).

Não tenho certeza absoluta quanto ao que esse favor abrange, mas sei que o quero. E, da mesma forma que a unção multiplicadora, sei que preciso dele. Algo aconteceu na sarça ardente que transformou um pastor de ovelhas gago em um dos maiores líderes que o mundo já conheceu. A sarça ardente representa a bênção do favor. Deu a Moisés coragem para confrontar o faraó e dizer: "Deixe o meu povo ir" (Êxodo 9.1). Foi o diferencial que transformou seu cajado em cobra, abriu o mar Vermelho e proveu maná a cada manhã.

6 King Jr., Martin Luther. What Is Your Life's Blueprint? (discurso, Barratt Junior High School, Philadelphia, PA, 26 de outubro de 1967), <https://projects.seattletimes.com/mlk/words-blueprint.html>.

Não perca de vista as entrelinhas dessa bênção. Quando Moisés proferiu essa bênção sobre José, o que ele estava fazendo? Passando a bênção adiante! Moisés sabia que José necessitava de uma revelação do Eu Sou tanto quanto ele. Mais uma vez, essa bênção é Deus — Deus conosco, Deus por nós, Deus em nós.

Você teria ousadia suficiente para pedir a Deus o "favor daquele que apareceu na sarça ardente"? De pedir a Deus o diferencial que vem dele? E não somente 30 ou 60 vezes, mas 100 vezes mais. Você não tem porque não pede (Tiago 4.2).

É claro que, junto com uma grande bênção, vem uma grande responsabilidade. Em geral, a bênção vem com um faraó para confrontar e um povo para libertar. Não vai tornar a sua vida mais fácil, mas o ajudará a fazer coisas difíceis. E Deus realizará coisas pelas quais você não poderá assumir o crédito!

Capítulo 4

A CONSTANTE DE AVOGADRO

"O SENHOR te abençoe e te guarde."
Números 6.24

Quantos átomos você acha que existem em uma gota d'água? Bob DeMoss me fez essa pergunta em um café da manhã que tomamos juntos e que teria sido absolutamente comum, não fosse essa indagação inusitada. Após colocar o dedo na extremidade do canudo em seu copo de água para criar sucção, ele o tirou do copo e deixou cair uma gota no dedo indicador. Então, perguntou:

— Quantos átomos você acha que existem nessa gota d'água?

Vá em frente. Dê um palpite.

Uma gota d'água é bem pequenina, mais ou menos a quingentésima parte de um mililitro. Percebi que era uma pergunta capciosa, de modo que resolvi dar uma resposta bem ousada. Achei que poderia haver até 1 milhão, mas sugeri 1 bilhão, só para ter margem de segurança. Foi então que Bob se inclinou na mesa e afirmou:

— Há 5 quintilhões de átomos nessa única gota d'água.

Eu não tinha nenhum motivo para desconfiar de Bob, mas havia acabado de conhecê-lo. E achei meio difícil acreditar naquele número astronômico. Por isso, pesquisei um pouco e *voilà*! Um cientista italiano, Amedeo Avogadro, calculou o número de moléculas em um mol de substância. Chama-se constante de Avogadro e está definida em 6.022 x 1023.[1] Assim, a estimativa de Bob provavelmente pendia para o lado conservador.

A minha lição? Uma gota d'água pode não ser tão simples quanto parece. Aliás, é mais complexa do que podemos imaginar. Essa verdade sobre a água se aplica a você e às bênçãos de Deus também. Agora você sabe por que uma única gota d'água estampa a capa deste livro! Ela representa as bênçãos de Deus, cujos átomos significam muito mais do que a constante de Avogadro. E o efeito cascata que ela cria é a bênção dobrada.

Bênção em seis partes

A parte central da bênção sacerdotal é a palavra hebraica *barak*. Se você colocar esse termo em um microscópio linguístico, descobrirá seis significados básicos. Cada um deles é uma sub-bênção, uma constante de Avogadro em si.

Enquanto os israelitas vagavam pelo deserto, Deus instruiu Arão a proferir uma bênção sacerdotal sobre o povo. O que torna essa bênção tão singular é o fato de conter as próprias palavras de Deus. Devemos tomar cuidado para não transformar essa invocação em encantamento, mas também não devemos subestimar seu poder profético.

> O SENHOR te abençoe
> e te guarde;
> o SENHOR faça resplandecer o seu rosto sobre ti
> e te conceda graça;
> o SENHOR volte para ti o seu rosto
> e te dê paz.
> (Números 6.24-26)

[1] WIKIPEDIA, verbete "Avogadro Constant", última modificação em 9 de maio de 2019, 2:52, <https://en.wikipedia.org/wiki/Avogadro_constant>.

A origem da saudação militar é incerta, mas uma teoria sugere que ela apareceu com os cavaleiros que levantavam o visor.[2] Era a forma medieval de mostrar intenções amistosas, ao revelar a própria face. Nesse aspecto, lembra a bênção sacerdotal. Deus, por assim dizer, levanta seu visor. Ele volta o rosto para nós. Nossa paz se encontra em sua postura na nossa direção — Deus conosco, Deus por nós, Deus em nós. Levantar o visor era a forma medieval de revelar a própria identidade. Não é isso que Deus fez quando se revelou como o "Eu Sou o que Sou" na sarça ardente (Êxodo 3.14)?

A fim de receber essa bênção,
você também precisa levantar o seu visor.
Deus não abençoará quem você *finge* ser!

Seus disfarces podem até enganar todos os outros, mas eles só desviam a bênção de Deus. Você sabe a quem Deus abençoa? Aqueles que têm humildade e coragem de ser quem são, sem pretensões. Esse é outro hábito das pessoas ricamente abençoadas! Deus vê através das nossas máscaras de qualquer maneira, mas quer levantar o nosso visor. O resultado final dessa bênção? Intimidade com o Deus todo-poderoso.

Uma saudação é um gesto de respeito. De modo geral, são os subordinados que saúdam seus superiores. No Reino de Deus, são os superiores que saúdam os subordinados. O maior de todos é servo de todos, e Jesus abriu esse precedente.

O primeiro significado da palavra hebraica *barak* é "saudar".

O segundo é "ajoelhar-se".

Se você quiser abençoar crianças pequenas, precisará se ajoelhar para ficar no nível delas. Quando você agacha e fica de quatro, a brincadeira se nivela, e o jogo muda. Não foi isso que Deus fez em Belém? O Deus altíssimo se fez próximo. O Deus que saudou Moisés

[2] Who, What, Why: Why Does the Military Insist on Saluting?, **BBC**, 5 de janeiro de 2015, <www.bbc.com/news/blogs-magazine-monitor-30679406>.

na sarça ardente se ajoelhou na manjedoura. Deus não pronuncia meras bênçãos higiênicas lá do alto. Ele toca leprosos, celebra samaritanos e come com pecadores.

O terceiro significado é "beijar na boca".

Eu queria que fosse tão simples quanto parece, mas vivemos em uma era de afetos adulterados e exploração do poder. Amor puro e poder verdadeiro são difíceis de encontrar e mais difíceis ainda de confiar. Por quê? Porque muitos já foram traídos por um beijo, e um beijo falso parece uma maldição. Para aqueles que roubam a inocência de outros, Jesus falou sem rodeios: "Mas, se alguém fizer cair no pecado um destes pequeninos que creem em mim, melhor lhe seria amarrar uma pedra de moinho no pescoço e se afogar nas profundezas do mar" (Mateus 18.6). Por que palavras tão fortes? Porque Deus é amor e odeia qualquer coisa que perverta a pureza.

Receio de que tenhamos nos esquecido do que é o amor puro e verdadeiro. Por isso, permita-me pintar um velho retrato. Ele se parece com o Filho de Deus sem pecado, carregando uma cruz de mais de 130 quilos ao longo da Via Dolorosa pelos pecados de todos e então perdoando aqueles que o pregaram nela. E, para que fique claro, o próprio Jesus foi traído por um beijo. Aquele beijo penetrou sua alma, assim como as pontas do chicote que rasgaram suas costas, a coroa de espinhos que penetrou sua testa e os pregos de 23 centímetros que o prenderam na cruz.

Se você já esteve do lado errado de um beijo falso, poucas coisas são mais difíceis de perdoar. Mas o perdão é a única coisa que pode libertar você. Sei que não é possível esquecer, mas, com a ajuda de Deus, é possível virar a página. O beijo de Deus não pode apagar a memória, mas sua bênção é derramada com afeição paterna que tudo perdoa. E pode fazer mais do que isso. A língua original sugere uma ressuscitação boca a boca. Assim como Deus expirou no pó e formou Adão, a bênção de

O perdão é a única coisa que pode libertar você da traição.

Deus é a quinta força que nos anima.[3] Sua bênção é nosso segundo vento, nossa segunda chance.

Você sabe por que Deus quer abençoá-lo muito além do que você é capaz de pedir ou pensar? Porque Deus o ama muito além do que você é capaz de pedir ou pensar!

O poder da língua

Quando eu estava no seminário, falei a um grupo de homens em um programa de reabilitação para dependentes químicos. Conheci um homem cujos erros cometidos contribuíram para o vício. Ele havia saído da bênção guarda-chuva e pagara o preço na reabilitação. Mas senti imensa empatia quando ele me contou sua experiência de vida. Explicou-me que, quando criança, toda vez que ele errava, seu pai dizia: "Mas que inferno! Você é burro?".

Imagine essas palavras ecoando em seus ouvidos. Pelas lágrimas que escorreram em sua face, ficou clara a profundidade da ferida causada por essas frases em sua alma. Elas reverberavam em alto e bom som, por muito tempo. Não estou culpando o pai pelos erros do filho, porém foram mais do que palavras impensadas. Foram uma maldição que deixou uma cicatriz aberta. É de espantar que esse filho tenha tomado algumas decisões ruins? Ele estava apenas vivendo à altura — ou baixeza — das palavras do pai.

"A língua tem poder sobre a vida e sobre a morte." (Provérbios 18.21.)Todos conhecemos o velho ditado de que as palavras se espalham como o vento, mas a verdade é que elas têm muito poder para machucar. As palavras não só carregam peso, como também têm poder para reescrever narrativas. Uma maldição pode transformar uma comédia em tragédia, mas a bênção é capaz de reverter a narrativa na outra direção.

3 Existem quatro forças fundamentais na Física, mas muitos físicos acreditam na existência de uma quinta força misteriosa que não conseguem definir com exatidão usando dados. Uso o termo de maneira figurada, mas creio que o Espírito de Deus é o que anima o espírito humano.

Durante o período frágil da adolescência, recebi o presente das palavras doadoras de vida. Eu estava ajoelhado à frente da igreja quando um missionário colocou a mão sobre o meu ombro e começou a orar por mim. Então, sua oração se tornou profética: "Deus usará você de maneira grandiosa". Foi uma única frase, mas tenho me apegado a ela em meio às turbulências da vida. E já tentei passar essa bênção adiante, falando palavras doadoras de vida para os outros.

Isso nos leva ao quarto significado da palavra hebraica *barak*: "falar palavras de excelência sobre". E isso merece um pouco de atenção extra.

Uma das bênçãos mais poderosas que
se pode derramar sobre alguém é a das
palavras ditas no tempo certo.

Você se lembra da mulher que abriu seu perfume em um frasco de alabastro e ungiu Jesus? Lembra-se de que os fariseus e os discípulos a criticaram? Jesus combateu a crítica com o dom das palavras doadoras de vida: "Onde quer que o evangelho for anunciado, em todo o mundo, também o que ela fez será contado em sua memória" (Marcos 14.9). Você imagina quanto essas palavras elevaram o espírito daquela mulher pelo resto de sua vida? É o tipo de mensagem que a pessoa tatua no corpo ou pede que seja inscrita no túmulo! Jesus a abençoou com palavras proféticas que se cumpriram mais uma vez quando você leu sobre essa mulher!

Por sermos filhos de Deus e seguidores de Cristo, assumimos a capa dos sacerdotes do Antigo Testamento, que administravam a bênção. Você faz parte desse sacerdócio real (1Pedro 2.9). Logo, essa responsabilidade recai sobre nós! É nossa função declarar os louvores de Deus e pronunciar suas bênçãos! Cumpramos o nosso dever sacerdotal, mas não espiritualizemos *em excesso* bênção e maldição. Não se trata de conceitos bíblicos compartimentalizados. Bênção e maldição são dois estilos de vida muito diferentes, duas formas bastante distintas de tratar as pessoas.[4]

[4] Agradeço a John Ortberg por esse conceito. Eu o adaptei, mas a ideia se originou com ele.

Se o roteiro da sua vida fosse lido em voz alta, o que suas palavras revelariam? Como você fala das pessoas quando elas não estão por perto? Você as critica ou se gaba pelas costas? Como você fala com as pessoas quando elas estão presentes? Você as coloca para baixo ou as olha nos olhos e elogia?

Tenho um arquivo repleto de bilhetes gentis e cartas solícitas que recebi dos leitores dos meus livros e de pessoas que pastoreei. Por que guardo tudo isso? Porque cada palavra de incentivo é uma dádiva! As palavras doadoras de vida são para o espírito o mesmo que o oxigênio é para os pulmões!

As palavras de quem estão no seu arquivo?

E o arquivo de quem você preenche com as suas palavras?

"A palavra proferida no tempo certo é como frutas de ouro incrustadas numa escultura de prata." (Provérbios 25.11.)

Há vários anos, fiz a trilha inca em Machu Picchu. Quando chegamos a Warmiwañuska ("Passagem da mulher morta"), tive uma dor de cabeça lancinante causada por falta de oxigênio. Àquela altitude, a atmosfera contém 37% menos oxigênio. Felizmente, o nosso guia me deu uma lata de oxigênio puro. Quando a inalei, a dor de cabeça se foi. As palavras doadoras de vida são oxigênio puro. Há muitas dores de cabeça e de coração causadas pela falta de palavras doadoras de vida. E pode faltar 37% de oxigênio bem onde vivo, em Washington, D.C. Mas as palavras certas ditas no momento certo são capazes de mudar o jogo. Podem até mesmo mudar a vida!

Linhagem

Você se surpreende ao saber que o inimigo da nossa alma é chamado de pai da mentira e acusador dos irmãos? Ele fala mentiras que podem nos sugar a vida. E suas acusações são um soco capaz de nos tirar o ar. Como vencer suas mentiras e acusações? De acordo com o autor de Apocalipse, nós as vencemos "pelo sangue do Cordeiro e pela palavra do [nosso] testemunho" (Apocalipse 12.10,11). À primeira vista, uma dessas coisas não se parece com a outra! Certo? Eu não colocaria o meu testemunho no mesmo nível do sangue precioso de Cristo, mas é um ponto central para vencer o Inimigo.

O seu testemunho tem o poder de libertar outras pessoas! Como? Bem, se Deus fez isso por você, pode fazer pelos outros também! E, se Deus já o fez no passado, pode fazer de novo. Um testemunho é uma bênção profética! É o viveiro no qual a fé ganha raízes e dá frutos. Agora permita-me virar essa moeda da vitória: "Não foi por meio de coisas perecíveis como prata ou ouro que vocês foram redimidos da sua maneira vazia de viver, transmitida por seus antepassados, mas pelo precioso sangue de Cristo, como de um cordeiro sem mancha e sem defeito" (1Pedro 1.18,19).

O sangue de Cristo cancela a maldição do pecado, quebra o jugo do cativeiro, paga o preço de nossa redenção, garante as promessas de Deus e assina a linha pontilhada da nova aliança.

É a nossa redenção (Efésios 1.7).
É o nosso perdão (Hebreus 9.22).
É a nossa confiança (Hebreus 10.19).
É a nossa purificação (1João 1.7).
É a nossa cura (1Pedro 2.24).
É a nossa vida (Hebreus 9.14).

Nas corridas de cavalo, não é incomum fazer uma aposta com base na linhagem. Caso você tenha algum interesse em saber, praticamente todos os 500 mil cavalos de corrida puro-sangue do mundo inteiro descendem de 28 ancestrais nascidos nos séculos XVIII e XIX. De acordo com um estudo genético, 95% dos machos puro-sangue têm origem que remonta a um garanhão reprodutor.[5] O *pedigree* é extremamente importante no mundo dos cavalos, e o mesmo poderia ser dito a nosso respeito.

Uma das músicas que ouvi sem parar no ano passado foi "No Longer Slaves" [Não mais escravos], do grupo de louvor Bethel Music.

[5] Pickrell, John. 95% of Thoroughbreds Linked to One Superstud, **New Scientist**, 6 de setembro de 2005, <www.newscientist.com/article/dn7941-95-of-thoroughbreds-linked-to-one-superstud>.

Amo o verso que diz: "Your blood flows through my veins" [Seu sangue corre por minhas veias].[6] O velho hino diz o seguinte:

> Achei a fonte carmesim
> Que o meu Jesus abriu.
> Na cruz morrendo ali por mim,
> A minha alma redimiu.[7]

Por ser filho de Deus, você pertence à linhagem dele! Esse é o nosso direito legítimo. Essa é a nossa bênção!

O quinto significado da palavra hebraica *barak* é "pacificar". A bênção foi anunciada pelos anjos aos pastores nos arredores de Belém: "Paz na terra aos homens aos quais ele concede o seu favor" (Lucas 2.14). Esse tratado de paz foi assinado pelo sangue de Cristo, selado pelo Espírito Santo e entregue por um túmulo vazio!

Vida longa e próspera

O sexto significado da palavra hebraica *barak* é "fazer prosperar".

> Se você tem recebido bênçãos financeiras,
> dê crédito a quem é devido.

É Deus "que dá a vocês a capacidade de produzir riqueza" (Deuteronômio 8.18). É Deus quem enriquece os seres humanos a fim de "que possam ser generosos em qualquer ocasião" (2Coríntios 9.11). Por causa da ruína causada pelo suposto evangelho da prosperidade, tendemos a varrer para fora essa bênção junto com a sujeira. Trata-se de um erro ladeado pela falsa humildade. Em seu âmago, a bênção de Deus tem nuances de produtividade e traços de prosperidade. O problema não

[6] HELSER, Melissa; HELSER, Jonathan David. "No Longer Slaves (Live)", de JOHNSON, Brian; HELSER, Jonathan David; CASE, Joel. **We Will Not Be Shaken** (Live), © 2015, Bethel Music.

[7] COWPER, William. "There Is a Fountain", 1772, domínio público ["Achei a fonte carmesim", hino 281, **Cantor Cristão**].

é o erro de interpretação, mas, sim, de aplicação. Lembre-se: Deus não nos abençoa para elevar o nosso padrão de vida. Ele nos abençoa para elevar o nosso padrão de doação.

Antes de pronunciar a bênção em seis partes, os sacerdotes judeus estendiam os braços e formavam a letra hebraica *shin* com as duas mãos. *Shin* é a primeira letra da palavra hebraica *shalom*, que significa "paz e harmonia" ou "prosperidade e tranquilidade". Também é usada idiomaticamente como saudação e despedida.[8] *Shin* também simboliza *Shaddai*, o nome usado por Deus para se revelar a Abraão, Isaque e Jacó. Deus se identificou como *El Shaddai* ao firmar sua aliança com Jacó, reafirmando a bênção original: "Eu sou o Deus todo-poderoso; seja prolífero e multiplique-se" (Gênesis 35.11).

Aqui vai uma curiosidade para os fãs de Star Trek. Leonard Nimoy, que fez o papel de Spock, tirou a ideia da saudação vulcana de sua criação judia ortodoxa. Usou uma mão, em vez de duas, mas o cumprimento dos vulcanos, "Vida longa e próspera", é uma versão abreviada da bênção sacerdotal.[9]

Essa antiga bênção contém o seu nome escrito. Friso mais uma vez: ela não tem o propósito de servir como um encantamento que verbalizamos sem pensar, como se fosse uma espécie de fórmula mágica. Mas trata-se de uma invocação poderosa. Não se contente em apenas ler a bênção; receba-a:

> "O SENHOR te abençoe
> e te guarde;
> o SENHOR faça resplandecer o seu rosto sobre ti
> e te conceda graça;
> o SENHOR volte para ti o seu rosto
> e te dê paz"
> (Números 6.24-26).

8 WIKIPEDIA, verbete "Shalom", última modificação em 28 de maio de 2019, 9:49, <https://en.wikipedia.org/wiki/Shalom>.

9 WIKIPEDIA, verbete "Vulcan Salute", última modificação em 21 de maio de 2019, 20:03, <https://en.wikipedia.org/wiki/Vulcan_salute>.

Capítulo 5

DEUS NAS MÃOS DE UM POVO IRADO

"O SENHOR faça resplandecer o seu rosto
sobre ti e te conceda graça."
Números 6.25

Em 8 de julho de 1741, Jonathan Edwards pregou um sermão que poderia muito bem ser considerado o mais conhecido na história dos Estados Unidos. Ele recebe o crédito de ter sido o catalisador do Grande Despertamento, mas eu me pergunto se não acabou causando mais dano no longo prazo do que bem no curto prazo. Mesmo que você não tenha crescido na igreja, provavelmente já deparou com o título desse sermão em algum momento — "Pecadores nas mãos de um Deus irado". Discordo veementemente desse título. Também discordo veementemente do tom usado.

Antes que você me rotule de herege, permita-me dizer que os escritos de Jonathan Edwards tiveram profunda influência positiva sobre a minha vida. Edwards foi um acadêmico brilhante, que entrou para Yale aos 12 anos de idade, e foi o terceiro reitor de Princeton. Revelou-se um autor talentoso e pastor dedicado. E sua descendência é impressionante. Alguns nomes que você talvez reconheça incluem seu neto Aaron Burr, que duelou com Alexander Hamilton; seu tataraneto Frank Nelson Doubleday, fundador da editora conhecida por seu sobrenome; e sua tataraneta, a primeira-dama Edith Roosevelt, esposa de Teddy Roosevelt. E mais um, para completar: Aaron Rodgers, jogador do Green Bay Packers, é primo de décimo grau de Edwards, mas estou me desviando do assunto![1]

Jonathan Edwards deixou um legado impressionante. No entanto, na minha humilde opinião, seu sermão mais famoso errou o alvo. E o padrão que estou aplicando a ele também deve ser aplicado a mim — e a qualquer um, que fique bem claro. Tenho o costume de dizer à congregação: "Assim que eu for onisciente, contarei a todos, mas, se eu fosse você, não esperaria acordado". Também acrescento: "E não aceitem a minha palavra". A minha palavra não é o evangelho. Só o evangelho é o evangelho. No que se refere à fé e prática, a Bíblia é a nossa autoridade final. Se aquilo que eu digo não estiver de acordo com as Escrituras, chame a minha atenção!

Sou totalmente favorável a sermões firmes sobre temas duros porque o amor firme exige que tais assuntos sejam abordados. Mas essas palavras firmes não podem jamais trair o coração do nosso Pai celeste. Não tenho dificuldade nenhuma com a primeira palavra do título: pecadores. É exatamente isso que somos — pecadores que necessitam de um Salvador. "Pois todos pecaram e estão destituídos da glória de Deus." (Romanos 3.23.) A minha dificuldade, porém, é com as duas últimas palavras: *Deus irado*.

Deus se ira? Pode acreditar que sim! É de importância crítica entender o que desencadeia a ira de Deus. O rei Salomão deixou uma baita lista:

> Há seis coisas que o SENHOR odeia, sete coisas que ele detesta: olhos altivos, língua mentirosa, mãos que derramam sangue

[1] Famous Kin of Jonathan Edwards, **FamousKin.com**, <https://famouskin.com/famous-kin-menu.php?name=13924+jonathan+edwards>.

> inocente, coração que traça planos perversos, pés que se apressam para fazer o mal, a testemunha falsa que espalha mentiras e aquele que provoca discórdia entre irmãos (Provérbios 6.16-19).

Sim, Deus odeia essas coisas. Mas a pergunta é: por quê? A resposta é: ele odeia essas coisas porque nos ama!

O profeta Malaquias acrescentou mais um item à detalhada lista de Salomão: o divórcio (Miqueias 2.16). Levando em conta que metade dos casamentos termina em divórcio, é melhor interpretar corretamente o que Deus quer dizer. Deus odeia o divórcio, mas odeia os divorciados? É claro que não! Deus odeia o divórcio por causa da dor que ele provoca e da maneira que racha as árvores genealógicas. Foi por isso que Jesus disse: "O que Deus uniu, ninguém o separe" (Marcos 10.9). Deus odeia o divórcio porque a aliança do casamento é sagrada. Mas, caso você esteja se divorciando, espero que saiba que Deus não o ama menos por isso. Pelo contrário, ele não poderia amá-lo mais! Deus está com você. Deus é por você. E Deus o ajudará a superar essa situação!

O coração de Deus

Digo amém à maior parte da pregação de Edwards "Pecadores nas mãos de um Deus irado", mas discordo terminantemente deste pequeno trecho:

> O Deus que o segura sobre o abismo do inferno, assim como alguém segura uma aranha ou outro inseto nojento por cima de uma fogueira, abomina você e se sente terrivelmente provocado. A ira divina em sua direção queima como fogo. Ele o enxerga como alguém que não merece nada mais além de ser lançado à fogueira. Os olhos do Senhor são puros demais para mantê-lo à vista. Você é dez mil vezes mais abominável aos olhos dele do que a mais terrível serpente venenosa em nossa visão.[2]

[2] EDWARDS, Jonathan. Sinners in the Hands of an Angry God, em DUTKANICZ, David (Ed.). **Sinners in the Hands of an Angry God and Other Puritan Sermons**. Mineola, NY:

Reconheço que Edwards vivia em uma época muito diferente da nossa, mas puxa vida! Só eu penso assim, ou parece uma tática para assustar? Sim, o temor do Senhor é o princípio da sabedoria (Provérbios 9.10). Mas não é essa abordagem escolhida por Deus para conduzir ao arrependimento. É sua bondade que nos leva por esse caminho (Romanos 2.4). Quando Deus quer que mudemos, ele nos mostra bondade. E se não funcionar? Ele nos mostra ainda mais bondade!

Não tenho dúvidas de que subestimamos grosseiramente a santidade de Deus. E, para deixar bem claro, não dou a mínima para ser politicamente correto. A minha defesa é da correção bíblica. Qualquer teologia que comece com o pecado original, em lugar da bênção original, é falsa. E fere o coração do nosso Pai celeste.

Conheço pessoas demais — e você também — que levam pancadas na cabeça de cristãos que acreditam na Bíblia, mas desvirtuam o coração de Deus com sua falta de amor. Eles projetam as próprias imperfeições em Deus, e ele se torna o "Deus nas mãos de um povo irado". O resultado é que muita gente rejeita a Deus por motivos errados! Rejeitam Deus por aquilo que ele *não é*. Rejeitam um reflexo de indivíduos que projetam nele suas imperfeições.

Permita-me correr um risco bem pensado aqui e dar uma modernizada na bênção sacerdotal, tentando traduzi-la em *emojis*. Os *emojis* não são exatamente uma língua, mas há um motivo para escolhermos usá-los quando queremos transmitir um pouco mais de emoção.

"O SENHOR te abençoe" é um rosto sorridente com olhos sorridentes também. E eu acrescentaria uma saudação vulcana, mãos de louvor e um "toca aqui" com punho fechado. "O SENHOR [...] te guarde" é um rosto com mãozinhas em abraço, junto com um bíceps flexionado. "O SENHOR faça resplandecer o seu rosto sobre ti" é um sol com rosto e também um rosto mandando beijo. "E te conceda graça"

Dover, 2005. p. 178 [**Pecadores nas mãos de um Deus irado** — e outros sermões de Jonathan Edwards. Rio de Janeiro: CPAD, 2005].

é um rosto piscando e uma mão com o polegar para cima. "O Senhor volte para ti o seu rosto" é um rosto sorridente com os olhos no formato de coração. "O Senhor [...] te dê paz" é uma sequência de confetes, palmas, mais confetes e um *cupcake,* a menos que você tenha intolerância ao glúten. Por fim, eu acrescentaria alguns fogos de artifício para dar o último toque.

Os meus professores do seminário estão se revirando no túmulo agora ou rolando de rir. Não quero denegrir nem depreciar a bênção sacerdotal de maneira alguma, mas gostaria de trazê-la para um pouco mais perto da realidade. A bênção não é uma abstração. É tangível e de fácil identificação, como um bebê enrolado em panos.

Então, vou deixar as coisas bem claras. Deus não odeia você (*emoji* de cara brava).

Sem a revelação do amor de Deus, você se
relacionaria com ele por medo, não por afeição.
E não haveria como ficar mais longe do coração
de Deus do que dessa maneira.

Está quente! Queimando!

Quando eu era criança, costumávamos brincar de "Encontre o dedal" com a minha avó. Não faço ideia se a minha avó inventou essa brincadeira, ou se as outras crianças também brincavam da mesma forma. A minha avó escondia um de seus dedais de costura, e os netos procuravam pela casa inteira até encontrar. Se estivéssemos nos afastando cada vez mais do dedal, ela nos chamava de volta, dizendo: "Está frio! Está frio!". Quanto mais nos aproximávamos, mais ela nos incentivava dizendo: "Está ficando quente! Está ficando quente!". E, quando chegávamos bem perto de achar o dedal, a minha avó afinava a voz e dizia: "Está quente! Queimando!". Era isso o que as crianças faziam antes da chegada dos *video games*! Brincávamos de "Encontre o dedal" e amávamos.

Se Deus está irado com você, você está frio, mais frio.

Se Deus o ama, você está quente, queimando.

A. W. Tozer disse: "O que nos vem à mente quando pensamos em Deus é a coisa mais importante a nosso respeito".[3] Então, me permita fazer esta pergunta: o que lhe vem à mente? Há uma expressão de ira no rosto dele? Ou o Pai celestial tem marcas de sorriso nos olhos? Ele está de braços cruzados? Ou convida você de braços bem abertos?

Posso lhe dizer quem você é? Pode ter certeza de que você não é uma aranha que Deus abomina!

Você é a menina dos olhos de Deus
(Zacarias 2.8).

Você é o objeto de sua afeição
(Deuteronômio 10.15).

Você é "procurado"
(Isaías 62.12).

Não permita que ninguém o rotule de outra maneira! Não se rotule de outra maneira! O segredo para uma identidade saudável e santa é crer que você é quem Deus diz que é. Acreditar que você é qualquer coisa menos do que Deus afirma não favorece ninguém, nem a você mesmo. Pelo contrário, é uma falsa humildade e a falsa humildade é tão perigosa e prejudicial quanto o orgulho.

Posso lhe dizer quem Deus é e o que ele acha a seu respeito?

Em Jó 1.8, ele se gaba a seu respeito
quando você não está perto.

[3] TOZER, A. W. **The Knowledge of the Holy**. New York: HarperOne, 1961. p. 1 [**O conhecimento do santo**. Americana: Impacto, 2018].

Em Romanos 8.34, ele intercede
por você à destra do Pai.

Em Salmos 23.6, sua bondade e misericórdia
lhe seguirão por todos os dias de sua vida.

Em Êxodo 15.13,
sua fidelidade é infalível.

Em Jeremias 31.3,
sua bondade não tem fim.

Em Cântico dos Cânticos 8.6,
seu amor é incessante.

Em Sofonias 3.17, ele se alegra
por você com cânticos.

Por que resolvi mencionar um sermão do século XVIII para dar uma bronca no pregador? Porque suas palavras lançam uma forte sombra sobre o coração de Deus. E nada é mais importante do que discernir o que se passa no coração de Deus em relação a você. Sim, Deus *se ira*. Mas ele não é um Deus irado. E há uma grande diferença! De forma simples, "Deus é amor" (1João 4.16). Sim, seu amor o faz se irar com tudo aquilo que se afasta de sua boa, perfeita e agradável vontade. Mas nada pode nos separar do amor de Deus. Aliás, nada do que você faz pode levar o Senhor a amá-lo menos! Por quê? Porque o amor de Deus *não* é reativo. O amor de Deus é a força mais proativa e poderosa da terra.

A rejeição de quem Deus não é

Eu seu livro de memórias, *Living with a Wild God* [A vida com um Deus selvagem], Barbara Ehrenreich conta a história de como sua família deu um ultimato a Deus. Era o final do século XIX, e seu tataravô estava no leito de morte. A filha dele, a bisavó de Barbara, chamou o padre para fazer os últimos ritos. O padre mandou a mensagem de que não iria por menos de 25 dólares. Foi então que Mamie McLaughlin, a bisavó de Barbara, renunciou a Deus.[4]

Em certa medida, é difícil culpar Mamie. E é fácil brincar de juiz do caso cem anos depois. No entanto, em vez de rejeitar a Deus, Mamie não poderia ter rejeitado o clérigo? A indisposição do padre de pronunciar uma bênção acabou se transformando num tiro que saiu pela culatra e virou uma maldição de várias gerações. Então, Mamie cometeu o erro no qual muitos de nós caímos quando alguém que amamos ou em quem confiamos nos desaponta — desistimos de Deus. Sei quanto pode ser decepcionante, mas, se você projetar as falhas humanas em Deus, acabará com "Deus nas mãos de um povo irado". Não é culpa dele, a menos que você o culpe por nos conceder o livre-arbítrio.

Alguns anos atrás, ouvi Eric Metaxas falar no National Prayer Breakfast [Café da manhã nacional de oração] em Washington, D.C. É difícil não se distrair um pouco para ver quem é quem em meio aos convidados, mas Eric chamou a minha atenção quando disse: "Tudo o que eu havia rejeitado sobre Deus na verdade não era Deus". E ele então elevou o argumento a outro nível: "Era apenas religião morta [...]. Eram pessoas que vão à igreja e não mostram o amor de Jesus [...] pessoas que não praticam o que pregam, pessoas indiferentes aos pobres e sofredores. [...] Rejeitei essas coisas, mas quer saber? Jesus também rejeitou tudo isso. Jesus era e é inimigo da religião morta".[5]

Muitas pessoas que rejeitam Deus não o estão rejeitando de fato, mas, sim, a religião, sem que o saibam. Rejeitam uma interpretação equivocada de quem Deus é. Não rejeitam Deus de fato e quem ele *é*.

4 EHRENREICH, Barbara. **Living with a Wild God:** A Nonbeliever's Search for the Truth About Everything. New York: Hachette, 2014. p. 2.

5 METAXAS, Eric. National Prayer Breakfast, **C-SPAN**, 2 de fevereiro de 2012, vídeo, <www.c-span.org/video/?304149-1/national-prayer-breakfast>.

Rejeitam Deus pelo que ele *não é*. O meu conselho? Vá em frente e rejeite quem Deus não é — as representações equivocadas, as caracterizações incorretas. Mas não pare por aí. Faça uma busca para redescobrir quem Deus realmente é.

Tenho uma teoria: *se você não ama a Deus, é porque não o conhece*. Espero que a frase não soe com ar de superioridade, mas, se você realmente conhecesse o Deus da bênção, seria impossível resistir a seu amor incondicional e incessante.

Permita-me lembrá-lo da latitude e longitude da bênção de Deus.

Em Belém, ele é Deus *conosco*.

No Calvário, ele é Deus *por* nós.

No Pentecoste, ele é Deus *em* nós.

Espero que você já tenha tido uma experiência com Deus de todas as três maneiras e em todos os três lugares! Se você sabe que Deus é *com* você a despeito do que aconteça, pode superar qualquer coisa! Se você sabe que Deus é *por* você, pode vencer qualquer obstáculo no seu caminho! E, se você sabe que Deus é *em* você, nada é capaz de detê-lo. Isso é a bênção — Deus conosco, Deus por nós, Deus em nós!

Muitas pessoas que rejeitam Deus, estão, de fato, rejeitando uma interpretação equivocada de quem Deus é.

Direito de nomear

Uma das mais elevadas honras que Deus concedeu à raça humana foi a de dar nomes. Ele deixou Adão nomear os animais, o que deve ter sido muito divertido tanto para Adão quanto para Deus. Alguns desses nomes enchem de graça os concursos de soletração! O meu preferido? Um empate entre o *Wunderpus photogenicus* e o tubarão-tapete. Deus também atribuiu aos pais o privilégio de dar nome aos filhos. Claro, é apenas temporário. O nosso verdadeiro nome será revelado quando entrarmos na eternidade (Apocalipse 2.17). Nesse meio-tempo, eu me chamo Mark.

Após a Oração Sacerdotal, Deus dá nome a seu povo: "Porão o meu nome sobre os filhos de Israel, e eu os abençoarei" (Números 6.27, NAA).

Existem mais de 400 nomes para Deus nas Escrituras, e cada um deles revela uma dimensão singular de seu caráter. Ele é *Jeová Nissi*, Deus a nossa Bandeira; *Jeová Rafá*, Deus a nossa Cura; e *Jeová Jiré*, Deus o nosso Provedor.[6] Ao pôr o nome de Deus no povo, o sacerdote estava derramando e conferindo sobre os israelitas o caráter divino. Como um tabelião que autoriza ou uma celebridade que endossa, Deus põe seu nome em seu povo.

Reserve esse pensamento.

Quando Diana Nyad tinha 9 anos de idade, ela estava em uma praia em Fort Lauderdale, Flórida, e fez à mãe uma pergunta inocente:

— Onde fica Cuba?

A mãe apontou para o horizonte e disse:

— É logo ali. Não dá para ver, mas fica tão perto que quase seria possível chegar nadando.[7]

Vinte anos mais tarde, em 1978, Diana Nyad tentou nadar de Cuba até a Flórida. Ela nadou 125 quilômetros em 42 horas, mas ventos fortes a detiveram perto de alcançar seu objetivo. O sonho de se tornar a primeira pessoa a nadar através do estreito da Flórida ficaria dormente por mais de três décadas. Aos 60 anos de idade, Diana percebeu que era naquele momento ou nunca mais. Sua segunda tentativa de atravessar de Cuba a Flórida foi interrompida por uma crise de asma. A terceira tentativa falhou porque foi queimada por duas caravelas-portuguesas.[8] E a quarta tentativa terminou com nove queimaduras causadas por águas-vivas.

6 The Names of God in the Old Testament, **Blue Letter Bible**, <www.blueletterbible.org/study/misc/name_god.cfm>.

7 NYAD, Diana. **Find a Way:** The Inspiring Story of One Woman's Pursuit of a Lifelong Dream. New York: Vintage Books, 2015. p. 15.

8 Hidrozoário marinho que lembra a água-viva. [N. do R.]

Então, na manhã de 31 de agosto de 2013, Diana Nyad decidiu fazer a última tentativa. Quase 53 horas e 177 quilômetros depois, ela chegou à praia de Key West.[9] Sua língua estava terrivelmente inchada, mas ela conseguiu deixar três mensagens: "Número 1: não devemos desistir jamais! Número 2: você nunca é velho demais para correr atrás de seus sonhos. E número 3: pode parecer um esporte solitário, mas é preciso uma equipe inteira!".[10] Sem o time de 35 integrantes, incluindo médicos, meteorologistas, familiares e amigos, Diana não teria cumprido seu destino.

Como Diana Nyad conseguiu fazer aquilo que ninguém realizara antes dela? Como suportou as dificuldades físicas e mentais? E por que se recusou a desistir, mesmo após quatro tentativas falhas? Motivação é algo extremamente complicado, e não quero ser simplista aqui. Mas penso que tudo remonta a algo que aconteceu em seu aniversário de 5 anos.

Seu pai, Aristotle Nyad, chamou Diana em seu escritório e disse com forte sotaque grego: "Espero há muito tempo por este dia. Agora você tem 5 anos. Hoje é o dia em que está pronta para entender a coisa mais importante que lhe direi na vida". Aristotle abriu um grande dicionário que estava sobre sua escrivaninha e apontou para o nome dela. Então, continuou: "Amanhã, você irá à pré-escola e perguntará aos seus amiguinhos se o nome deles está no dicionário. Eles responderão que não. Você é a única, querida. Você é especial".

Aristotle apontou para a página e disse: "Seu nome é Nyad. A primeira definição vem da mitologia grega: as ninfas que nadavam em lagos, oceanos, rios e fontes para proteger as águas para os deuses. Ouça-me, querida, porque agora vem a parte mais importante!

9 Long-Distance Swimmer Diana Nyad, **National Geographic**, 13 de novembro de 2013, <www.nationalgeographic.com/adventure/features/adventurers-of-the-year/2014/diana-nyad>.

10 Nyad, Diana, citada por Myre, Greg. On Fifth Try, Diana Nyad Completes Cuba-Florida Swim, **NPR**, 2 de setembro de 2013, <www.npr.org/sections/thetwo-way/2013/09/02/218207861/diana-nyad-in-homestretch-of-cuba-florida-swim>.

A definição seguinte é menina ou mulher campeã em natação. Querida, esse é o seu destino!".[11]

Como Diana fez aquilo que ninguém fizera antes? A resposta curta é: Aristotle Nyad colocou seu nome nela! A bênção do pai a impulsionou. Quando tubarões a cercaram e águas-vivas a queimaram, quando ela sofreu desidratação e alucinações, Nyad prevaleceu por causa das palavras que seu pai havia proferido sobre ela 59 anos antes. Esse é o poder da bênção!

Assim como Aristotle Nyad abriu o grande dicionário, nós abrimos a Bíblia. As Escrituras são o *script* que nos dá um novo nome e novas narrativas. É também o nosso placar mundial. A bênção sacerdotal costuma ser cantada pelos pais judeus aos filhos toda noite. Quando a criança completa 13 anos, já foi abençoada 4.745 vezes! E o cântico ajuda a inculcar a letra na alma do filho.

O nosso nome está escrito no Livro da Vida, assim como o nome de Diana estava no dicionário. O seu nome é tanto uma herança quanto uma bênção. Mas o seu verdadeiro destino e a sua verdadeira identidade só serão revelados quando nos encontrarmos com Deus face a face. Essa bênção eterna desvendará todos os mistérios.

As Escrituras são o *script* que nos dá um novo nome e novas narrativas.

Rituais de bênção

Há algumas décadas, arqueólogos encontraram dois rolos de prata em uma sepultura judaica perto da Cidade Velha de Jerusalém. A bênção sacerdotal estava inscrita nela, e acredita-se que esse é o texto bíblico mais antigo a que se tem acesso hoje.[12] Os rolos eram amuletos antigos, inspirados nas instruções deixadas em Deuteronômio:

[11] Nyad, Diana. **Find a Way,** p. 27-28.

[12] Barkay, Gabriel. The Riches of Ketef Hinnom: Jerusalem Tomb Yields Biblical Text Four Centuries Older Than Dead Sea Scrolls, **BAS Library**, <www.baslibrary.org/biblical-archaeology-review/35/4/4>.

> Que todas estas palavras que hoje lhe ordeno estejam em seu coração. Ensine-as com persistência a seus filhos. Converse sobre elas quando estiver sentado em casa, quando estiver andando pelo caminho, quando se deitar e quando se levantar. Amarre-as como um sinal nos braços e prenda-as na testa. Escreva-as nos batentes das portas de sua casa e em seus portões. (Deuteronômio 6.6-9).

O povo judeu é criativo no que se refere a lembretes cerimoniais das bênçãos de Deus, cercando-se de símbolos da Torá. Rolos conhecidos como *mezuzahs* são afixados às portas, não só à porta da frente da casa. Havia um *mezuzah* em cada porta, com exceção dos banheiros e guarda-roupas! Não dava para ir a lugar nenhum da própria casa sem um lembrete cerimonial: "Ouça, ó Israel: O SENHOR, o nosso Deus, é o único SENHOR" (Deuteronômio 6.4).

Não consigo deixar de pensar na placa que o técnico Lou Holtz colocou do lado de fora do vestiário de Notre Dame: "Jogue como um campeão hoje". Imortalizado pelo filme clássico *Rudy*, é tradição que todos os jogadores do Fighting Irish toquem na placa ao sair do vestiário.

Os judeus praticantes também usavam um conjunto de caixinhas de couro preto chamadas de *tefillin* nos braços, nas mãos, nos dedos ou na testa. Assim como todos os rituais religiosos, era fácil reduzir os *tefillin* a amuletos da sorte. Mas a palavra em si deriva do termo aramaico *palal*, que significa "orar com súplicas".[13]

Tatuado

Há alguns anos, falei em um congresso para homens ao lado de Brian "Head" Welch, o guitarrista premiado com um Grammy da banda de *heavy metal* Korn. Entre as nossas apresentações, eu o entrevistei e decidi fazer uma pergunta que não estava no roteiro. Brian tem o corpo

[13] WIKIPEDIA, verbete "Tefillin", última modificação em 7 de maio de 2019, 20:54, <https://en.wikipedia.org/wiki/Tefillin>.

bastante tatuado. Aliás, daqui a pouco ele não terá mais pele disponível! Eu sabia que algumas de suas tatuagens eram a.C., ou seja, antes de Cristo. Mas fiquei curioso com as que eram d.C. Então, joguei a bola em campo: "Conte-nos a história por trás de algumas das suas tatuagens".

Brian revelou que as tatuagens mais dolorosas que ele já fez foram nas pálpebras. Chocante! Uma pálpebra é tatuada com a palavra *shekhinah,* e a outra com *kabod.* Ambas estão em hebraico e representam diferentes dimensões da "glória de Deus".[14] Então, ele falou sobre um versículo que tatuou no pescoço, Mateus 11.28: "Venham a mim, todos os que estão cansados e sobrecarregados, e eu darei descanso a vocês".

Após ganhar milhões de dólares alcançando o patamar mais elevado de sucesso na indústria da música, Brian chegou ao fundo do poço. Estava deprimido, a ponto de cogitar o suicídio. Caiu no álcool e nas drogas. Brian conta que sua vida estava uma verdadeira confusão quando seu corretor de imóveis lhe enviou um *e-mail* aparentemente aleatório às 4 da manhã. Brian ainda não havia dormido naquela noite, de modo que leu a mensagem. O corretor explicou para Brian que se sentiu compelido a enviar um versículo bíblico para ele, especificamente Mateus 11.28. Brian leu o versículo — e o resto ficou para a história. Ele decidiu aceitar a oferta de Jesus. Treze anos depois, é uma pessoa completamente diferente. Não é preciso passar muito tempo a seu lado para sentir a paz que excede todo o entendimento e que guarda seu coração e sua mente.

O perdão de Deus está tatuado em seu coração.

O amor de Deus está tatuado em sua alma.

E, claro, a glória de Deus está tatuada em suas pálpebras!

Não estou dizendo que você precisa ir ao estúdio de tatuagem mais próximo, mas lembretes visuais da bênção de Deus são cruciais.

[14] Shekinah, **Bible Hub**, <https://biblehub.com/topical/s/shekinah.htm>; 3519b. Kabod, **Bible Hub**, <https://biblehub.com/hebrew/3519b.htm>.

Ao longo dos anos, tenho me cercado de recordações espirituais. A foto de um pasto em Alexandria, Minnesota, onde me senti chamado ao ministério, fica atrás da minha escrivaninha. Uma velha placa de metal de uma das propriedades milagrosas que compramos está pendurada na parede. Guardei uma velha garrafa de bebida da boca de fumo que transformamos na Ebenezers Coffeehouse. Algumas dessas recordações pareceriam insignificantes para outras pessoas, como o meu ingresso para o Super Bowl XLV, mas até isso tem uma história de bênção por trás.

Na segunda metade do livro, examinaremos a importância de registrar as suas bênçãos, a fim de poder passá-las adiante. Basta dizer que você precisa criar rituais de bênção compatíveis com o seu ritmo espiritual. Se você tem filhos, pode ser uma bênção antes de dormir ou na hora do café da manhã.

Quando os nossos filhos eram menores, transformei Lucas 2.52 em uma bênção que eu orava sobre eles quase todos os dias: "Que você cresça em sabedoria, estatura e graça diante de Deus e dos homens". Descubra o que Deus quer que você faça e o que funciona para você. Então, coloque em prática. Talvez você não veja um retorno imediato no investimento, mas as bênçãos ganharão peso. Não se surpreenda se elas inspirarem seus filhos daqui a cinquenta e nove anos!

Capítulo 6

LUTE PELA BÊNÇÃO!

"Não te deixarei ir, a não ser que me abençoes."
Gênesis 32.36

Pouco depois do início da Segunda Guerra Mundial, a Finlândia foi invadida pela União Soviética. O exército soviético era 3 vezes maior, tinha 30 vezes mais aviões e 100 vezes mais tanques.[1] No entanto, apesar de esmagadoramente sobrepujada pelos números, a Finlândia saiu vitoriosa da Guerra de Inverno.

Em geral, o resultado de conflitos militares é determinado por dados tangíveis como tropas e tanques, mas, nesse caso, um elemento intangível, difícil de ser definido, pode ter vencido a guerra. Em um artigo da seção de comportamento publicado no *New York Times*, o autor dá crédito, no título do artigo, àquilo que acredita ser o menor denominador comum: "*Sisu*: a palavra que explica a Finlândia".

> Os finlandeses têm algo que chamam de *sisu*. É uma mistura de intrepidez e coragem, de ferocidade e perseverança, de continuar

[1] Duckworth, Angela. **Grit:** The Power of Passion and Perseverance. New York: Scribner, 2016. p. 250 [**Garra:** o poder da paixão e da perseverança. Rio de Janeiro: Intrínseca, 2016].

> lutando depois que a maioria das pessoas desistiu de lutar com vontade de vencer. Os finlandeses traduzem *sisu* por "espírito finlandês", mas é um termo bem mais gutural do que isso.[2]

A essência do exército finlandês se condensava nessa única palavra: *sisu*. O termo também resumiu os atletas finlandeses que dominaram o mundo das corridas de longa distância na década de 1940. O artigo vai além: "O finlandês típico é um indivíduo obstinado que acredita em extrair o melhor de situações ruins, provando que é capaz de suportar coisas ainda piores".[3]

Há momentos na vida, em geral quando tudo parece perdido, nos quais você precisa de um pouco de *sisu*. A viúva persistente que Jesus celebrou em uma de suas parábolas era judia, não finlandesa, mas tinha *sisu*. Ela não desistiu em sua busca por justiça (Lucas 18.1-5). Tinha o que eu chamaria de veia teimosa santificada. Pessoas assim não aceitam um não como resposta, mas também não aceitam um sim como resposta. Por quê? Porque sempre acreditam que Deus tem algo melhor e maior à espera!

Não acredito em má sorte. É claro que coisas ruins acontecem a pessoas boas. Às vezes, essas coisas ruins se complicam ainda mais pelo momento terrível em que resolvem aparecer. Dito isso, aquilo que chamamos de "má sorte" costuma ser resultado de decisões ruins ou de maus hábitos. Às vezes, as consequências são infligidas por nós mesmos. Em outras ocasiões, somos espectadores inocentes. De todo modo, concentrar-se na causa, que não podemos controlar, costuma ser contraproducente. Em vez disso, devemos direcionar o foco para o efeito, que temos condições de controlar, e redobrar os esforços para fazer algo a respeito.

2 STRODE, Hudson. Sisu: A Word That Explains Finland, **New York Times**, 14 de janeiro de 1940, <www.nytimes.com/1940/01/14/archives/sisu-a-word-that-explains-finland.html>.

3 Ibidem.

> Não podemos impedir que coisas ruins aconteçam, mas ainda assim somos responsáveis pelas nossas reações.

A vida vai derrubá-lo, mas você tem uma escolha a fazer. Pode permanecer no chão. Ou, como um soldado finlandês ou uma viúva judia, pode se levantar com ainda maior determinação para lutar por aquilo em que acredita. Um pouco de *sisu* vai longe!

Escolha as suas batalhas com sabedoria

Lora e eu temos uma pequena máxima colada ao espelho do banheiro: "Escolha as suas batalhas com sabedoria". Há algumas batalhas das quais você precisa se esquivar. Elas não valem o seu tempo, nem a sua energia. E existem as batalhas que você não pode se dar ao luxo de deixar de travar. Você precisa descobrir em qual campo de batalha está disposto a morrer e assumir o seu posto.

O que tudo isso tem que ver com a bênção de Deus?

Eu estaria fazendo um desserviço à bênção dobrada se não abordasse alguns conceitos equivocados comuns sobre a bênção divina. Algumas pessoas tratam a bênção como se fosse um bilhete na loteria, na esperança de tirar a sorte grande. Isso não passa, é claro, de um golpe bem camuflado de enriquecimento rápido. Outros trivializam a bênção de Deus, transformando-a em uma espécie de truque de magia. Reduzem Deus a uma fórmula: *se você fizer isto, Deus fará aquilo*. O problema com essa abordagem é que Deus é previsivelmente imprevisível!

> **Escolha as suas batalhas com sabedoria.**

A bênção de Deus não é sorte; é trabalho duro. A bênção de Deus não é um truque de mágica; é obediência constante na mesma direção. E, já que estamos nesse assunto, não é também um desfile de cães ou de pôneis. Deus não se impressiona com ostentação religiosa. Orar em português erudito não torna a prece mais eficaz em nada, eu garanto!

A bênção de Deus não pode ser merecida, tanto quanto a nossa salvação. É parte do pacote obtido na cruz do Calvário. Se você está em Cristo, todas as bênçãos da Bíblia lhe pertencem (Efésios 1.3). Mas, depois que você recebe a graça de Deus, sente o desejo de dar a ele tudo que tem. Um quarto dessa equação é amar a Deus com toda a sua força, o que significa sangue, suor e lágrimas. Eu até acrescentaria algumas calorias a essa mistura!

O químico francês Louis Pasteur ficou célebre pela frase: "A sorte favorece a mente bem preparada".[4] Seguindo essa mesma linha, Deus abençoa aqueles que estão dispostos a suar a camisa por aquilo em que acreditam. Você não pode se limitar a orar como se tudo dependesse de Deus. Além disso, precisa trabalhar como se tudo dependesse de você. A bênção divina não vai cair no seu colo. Sim, Deus "deu" a terra prometida aos israelitas. Mas isso não significa que os gigantes da região simplesmente levantaram uma bandeira branca e se renderam.

Josué não travou apenas a batalha de Jericó. Ele lutou no mínimo 13 batalhas, derrotando 31 reis nesse processo. Aqueles reis não se renderam sem lutar. E, quando o povo de Deus finalmente conquistou a terra prometida, os campos não produziram searas sem os israelitas plantarem. Eles precisaram arar a terra e cavar poços com o suor do rosto. É muito raro que as bênçãos de Deus cheguem servidas em bandejas de prata. Precisamos trabalhar por elas — e, às vezes, lutar por elas com um pouco de *sisu*.

Belo nome

Gênesis registra um encontro enigmático que funciona como um estudo de caso fascinante no que se refere a obter a bênção de Deus. Jacó estava voltando para casa a fim de se reconciliar com seu irmão, o mesmo irmão de quem ele havia roubado tanto a primogenitura quanto a bênção familiar. Depois de mandar sua família e seus bens para

[4] Louis Pasteur, **Wikiquote**, última modificação em 26 de dezembro de 2018, 17:14, <https://en.wikiquote.org/wiki/Louis_Pasteur>.

o outro lado do rio Jaboque, Jacó experimentou o momento que se tornou definidor de toda a sua vida.

> E Jacó ficou sozinho. Então veio um homem que se pôs a lutar com ele até o amanhecer. Quando o homem viu que não poderia dominar Jacó, tocou-lhe na articulação da coxa, de forma que a deslocou enquanto lutavam. Então o homem disse: "Deixe-me ir, pois o dia já desponta". Mas Jacó lhe respondeu: "Não te deixarei ir, a não ser que me abençoes".
>
> O homem lhe perguntou: "Qual é o seu nome?"
>
> "Jacó", respondeu ele.
>
> Então disse o homem: "Seu nome não será mais Jacó, mas sim Israel, porque você lutou com Deus e com homens e venceu".
>
> Prosseguiu Jacó: "Peço-te que digas o teu nome". Mas ele respondeu: "Por que pergunta o meu nome?" E o abençoou ali.
>
> Jacó chamou àquele lugar Peniel, pois disse: "Vi a Deus face a face e, todavia, minha vida foi poupada".
>
> Ao nascer do sol, atravessou Peniel, mancando por causa da coxa. (Gênesis 32.24-31)

Os estudiosos da Bíblia não têm total certeza de com quem Jacó lutou. Alguns argumentam que foi com um anjo, ao passo que outros apontam para uma aparição sobrenatural de Cristo. A minha tendência é interpretar literalmente as palavras de Jacó, que disse: "Vi a Deus face a face" (v. 30).

A fim de apreciar plenamente esse episódio na vida de Jacó, incluindo a mudança de nome, é necessário um pouco de contexto. Jacó nasceu segurando o calcanhar de Esaú, seu irmão mais velho. E seus pais lhe deram um nome compatível com isso. O significado literal do nome de Jacó é "aquele que agarra calcanhares". Até aí, tudo bem. Mas o sentido figurado é "aquele que engana" (Gênesis 25.26). Sério mesmo? Essa foi a melhor ideia que vocês tiveram, Isaque e Rebeca? Lora e eu não afirmamos ser os melhores pais do mundo, mas tivemos ideias melhores do que dar aos nossos filhos os nomes de Mentiroso, Traidor e Enganador.

Na cultura judaica, dar nome ao filho é um exercício profético. O nome é o início de uma narrativa, e, infelizmente, Isaque e Rebeca deram a Jacó um ponto de partida muito ruim. Contudo, apesar de seus muitos defeitos, Jacó tinha uma qualidade notável. Assim como os finlandeses, Jacó tinha *sisu*. E isso se evidencia nesse antigo ringue de luta.

Se eu fosse Jacó, jogaria a toalha assim que percebesse com quem teria de lutar. E provavelmente pediria arrego muito antes do deslocamento da articulação da coxa. O que manteve Jacó no ringue? A única resposta que tenho para isso é: Jacó valorizava a bênção acima de tudo. Não estava disposto apenas a lutar por ela, mas também a morrer por ela.

Mais uma vez: a bênção é um presente de Deus. Você não pode merecê-la. Mas está disposto a arriscar a vida e o corpo por ela? Está disposto a passar a noite em claro por ela? Está disposto a entrar no tatame e se levantar de novo por ela?

Mesmo com todas as suas falhas, Jacó estimava corretamente o valor da bênção! E, tenhamos ou não consciência disso, ansiamos pela bênção tanto quanto ele. No excelente livro *The Promise of Blessing* [A promessa de bênção], Kate Patterson observa que o povo judeu entendia as "vantagens concretas" da bênção. Não é apenas "história para boi dormir". "É por isso que as personagens do Antigo Testamento ansiavam pela bênção" — explica Patterson — "ainda mais do que as pessoas do século XXI anseiam por sucesso".[5] Talvez essas duas coisas sejam iguais!

As nossas batalhas mais ferrenhas costumam resultar nas lições mais bem aprendidas, o tipo de lição da qual o indivíduo jamais se esquece. A firmeza de Jacó ao não deixar Deus partir até abençoá-lo foi seu ponto de virada, o grande momento de reviravolta em sua vida.

[5] PATTERSON, Kate. **The Promise of Blessing**. Edinburgh: Muddy Pearl, 2015. p. 14.

Isso não mudou apenas sua trajetória — Deus mudou seu nome também! Jacó se tornou Israel, e o resto virou história!

Vá e ganhe cicatrizes

De acordo com a lenda, quando os cavaleiros da Távola Redonda voltavam à corte do rei Arthur após as batalhas, eram cuidadosamente examinados. Caso o corpo não tivesse nenhuma cicatriz da guerra, eram enviados de volta ao conflito com uma exortação: "Vá e ganhe cicatrizes!".

Quando examino as Escrituras, a minha maior admiração vai para as pessoas com maior número de cicatrizes. É difícil não imaginar Davi e seus valentes comparando as cicatrizes de batalha enquanto contavam as histórias por trás de cada uma delas. A biografia de Paulo inclui uma longa lista de incidentes que ameaçaram a vida do apóstolo e devem ter deixado alguma evidência física da dor e do sofrimento que ele enfrentou. Aliás, ele disse: "Trago em meu corpo as marcas de Jesus" (Gálatas 6.17). E há o próprio Jesus, que definiu o padrão. Suas mãos e seus pés foram trespassados com pregos. Suas costas foram tatuadas por um chicote romano, enquanto uma coroa de espinhos deixou marcas permanentes em sua testa.

Por favor, faça tudo o que estiver ao seu alcance para evitar o autoflagelo, mas não é possível evitar os hematomas e as feridas provocados por chefes ruins ou perdas dolorosas. Contudo, as cicatrizes conquistadas em busca da bênção podem acabar se tornando a sua maior fonte de orgulho!

No livro *Compaixão: uma história de justiça e redenção*, Bryan Stevenson documenta seus esforços para combater a injustiça sistêmica no sistema judicial criminal. Fui levado às lágrimas mais de uma vez, porém um dos relatos me tocou de maneira especial. Enquanto compartilhava sua experiência em uma pequena igreja para negros no Alabama, Bryan observou que um senhor idoso em uma cadeira de rodas o encarava intensamente enquanto ele falava. Ao final, o homem abordou Bryan e lhe fez uma pergunta que ele não sabia ao certo como responder:

— Você sabe o que está fazendo?

Bryan não tinha ideia do que dizer, de modo que o homem perguntou mais uma vez. Em seguida, revelou a resposta para sua pergunta retórica:

— Você está rufando o 'tambor da justiça!

Então, o senhor puxou Bryan para perto, inclinou a cabeça e disse:

— Está vendo a cicatriz em cima da minha cabeça? Eu a ganhei em Greene County, Alabama, tentando me registrar para votar em 1964.

Ainda segurando Bryan, ele continuou:

— Está vendo a cicatriz na lateral da minha cabeça? — ele se virou, revelando uma cicatriz de 10 centímetros. — Eu a ganhei em Mississippi, exigindo direitos civis.

Em seguida, o homem abaixou a cabeça mais uma vez, revelando uma marca na base do crânio.

— Está vendo esta marca? Ela é fruto de um ferimento em Birmingham, após a Marcha das Crianças.

Aquele senhor apertou a mão sobre o braço de Bryan e disse:

— As pessoas acham que essas são as minhas cicatrizes, os meus cortes e as minhas feridas.

E, com lágrimas nos olhos, concluiu:

— Mas não são apenas cicatrizes, cortes e feridas. São as minhas medalhas de honra![6]

Você está lembrado da bênção guarda-chuva?
Assim como não significa que você não vai se
molhar, não significa que não irá se ferir.
Mesmo se a sua causa for justa!

6 STEVENSON, Bryan. **Just Mercy:** A Story of Justice and Redemption. New York: Spiegel & Grau, 2014. p. 45-46 [**Compaixão:** uma história de justiça e redenção. Red Tapioca, 2019].

Após lutar com Deus, Jacó andou mancando pelo resto da vida. Embora doloroso, o andar manco era um lembrete constante da bênção de Deus! E o mesmo pode acontecer com as suas cicatrizes, as suas feridas, as suas marcas e os seus hematomas.

Posso lhe contar um pequeno segredo?

Não confio em líderes que não mancam! O líder que tem todas as respostas não está respondendo às perguntas difíceis. E o líder que se mantém o tempo inteiro no total controle da situação está fingindo. Eu sei — preferimos andar sobre as águas. Mas o problema com isso é o seguinte: desse jeito, ninguém pode segui-lo! Se você quer construir confiança, não compartilhe apenas histórias de sucesso. Quando você compartilha histórias de fracasso de forma autêntica, constrói confiança, e a empatia aumenta. As pessoas seguem um líder assim — que manca com a marca da bênção — até os confins da terra. Não foi exatamente isso que os discípulos fizeram? Na verdade, eles seguiram Jesus além disso. Onze dos 12 o seguiram até a morte!

O líder manco

Tenho a alegria e o privilégio de liderar a National Community Church há mais de duas décadas. E posso dizer com toda a honestidade que eu não gostaria de estar em nenhum outro lugar, fazendo nenhuma outra coisa. No entanto, se você já liderou algo por todo esse tempo, sabe que há fricções e desgastes que produzem hematomas e feridas!

Permita-me compartilhar algumas lições duramente aprendidas ao longo do caminho.

Em primeiro lugar,
mantenha o senso de humor.

As pessoas mais felizes, saudáveis e santas do Planeta são as que mais riem de si mesmas. As palavras "humildade" e "humor" se originam do mesmo radical em latim. Etimologicamente falando, são primas.

É claro que manter o senso de humor em situações difíceis é tão difícil quanto conservar a calma e a racionalidade nas mesmas circunstâncias.

Quando Ronald Reagan tomou posse da presidência dos Estados Unidos, em 20 de janeiro de 1981, era o presidente eleito mais velho até então. Quatro anos depois, sua idade era uma questão ainda mais crítica. Mas Ronald Reagan conseguiu desarmar seus adversários políticos fazendo piada sobre si mesmo. "Quando vou fazer os meus exames médicos" — disse Reagan — "ninguém me pergunta mais quantos anos eu tenho. Eles simplesmente usam o sistema de datação de carbono!".[7] Durante um debate presidencial em 1984, Reagan não se intimidou diante da questão da idade. Passou adiante o problema para aqueles que achavam que ele era velho demais para se candidatar, afirmando: "Não transformarei a idade em um tema dessa campanha. Não explorarei, para fins políticos, a juventude e a inexperiência do meu oponente".[8] Nem mesmo Walter Mondale, seu adversário político, conseguiu conter o riso! Quando tudo mais falhar, procure cultivar o senso de humor!

Em segundo lugar,
mantenha um senso de perspectiva.

Uma das formas de manter a perspectiva no lugar é contando as bênçãos! E, embora o que estou prestes a dizer possa parecer meio perverso, outra maneira de fazer isso é nos lembrar de quanto a situação poderia ser pior! Os psicólogos chamam isso de pensamento contrafactual descendente. Esta carta fictícia escrita por uma universitária aos pais é um bom exemplo:

[7] The Reagan Wit, **CBS News**, 20 de julho de 2014, <www.cbsnews.com/news/the-reagan-wit>.

[8] Reagan, Ronald, citado por Stephey, M. J. Top 10 Memorable Debate Moments, **Time**, <http://content.time.com/time/specials/packages/article/0,28804,1844704_1844706_1844612,00.html>.

> Queridos mãe e pai,
>
> Tenho tanta coisa para lhes contar! Por causa do incêndio no meu dormitório, provocado por uma revolta estudantil, sofri danos pulmonares temporários e precisei ir ao hospital. Enquanto estava lá, apaixonei-me por um auxiliar de enfermagem, e fomos morar juntos. Saí da faculdade quando descobri que estava grávida. Ele foi demitido por embriaguez. Então, vamos nos mudar para o Alaska, onde talvez nos casemos depois que o bebê nascer.
>
> Sua amada filha.
>
> P.S. Nada disso aconteceu, mas fui reprovada em química e queria manter toda essa situação na perspectiva adequada.

Uma das melhores maneiras de manter o senso de perspectiva é profetizando o nosso louvor. Não se trata apenas de louvar a Deus por aquilo que ele *já fez*, no passado. É louvar a Deus por aquilo que ele *fará*, no futuro. Em vez de se concentrar nas circunstâncias, declare o caráter de Deus, as promessas de Deus. Em palavras simples, profetizar é declarar o que acontecerá no futuro. Você pode profetizar medo, dúvida, dor. Ou pode profetizar louvor! É uma questão de se recusar a permitir que as coisas ruins nos impeçam de adorar o que há de bom em Deus. Quando profetizamos o nosso louvor, readquirimos perspectiva ao recalibrar o espírito.

Terceiro, *fale o que precisa ser falado.*

Vivo em uma cidade que às vezes distorce os fatos e coloca um rosto sorridente na frente da falsidade. Nem todo político é assim, se você quer saber. Mas muitos são! A ironia é que a maioria das pessoas consegue detectar a realidade por trás da cortina de fumaça imediatamente! Sabe o que as pessoas de fato apreciam? A boa e velha autenticidade! Em especial, quando é aliada à humildade! A bênção nunca blefa. Não coça os ouvidos de quem necessita ouvir poucas e boas (2Timóteo 4.3). A bênção é cheia de graça e de verdade — *graça* significa "Amo você, não importa o que aconteça"; *verdade* significa "Serei honesto com você, não importa o que aconteça". Não internalize; verbalize. Mas se certifique de falar a verdade em amor! Isso significa que nós não saímos por aí dizendo as coisas de qualquer maneira. Em vez disso, nós nos importamos o suficiente para confrontar com cuidado.

Quarto, *controle o que você pode controlar.*

É muito mais fácil *agir* como um cristão do que *reagir* como um cristão! É impossível controlar como as pessoas irão tratar você, mas sempre é possível controlar como você as trata. Já precisei tomar decisões difíceis como líder, com as quais nem todos concordaram. É algo que vem com a função, certo? Os líderes precisam tomar decisões que ninguém mais quer, e isso quer dizer que nos tornamos para-raios das reclamações alheias. Ou pior, viramos saco de pancadas! Mas eu me recuso a reagir. É claro que eu confronto as pessoas quando não concordo com o tom ou a tática usados. Mas tomei a decisão, há muito tempo, de fazer o meu melhor absoluto para garantir que todas as pessoas com quem interajo se sintam *amadas, ouvidas* e *abençoadas.*

Provérbios 19.11 diz: "Sua glória é ignorar as ofensas". Em outras palavras, transforme em objetivo ser alguém que *não se ofende*! Sem dúvida, isso não quer dizer se tornar o saco de pancadas dos outros, mas significa, sim, dar a outra face! Quando você se ofende, coloca a sua vida na postura defensiva. Elimina as pessoas que o incomodam. Permite que o ceticismo e o cinismo se infiltrem em sua alma. Se você não lidar com isso, o sentimento de ofensa apodrecerá no seu espírito até se transformar em amargura. E a amargura não nos priva apenas da alegria, mas também nos rouba a bênção.

Quinto, *tudo bem não estar bem.*

Quando você olha a foto de um presidente da República *antes* de assumir o cargo e *depois* de deixá-lo, em geral percebe que ele envelheceu muito mais do que os quatro ou oito anos que passou governando! A liderança cobra um preço, assim como a vida. Já passei por fases que me levaram além do que eu imaginava ser o meu ponto de colapso emocional ou físico. Gosto de comparar esse processo a repetições demais no levantamento de peso. Sem alguém para segurar a barra e auxiliar no processo, só lhe restam duas opções: rolar a barra pelo corpo ou deitá-la até os pesos caírem. Ambas são constrangedoras, e é assim que as nossas fraquezas nos fazem sentir. Mas são exatamente essas fragilidades que levam os outros a se identificar mais conosco e, em consequência, a gostar mais de nós.

Para ser honesto, eu manco um pouco mais a cada ano em que lidero. E tudo bem! Eu gostaria de poder lhe dizer que a liderança vai ficando mais fácil com o tempo, mas não é essa a minha experiência. Só vai aumentando o que está em jogo! Assim como Jacó, porém, o manquejar nos lembra do que enfrentamos para obter a bênção!

Sexto, *as bênçãos de Deus complicarão a sua vida.*

Essa relação simples mudou a minha maneira de viver e liderar. O pecado traz complicações que não deveriam existir na sua vida. Já as bênçãos de Deus trazem complicações que deveriam existir na sua vida.

Quando Lora e eu nos casamos, a nossa vida se complicou bastante. Louvado seja Deus por vinte e cinco anos de complicações! Temos três complicações chamadas Parker, Summer e Josiah, e não consigo imaginar a minha vida sem eles! Quanto maior a organização que você lidera, mais complicada ela se torna. Quanto mais dinheiro você ganha, mais complicados são os impostos. Eu não sabia na época, mas, quando fiz aquela oração pedindo porção dobrada junto ao caixão do meu sogro, eu estava pedindo a Deus que complicasse a minha vida duas vezes mais! E louvo a Deus por ele ter respondido a essa oração. Se você me pedir para orar a Deus a fim de tornar a sua vida mais fácil, eu me recusarei a fazê-lo. A minha oração é para que Deus complique a sua vida do jeito que só ele é capaz de fazer — com bênção dobrada!

Você se lembra de qual foi a recompensa pelo trabalho bem feito na parábola dos talentos? Não foram dias a mais de férias, nem adiantamento da aposentadoria. A recompensa pelo trabalho bem feito foi *mais* trabalho! É assim que funciona no Reino de Deus. Se formos honestos, reconheceremos que a maioria das nossas orações gira em torno do conforto pessoal. Defendo justamente o contrário! Se você estiver se sentindo corajoso, tente fazer esta oração: *Senhor, complica a minha vida!*

Um prato de sopa

Permita-me voltar a Jacó mais uma vez.

Este é um livro sobre *como alcançar a bênção*, mas eu seria omisso se não falasse também sobre as muitas formas de perdê-la. É uma lista tão longa quanto as genealogias da Bíblia, que é cheia de histórias de advertência. Para Sansão, isso significou vender seu segredo por sexo casual. Para Judas, foram 30 moedas de prata. E então houve Esaú, que vendeu seu direito de primogenitura para Jacó por um prato de sopa!

É fácil condenar Sansão por sua falta de autocontrole, mas qual é a sua atração irresistível? É fácil condenar Judas por se vender, mas qual é o seu preço? É fácil condenar Esaú pela falta de visão de longo prazo, mas qual é o seu calcanhar de aquiles?

O pecado é a síntese da falta de bom senso. Com muita frequência, o pecado significa atender a uma *necessidade legítima* de *maneira ilegítima*. O pecado é traiçoeiro assim! E não temos álibi algum, salvo a cruz de Jesus Cristo. O pecado não vale o preço que precisamos pagar por ele; nós sabemos disso, mas ainda assim o cometemos. A pergunta que se impõe então é: por quê? Não há resposta fácil para esse questionamento, mas, se não valorizarmos a bênção de Deus acima de tudo, venderemos a alma por um substituto barato. Para Sansão, foi sexo. Para Judas, foi dinheiro. Para Esaú, foi comida. Não mudou muita coisa desde então, não é mesmo?

Já que estamos falamos de pecado, tentar *não pecar não pecando* é uma batalha perdida. Você necessita de uma visão maior e melhor do que a do prato de sopa de lentilhas que o tenta! Somente então você conseguirá enxergar o pecado como ele realmente é — contentar-se com menos do que o melhor de Deus. A bênção divina é o tesouro escondido (Mateus 13.44), a pérola de grande preço (v. 45,46), a coroa de glória imarcescível (1Pedro 5.4).

Há uma diferença entre a *vontade* de Deus e o *caminho* de Deus. A vontade de Deus é explícita, como os dez mandamentos inscritos em tábuas de pedra. Já os caminhos de Deus são estranhos e misteriosos.[9] Sabia que você pode fazer a vontade de Deus e ele se opor aos seus atos? Parece um sacrilégio, certo? Mas, se você fizer a vontade de Deus com espírito orgulhoso, ele não poderá abençoá-lo. Por quê? Porque "Deus se opõe aos orgulhosos" (Tiago 4.6). É uma declaração assustadora, não é mesmo?

Há diferença entre a *vontade* e o *caminho* de Deus.

Moisés queria libertar o povo da injustiça da escravidão, e essa era a vontade de Deus. Mas ele começou executando-a da maneira errada.

9 WIKIPEDIA, verbete God Moves in a Mysterious Way, última modificação em 19 de abril de 2019, 14:04, <https://en.wikipedia.org/wiki/God_Moves_in_a_Mysterious_Way>.

Tentou apressar o plano divino matando um feitor egípcio. Por causa disso, acabou adiando em quarenta anos a libertação divina!

Se você quer experimentar a bênção plena de Deus, precisa fazer a vontade de Deus do jeito de Deus! E, por favor, tome cuidado para não equiparar *o seu caminho* com *o caminho*. Nas palavras de Oswald Chambers, "Jamais transforme a sua experiência em princípio. Deixe Deus ser original com os outros, assim como ele é com você".[10] Mais uma vez, a bênção de Deus é tão única quanto as suas impressões digitais.

Não se contente com um prato de sopa!

Espere o melhor de Deus, a bênção de Deus.

Vale a pena entrar no ringue para essa luta!

[10] CHAMBERS, Oswald. Getting There, **My Utmost for His Highest**, <https://utmost.org/classic/getting-there-3-classic>.

Capítulo 7

BÊNÇÃOS DISFARÇADAS

Quem você pensa que é, ó montanha majestosa?
Diante de Zorobabel você se tornará uma planície.
Ele colocará a pedra principal aos gritos
de "Deus abençoe! Deus abençoe!"
Zacarias 4.7

"Sou hoje o homem mais miserável do mundo."

O homem que proferiu essas palavras também alegou: "Se aquilo que sinto fosse distribuído igualmente para toda a família humana, não haveria um único rosto alegre na face da terra". E seu prognóstico não foi em nada mais otimista que o autodiagnóstico: "Se um dia conseguirei me sentir melhor, não dá para saber. Infelizmente, pressinto que não".[1]

Você já se viu nessa situação?

Poucas biografias começam com menos oportunidades ou mais adversidades. A vida no campo no início do século XIX dos Estados Unidos já não era fácil, mas ele nasceu em meio à pobreza abjeta.

[1] Letter to John Stuart (January 23, 1841, **Lincoln's Writings**: The Multi-Media Edition, <http://housedivided.dickinson.edu/sites/lincoln/letter-to-john-stuart-january-23-1841>.

Sua mãe, a quem adorava, morreu quando ele tinha somente 9 anos de idade. Depois dessa perda, ele e a irmã de 12 anos foram abandonados pelo pai por sete meses. Quando o pai voltou com a nova esposa, a madrasta os encontrou vivendo como animais. O pai achava que o tempo gasto na escola era um duplo desperdício: desperdiçava o tempo do filho e também o privava do trabalho manual que o menino poderia realizar. Quando o pegava lendo, o pai não só destruía o livro, como também dava uma surra no garoto.

Ao alcançar a maioridade, o jovem se viu livre para sair de casa; fez então uma trouxa com seus pouquíssimos bens, colocou-a sobre o ombro e partiu rumo ao oeste, para o mais longe possível de seu passado. É claro que os quilômetros não apagam as memórias. Ele já era marcado por aquilo que um colega descreveu como uma "profunda e misteriosa melancolia".[2]

A tendência de sua vida adulta não foi muito diferente da infância. Ele sofreu de coração partido quando seu primeiro amor morreu. Uma tentativa de negócio terminou em falência. E suas incursões na política foram confrontadas pela derrota, não uma, nem duas, mas meia dúzia de vezes.

Apesar de todos os desafios pessoais e reveses profissionais, Abraham Lincoln por fim ocupou o cargo mais importante da nação e se tornou um dos presidentes mais amados e reverenciados da história dos Estados Unidos. Sugiro que não foi *apesar* dos desafios e reveses, mas, sim, *por causa* deles. Os desafios do passado o prepararam de forma única para oportunidades futuras. Quem seria melhor para liderar o país em meio a uma guerra civil do que um homem que havia superado tantos obstáculos?

[2] WHITNEY, Henry, citado por SHENK, Joshua Wolf. Lincoln's Great Depression, **Atlantic**, October 2005, <www.theatlantic.com/magazine/archive/2005/10/lincolns-great-depression/304247>.

Períodos de sofrimento

Deus nos faz crescer espiritualmente de centenas de maneiras, porém o método mais eficaz pode ser permitindo que passemos por situações que exijam o caráter que precisamos cultivar. Deus seria capaz de nos livrar dessas situações difíceis? Sem dúvida, mas ele nos ama demais para interferir no nosso processo de santificação. Deus nem sempre nos livra *das* dificuldades, mas, sim, *em meio* a elas.

A melhor maneira de cultivar a paciência é ser colocado em uma situação que a exija — em grande quantidade. E quanto à coragem? Bem, ela não é ausência de medo, sem dúvida! E o amor? Não há oportunidade melhor para exercitar o amor de Deus do que quando estamos cercados por inimigos. E a misericórdia? Não é possível praticar a misericórdia sem ter sido prejudicado. E se você necessitar de mais paciência, coragem, amor ou misericórdia? Não se surpreenda se você se encontrar em uma situação que exija mais desses elementos.

Não estou sugerindo que Deus nos coloca proativamente nessas situações, mas, sim, que, com frequência, ele as permite porque fazem parte do nosso processo de amadurecimento. Novamente, a bênção guarda-chuva não é um cartão de imunidade. Também não é um passe-livre para fora da prisão. Continuamos sujeitos à lei de colher o que se planta. E ainda vivemos em um mundo caído. Isso significa que passaremos por uma boa dose de dor e sofrimento. Além disso, Deus não é um pai superprotetor. Assim como José, Ester, Davi e Daniel, sofreremos reveses pessoais e enfrentaremos períodos de sofrimento. A boa notícia? Será para o nosso bem e para a glória de Deus.

A última coisa que eu quero é fazer pouco das dificuldades que você tem enfrentado. Pelo contrário, o meu desejo é validá-las. Parece que cada nova edição do jornal traz novas alegações de assédio ou abuso sexual. Mas, se você foi vítima desse tipo de abuso, não é apenas uma notícia. Essas histórias trazem à tona memórias com gatilhos para emoções extremamente dolorosas. Se você já passou pela dor do aborto, o choro de um bebê pode mexer com você e despertar tristeza profunda. Se já passou por um divórcio ou recebeu um diagnóstico sombrio do médico, parece que um peso de 1 tonelada foi depositado diretamente sobre os seus ombros.

Não sei qual desafio você está enfrentando,
mas sei que a graça de Deus lhe basta.

A graça pode ser vivenciada de milhares de maneiras diferentes. Às vezes, ela se manifesta por meio de amigos cuidadosos e de sábios conselheiros. Às vezes, ela se revela em um dia na praia ou em uma trilha nas montanhas. E, claro, trata-se de um relacionamento com o Deus que jamais nos deixa nem nos abandona (Deuteronômio 31.6). É o Deus que dá uma bela coroa em vez de cinzas, o óleo da alegria em vez de pranto, e um manto de louvor em vez de espírito deprimido (Isaías 61.3). Como sei disso? Porque a Bíblia assim o diz, e eu mesmo já experimentei essa realidade na minha vida. Já andei pelo vale da sombra da morte mais de uma vez e vi Deus redimir dores insuportáveis e sofrimento inimaginável. Também já testemunhei Deus transformar alguns dos piores dias da minha vida nos melhores.

Antes de qualquer grande conquista

Em 1853, Charles Spurgeon assumiu o cargo de pastor da New Park Street Chapel. Era a maior igreja de Londres, e Spurgeon tinha apenas 19 anos de idade. Ele pastoreou aquela igreja por trinta e oito anos e, durante esse período, a congregação se tornou a maior do mundo. Conhecido como príncipe dos pregadores, seus sermões eram registrados por taquígrafos, que os vendiam ao valor de 1 centavo cada. Quer saber uma curiosidade? Quando terminei o curso de Teologia, o meu presente de formatura foi uma coleção de 86 volumes dos sermões de Spurgeon!

Além de pregar de quatro a dez vezes por semana, Spurgeon escreveu 150 livros. Também fundou uma faculdade de Teologia, um orfanato, foi editor-chefe de uma revista mensal e supervisionou 66 instituições de caridade![3] Eu me pergunto o que ele fazia em seu tempo livre!

Em 18 de março de 1861, exatamente duas semanas depois de Abraham Lincoln se mudar para a Casa Branca, a congregação de Spurgeon começou a cultuar no recém-construído Metropolitan Tabernacle.[4] Será que Spurgeon estava empolgado? Certamente. Mas há algo mais que você precisa saber sobre Charles Spurgeon. Assim como Lincoln, ele sofreu de depressão durante boa parte da vida. E são os momentos desses episódios depressivos que me parecem tão intrigantes quanto instrutivos. Nas palavras do próprio Spurgeon:

> Antes de qualquer grande conquista, certa medida da mesma depressão é bem comum. [...] Essa foi minha experiência quando me tornei pastor em Londres pela primeira vez. O meu sucesso me alarmava. Pensar na carreira que se descortinava à minha frente, longe de me animar, lançava-me na maior das profundezas e, por isso, eu expressava meu *miserere*, sem encontrar espaço para uma *gloria in excelsis*. Quem era eu para continuar a liderar uma multidão tão grande? Eu poderia muito bem me retirar para a minha vila obscura, ou emigrar para os Estados Unidos e encontrar um recanto solitário na floresta, onde eu seria suficiente apenas para as pequenas coisas que me seriam exigidas. Era então que subia a cortina da minha obra de vida. [...] Essa depressão me acomete sempre que o Senhor está preparando uma bênção maior para o meu ministério.[5]

3 How Spurgeon Scheduled His Week, **Spurgeon Center**, 27 de junho de 2017, <www.spurgeon.org/resource-library/blog-entries/how-spurgeon-scheduled-his-week>.

4 Ellison, Robert H. Charles H. Spurgeon: A Brief Biography, **The Victorian Web**, <www.victorianweb.org/religion/sermons/chsbio.html>.

5 Spurgeon, C. H. The Minister's Fainting Fits, **Lectures to My Students:** A Selection from Addresses Delivered to the Students of the Pastors' College, Metropolitan Tabernacle. London: Passmore and Alabaster, 1883. p. 173-174.

Descobri a confissão de Spurgeon quando me sentia de forma muito parecida. Eu estava absolutamente sobrecarregado quando fechamos negócio para aumentar a propriedade da igreja que consumiria muitos anos e vários milhões de dólares. Não estou, de forma alguma, reclamando. Honestamente, eu não queria que fosse nada diferente disso! Mas estaria mentindo se dissesse que não lutei com dúvida, desânimo e depressão às vezes. O meu palpite é que não estou sozinho!

Estive recentemente em um encontro multicultural de pastores em Washington, e um deles teve coragem suficiente para se abrir acerca de seu episódio depressivo. Em seguida, perguntei se algum dos outros pastores presentes já tivera algum problema de depressão. De acordo com a minha contagem, metade das mãos se levantou. Posso lhe explicar por que devemos confessar os nossos pecados e falhas uns aos outros? Para nos lembrar de que não estamos sozinhos! Não acho que cada uma daquelas mãos levantadas representa um grande episódio de depressão, de acordo com a definição da CID,[6] mas eles não estavam simplesmente fazendo de conta! Se você está lutando contra a depressão, não tente se fazer de durão. Procure ajuda!

Há momentos na vida em que as trevas se instauram e nos sentimos tentados a desistir do casamento, de um sonho ou mesmo do relacionamento com Deus. Às vezes, a coisa mais espiritual que você pode fazer é esperar um pouco mais. Um novo dia irá raiar e, juntamente com ele, as misericórdias divinas. Na minha experiência, lutas internas e oposição externa costumam ser indicativos de que você está às portas de um grande crescimento. Talvez, quem sabe, Deus esteja abrindo terreno para uma bênção maior!

A noite é mais escura antes da aurora

Em 1650, um teólogo inglês chamado Thomas Fuller escreveu um diário de viagem religioso, no qual registrou: “A noite é sempre

[6] CID: Classificação Estatística Internacional de Doenças e Problemas Relacionados com a Saúde.

mais escura logo antes da aurora".[7] Ao longo do tempo, essa ideia se transformou em uma espécie de axioma: *as coisas costumam parecer terríveis logo antes de melhorarem*!

Há momentos na vida em que não sabemos ao certo como enfrentar e superar os problemas. É como se não houvesse solução! Às vezes, isso acontece em períodos de transição. Você se muda para um lugar novo e perde um pouco os pontos de referência. Sente-se perdido e sozinho. Às vezes, é um período de luto. Você sofre uma perda e a bússola oscila enquanto você tenta se orientar dentro de um novo normal. Às vezes, é uma fase da vida, como a crise da meia-idade ou do início da vida adulta. Ao avaliar a sua situação atual, ela não se encontra à altura das expectativas que você tinha há dez ou vinte anos. E há também, é claro, os períodos de depressão, como aconteceu com Charles Spurgeon e Abraham Lincoln.

Se você estiver passando por algum desses períodos, é necessário saber que há um sumo sacerdote capaz de simpatizar com as nossas fraquezas (Hebreus 4.15). Jesus não carregou apenas uma cruz de 135 quilos, mas também todo o peso dos pecados do mundo sobre seus ombros. Ao fazê-lo, Cristo derrotou o pecado e a morte. E também quebrou uma maldição tão antiga quanto o Éden!

> Cristo nos redimiu da maldição da Lei quando se tornou maldição em nosso lugar, pois está escrito: "Maldito todo aquele que for pendurado num madeiro". Isso para que em Cristo Jesus a bênção de Abraão chegasse também aos gentios. (Gálatas 3.13,14)

A cruz era um símbolo de vergonha e tortura. Não há injustiça maior na história humana do que o Filho de Deus ser crucificado por sua criação! Mas Deus reverteu a maldição ao se tornar ele mesmo

[7] FULLER, Thomas. **A Pisgah Sight of Palestine and the Confines Thereof**; with the History of the Old and New Testament Acted Thereon [1650]. London: William Tegg, 1869. p. 208.

maldição, transformando assim a cruz em um símbolo universal de amor, esperança e perdão!

Deus abençoe

Em 536 a.C., um remanescente de refugiados judeus voltou para Jerusalém e começou a reconstruir o templo que Nabucodonosor havia destruído. Não muito tempo depois de lançar o alicerce, o projeto de reconstrução entrou em pausa por quase quinze anos.[8] Se algum sonho seu já foi desviado ou adiado, você sabe quanto isso pode trazer desânimo. Em geral, porém, é exatamente quando estamos prestes a desistir que Deus aparece. Na última hora, Deus ressuscitou o sonho e chamou Zorobabel para começar a reconstruir com as seguintes palavras:

> "Quem você pensa que é, ó montanha majestosa? Diante de Zorobabel você se tornará uma planície. Ele colocará a pedra principal aos gritos de 'Deus abençoe! Deus abençoe!' " (Zacarias 4.7).

Tudo estava contra Zorobabel, por causa da oposição esmagadora que ele sofreu. Mas a oposição não é motivo de preocupação. Pelo contrário. Se você não está sofrendo oposição, significa que está mantendo o *status quo*, sem fazer a diferença. É divertido enfrentar oposição? Nem um pouco! Mas aprendi algumas coisas com a oposição ao longo dos anos.

Em primeiro lugar, *você não consegue agradar a todos o tempo inteiro*! A teoria da difusão da inovação sugere que 16% de toda curva normal humana é formada por "resistentes". Não importa se o seu nome é Moisés e você está descendo do monte Sinai com tábuas de pedra inscritas com o dedo de Deus, 16% das pessoas ainda assim não comprarão o que você está vendendo. Nas palavras de Abraham Lincoln, "você pode agradar a algumas pessoas o tempo inteiro, pode agradar

[8] Second Temple: Israel's Messenger, 28 de agosto de 2005, **Promises to Israel**, <https://promisestoisrael.org/second-temple>.

a todas as pessoas por um pouco de tempo, mas não pode agradar a todos o tempo inteiro!".[9] Assim é a vida e a liderança.

Segundo, *as bênçãos de Deus nem sempre parecem bênçãos a princípio*! Você vê o que as pessoas gritam depois que tudo e dito e feito? Elas bradam: "Deus abençoe! Deus abençoe!". Um dia, agradeceremos a Deus as orações que ele não atendeu, assim como aquelas que ele respondeu. Por quê? Porque pedimos coisas que atrapalhariam os planos e propósitos que Deus faz na nossa vida! Nesse mesmo sentido, um dia agradeceremos a Deus pelos desafios que enfrentamos tanto ou mais do que por aqueles que evitamos. Podemos até sentir vontade de amaldiçoá-los, mas, no fim das contas, reconheceremos o que eles realmente são: bênçãos disfarçadas!

Assim como todo mundo, eu não gosto de oposição, mas uma terceira lição que aprendi foi: *a oposição pode ter um efeito aperfeiçoador sobre a visão*. Não descarte as críticas não solicitadas. Escute-as, pois, certas ou erradas, elas podem revelar áreas de alerta. É claro que algumas das críticas apenas representam os resistentes. Mas será útil para você não prestar atenção nessas preocupações, como também enfrentá-las de maneira proativa, dando-lhes uma resposta autêntica. Não importa o que você faça, não finja saber todas as respostas! Lembre-se: as pessoas não confiam em líderes que sabem de tudo! Elas confiam em líderes de andar manco.

Se você não deixar a oposição tirar o melhor de você, você tirará o melhor que ela pode lhe oferecer. Isso irá transformar você em alguém maior e melhor. E aí reside a bênção! As montanhas que transpomos nos tornam quem somos! A nossa tendência é amaldiçoar as montanhas no nosso caminho ou tentar evitá-las, mas não sabemos reconhecer ao certo, no momento, se o obstáculo é uma bênção ou uma maldição. Às vezes, o que nos parece bênção é, na verdade, uma maldição disfarçada e vice-versa. Não se apresse

[9] Famous Words of Lincoln and Lydgate, **Scott Dunlop & Bivium**, <https://scott-dunlop.wordpress.com/2007/09/07/famous-word-of-lincoln-and-lydgate-you-cant-please-all-of-the-people-all-of-the-time>.

Deus pode estar preparando você para algo maior e melhor!

demais em amaldiçoar os desafios que você está enfrentando, pois Deus pode estar preparando você para algo maior e melhor!

O obstáculo é o caminho

Em 170 d.C., Marco Aurélio foi eloquente ao falar sobre transformar obstáculos em oportunidades. O último dos cinco bons imperadores escreveu as seguintes palavras imortais: "O impedimento à ação antecipa a ação. Quem se põe no meio do caminho se torna o caminho".[10] De forma simples, *o obstáculo é o caminho*.[11] Isso é mais do que uma espécie de *jiu-jitsu* filosófico ou uma forma de ver o lado bom das coisas. Toda vez que enfrento adversidades, lembro-me de que Deus está ampliando a minha capacidade.

Em 2017, corri a Maratona de Chicago para celebrar a minha cura da asma, após quarenta anos sofrendo com essa doença. Aprendi muitas lições com a experiência. No topo da lista? Para correr 42 quilômetros, é preciso desafiar os limites físicos, estipulando metas de treinos de longa distância. E isso envolve muita dor. A princípio, cinco quilômetros me pareciam longa distância. Ao fim do programa de treinamento, eu corria cinco quilômetros no dia de descanso e recuperação! Isso se aplica a qualquer distância para a qual eu tenha treinado, exceto a maratona em si.

A vida é assim, não é mesmo? Quando passamos por estresse, isso nos desafia. Deus está aumentando a nossa capacidade de tomar decisões difíceis ou resolver casos complicados. Eu costumava achar que estar *estressado* e ser *abençoado* eram polos opostos. E, sim,

[10] Aurelius, Marcus. **Meditations**. Trad. Gregory Hays. New York: Modern Library, 2002. p. 60.

[11] Ryan Holiday escreveu um livro excelente com esse título: **O obstáculo é o caminho:** a arte de transformar provações em triunfo. Rio de Janeiro: Bicicleta Amarela, 2015.

precisamos eliminar o estresse prejudicial que causa angústia. Mas o estresse adequadamente administrado é um catalisador do crescimento. Pode parecer paradoxal, mas é possível *estar estressado e ser abençoado*. À medida que você cresce na graça de Deus, as coisas que o estressavam há dez anos parecem mamão com açúcar. Os obstáculos que você superou foram enxertados no seu testemunho. E cada testemunho é uma profecia![12] Deus já o fez antes e pode fazer de novo!

Às vezes, os nossos piores dias se revelam os maiores presentes de Deus. Não digo isso de forma superficial. Falo como alguém que passou dois dias internado, respirando com o auxílio de aparelhos após uma cirurgia emergencial por causa de uma perfuração intestinal. Tenho uma cicatriz de 35 centímetros no meio do abdômen para comprovar. O dia em que eu quase morri — 23 de julho de 2000 — sem dúvida foi um dos piores de toda a minha vida. Eu jamais gostaria de precisar passar por essa cirurgia de novo, porém não troco as lições que aprendi por nada nesse mundo. Sem dúvida, aquilo que não nos mata nos fortalece!

Eu ficava um pouco constrangido de tirar a camiseta em público porque a minha cicatriz é grande o suficiente para "assustar as crianças". Com o tempo, porém, comecei a enxergar aquela cicatriz de batalha como uma medalha de honra. Para falar a verdade, fica parecendo que tenho um tanquinho. Ou melhor, um meio tanque... Cada cicatriz conta uma história de dor, mas também são evidências de superação de obstáculos. E são elas que Deus usa para ajudar os outros a sarar. Lembra-se de Tomé, o discípulo que duvidou? A dúvida dele foi solucionada com a mão de Jesus, marcada pelos pregos!

Reverta a maldição

Não sei ao certo quais obstáculos você tem enfrentado. Tenho certeza de que muitos deles parecem montanhas intransponíveis e é

[12] Agradeço ao pastor Zeb Mengistu por este pensamento. Ele o dividiu comigo enquanto eu lhe mostrava o nosso novo templo em Capitol Hill em março de 2019.

tentador demais passar bem longe deles. O meu conselho? Passe através deles, com a graça de Deus. E, quando o Senhor conduzir você ao outro lado, a montanha terá se transformado em um caminho plano. O obstáculo terá se tornado o caminho!

Parte de nos posicionar para receber a bênção envolve reconhecer as bênçãos disfarçadas!

É ver oportunidades quando os outros só enxergam obstáculos. Pode parecer que estou fazendo um discurso motivacional ou um TED talk, mas, na verdade, é teologia pura! O que José fez com seus irmãos que inventaram sua morte e o venderam como escravo? Ele não os amaldiçoou, mas lhes deu *shin*. Assim como os sacerdotes judeus que erguiam as mãos e pronunciavam uma bênção sobre o povo de Deus, José abençoou os irmãos com a própria dor. E suas palavras revelam a mentalidade da bênção dobrada: "Vocês planejaram o mal contra mim, mas Deus o tornou em bem, para que hoje fosse preservada a vida de muitos" (Gênesis 50.20).

Se você amaldiçoa quem lhe causa dor, só aumenta o problema. Eu sei que é difícil, mas foi a postura de bênção que reconciliou o relacionamento de José com os irmãos. E ele tem o poder de fazer o mesmo por você! Nada é capaz de virar a página como uma bênção!

José suportou treze anos de dor e sofrimento, incluindo uma acusação falsa que o fez parar na prisão. Deve ter havido momentos em que José se sentiu amaldiçoado, certo? Em meio a toda a injustiça, porém, ele não se fez de vítima. Deus estava escrevendo uma longa história de redenção, e José finalmente conseguiu ligar os pontos. A escravidão e a prisão foram bênçãos disfarçadas, não é mesmo? Não estou dizendo que foram coisas *boas*. Ambas envolveram circunstâncias trágicas e um sofrimento tremendo. Mas Deus usou essas circunstâncias para colocar José dentro do governo do faraó e, com isso, salvar duas nações da fome!

Não foi a primeira nem a última vez que Deus reverteu a maldição. Note o que Deus disse a Judá e Israel por meio do profeta Zacarias:

> No passado os povos de outras nações maldiziam uns aos outros assim: "Que Deus os castigue como castigou o povo de Judá e de Israel!" Mas eu vou salvar vocês, e no futuro aqueles mesmos povos dirão uns aos outros: "Que Deus os abençoe como abençoou o povo de Judá e de Israel!" Não fiquem com medo! Tenham coragem! (Zacarias 8.13, NTLH).

Deus quer transformar você em um *símbolo* de bênção, mas esse não é o objetivo final. Se nós transformarmos a bênção de Deus em um símbolo de falso *status*, a bênção se torna maldição, por causa do orgulho. Qual é o objetivo então? Transformar você em uma *fonte* de bênção! Sim, isso significa destinar o nosso tempo, talento e tesouro para os outros. Mas também envolve usar a nossa dor para benefício dos outros.

Reverta a dor

A maneira mais fácil de passar adiante a bênção é fazer uma lista dos dons que Deus nos deu e então devolver o favor. Mas há uma forma bem mais difícil de passar adiante a bênção, de maneira meio invertida. É listando as nossas dores e sofrimentos e então usá-los para ajudar na cura dos outros. É claro que é muito mais fácil falar do que pôr isso em prática.

Para passar adiante a bênção, faça uma lista dos dons que Deus deu a você e devolva o favor.

Quando sentimos dor, é difícil pensar em qualquer outra coisa ou pessoa. É difícil não afundar no sofrimento e fazer o papel de vítima. Isso não dá aos outros o direito de fazer o papel de júri e juiz, tratando a nossa dor com condescendência. Afinal, a maneira de processar a dor é tão única quanto a nossa personalidade. O tempo de luto também é único. Isso significa que precisamos dar margem para quem sofre. Não desapareça da vida da pessoa, mas dê espaço para que ela sinta o luto de forma única.

Já atravessei tragédias inimagináveis com pessoas que pastoreio. E elas me ensinaram que o único caminho para sair da dor é direcioná-la para o benefício de alguém. Isso não só redime a pessoa, como também funciona como analgésico. E, com frequência, acaba se traduzindo em milagre na vida de outra pessoa!

Não foi isso que Abraham Lincoln fez? Foi sua dor e sofrimento pessoal que o capacitaram a suportar a guerra civil. Ele usou como alavanca as lições aprendidas em tempos difíceis. Exercitou o caráter cultivado no suplício. É isso que os grandes líderes fazem, e ninguém o fez melhor do que Jesus.

Pela alegria que lhe fora proposta, Jesus suportou a cruz (Hebreus 12.2). Sua dor foi o nosso ganho. Sua vergonha é a nossa salvação. Seu sofrimento nos libertou.

Você está alavancando a sua dor em benefício dos outros?

Bênção envelope

Um dos falsos pressupostos que muitas pessoas fazem é que Deus não pode usá-las por causa do seu quebrantamento. Pelo contrário! Deus só pode usá-lo quando você estiver quebrantado! De todos os salmos, o 51 provavelmente é o mais catártico. O rei Davi havia cometido adultério com Bate-Seba e matado o marido dela para acobertar o caso. Era um homem quebrantado. E, das profundezas desse quebrantamento, escreveu as seguintes palavras: "Os sacrifícios que agradam a Deus são um espírito quebrantado; um coração quebrantado e contrito, ó Deus, não desprezarás" (Salmos 51.17).

É nos lugares quebrantados que a graça de Deus penetra nas fendas. É nos lugares quebrantados que Deus nos usa para ajudar os outros a serem curados. É nos lugares quebrantados que Deus abre terreno para uma bênção maior.

Há uma antiga arte japonesa chamada *kintsugi*, que conserta peças quebradas de porcelana preenchendo as rachaduras com uma laca feita de ouro em pó. Os defeitos não são disfarçados. As rachaduras são celebradas com remendos de ouro. São aquelas rachaduras que dão à porcelana consertada um caráter único! Ao contar as suas bênçãos, não se esqueça dos lugares quebrantados, dos pedaços quebrados! Assim como plantas que milagrosamente conseguem crescer em meio às rachaduras do concreto,

As bênçãos de Deus são irreprimíveis.
Elas encontram uma maneira de emergir aqui,
ali e em todo lugar! Mas é preciso ter um bom
olho para identificar as bênçãos disfarçadas.

Permita-me voltar a José. A história termina com uma bênção dobrada: duas nações salvas da fome. Isso não justifica todos os males que José enfrentou, mas certamente os redime!

Há uma segunda bênção dobrada que é bem mais sutil, mas não menos significativa. José aprendeu a importância da bênção com seu pai, Jacó — o mesmo Jacó que lutou com Deus. Imagino Jacó mancando de Canaã até o Egito, apoiado em seu cajado. O momento mais surpreendente da vida desse patriarca — e talvez o maior de todos — foi descobrir que o filho que ele imaginava estar morto e enterrado se encontrava vivo e passava bem. E o mais surpreendente: era o segundo no comando da nação, atrás somente do faraó. Jacó sabia muito bem que esse tipo de promoção só pode vir de Deus, em resultado da bênção. Imagine o transbordar de emoções que tanto José quanto Jacó devem ter sentido naquele dia!

O que acontece em seguida é facilmente negligenciado, mas se trata de um subenredo de importância substancial.

"José levou seu pai Jacó ao faraó e o apresentou a ele. Depois Jacó abençoou o faraó." (Gênesis 47.7). O que Jacó fez? *Abençoou* o faraó. É isso que fazem as pessoas abençoadas por Deus! Passam adiante a bênção pela qual lutaram! Jacó abençoou o faraó não só ao entrar, mas também ao sair: "Então, Jacó abençoou o faraó e retirou-se" (v. 10).

E se enveloparmos cada encontro assim como Jacó fez? E se abençoarmos as pessoas ao *encontrá-las* e o fizermos de novo ao *nos despedir*? O meu palpite é que mais encontros se transformariam em oportunidades para Deus agir! Aposto que ganharíamos o favor de mais faraós também.

Capítulo 8

VIVENDO DE OLHOS BEM ABERTOS: DESLUMBRAMENTO

Todos os dias te bendirei.
Salmos 145.2

Em 5 de setembro de 1977, a sonda espacial Voyager 1 foi lançada, em Cabo Canaveral, a bordo de um foguete Titan-Centaur. Está viajando pelo espaço a uma velocidade média de mais de 61 mil quilômetros por hora desde então, cerca de 1,5 milhão de quilômetros por dia. Voyager 1 foi a primeira nave espacial a viajar além da heliopausa e adentrar o espaço interestelar. A Nasa faz cálculos contínuos de sua distância da Terra.[1] Enquanto escrevo, a Voyager 1 está a 21.710.061.209 quilômetros da Terra, e essa distância só aumenta.

É extraordinário, não é mesmo? Mas não tão extraordinário quanto você!

A Voyager 1 ficará sem combustível por volta do ano 2025. Terá viajando então mais de 24 bilhões de quilômetros! Mas sabe de uma coisa? Isso é menos da metade da cadeia de DNA no seu corpo, caso

1 Mission Status, **Jet Propulsion Laboratory**, <https://voyager.jpl.nasa.gov/mission/status>.

ela fosse esticada de uma extremidade à outra. O DNA acumulado em todas as células do corpo humano tem cerca de duas vezes o diâmetro do sistema solar![2]

Nas palavras do salmista, você foi formado "de modo especial e admirável" (Salmos 139.14). Se estiver perto de alguém que você ama agora, que tal lembrá-lo disso, dizendo: "Você é incrível!". Afinal, as impressões genéticas dessa pessoa são tão singulares quanto as suas!

De acordo com uma pesquisa, há cerca de 37 sextilhões de reações químicas acontecendo no corpo humano a qualquer momento.[3] Você está digerindo alimento, regenerando células, purificando toxinas, catalisando enzimas, produzindo hormônios e convertendo energia acumulada na forma de gordura em açúcar no sangue.

É claro que nada disso é um tributo a você, mas, sim, ao Deus que o criou. Qual foi, porém, a última vez que você agradeceu a ele por algum desses milagres microscópicos? Aposto que foi da última vez que algo deu errado! A saúde do corpo humano não é algo que deve ser vista como garantida, mas um motivo para louvarmos a Deus. A bênção pronunciada pelo apóstolo João não é tão simples quanto parece: "Amado, oro para que você tenha boa saúde e tudo corra bem, assim como vai bem a sua alma" (3João 2).

De acordo com a minha contagem, louvar a Deus pela boa saúde corresponde a pelo menos 37 sextilhões de bênçãos! Isso sem contar os 5 litros de sangue que viajam por 160 mil quilômetros de veias, artérias e capilares, ou os 550 litros de oxigênio puro que inalamos por meio de 23 mil inspirações todos os dias!

O escritor inglês G. K. Chesterton disse, certa vez, que seu grande objetivo de vida era considerar o valor único de cada coisa[4] — do

[2] Ashworth, Hannah. How Long Is Your DNA?, **Science Focus**, <www.sciencefocus.com/the-human-body/how-long-is-your-dna>.

[3] Cannon, Michael. On Average, How Many Chemical Reactions Happen in the Body in One Second?, **Quora**, 14 de abril de 2016, <www.quora.com/On-average-how-many-chemical-reactions-happen-in-the-body-in-one-second>.

[4] Chesterton, G. K. **The Autobiography of G. K. Chesterton**. San Francisco: Ignatius, 2006. p. 325 [**G. K. Chesterton:** autobiografia. Campinas: Ecclesiae, 2012].

nascer do sol, de uma flor, de uma risada. Eu amo essa meta de vida! E, se conseguirmos cumpri-la, seremos capazes de louvar sem cessar.

Coisas que eu amo

Sabe o nome desta música?

> Gota de chuva, bigode de gato
> Laço de fita, cordão de sapato

Escrita por Richard Rodgers e cantada por Julie Andrews, "Coisas que eu amo" é uma das canções mais populares do filme *A noviça rebelde*. A melodia modesta só se compara à humilde letra. O que mais amo nessa canção é que ela trata de prazeres simples que trazem alegria tão profunda! À medida que envelhecemos, é fácil esquecer as coisas que amamos, não é mesmo? Com o passar do tempo, olvidamos seu valor único. O objetivo da gratidão é apreciá-las cada vez mais!

A poetisa inglesa Elizabeth Barrett Browning escreveu:

> A Terra está repleta do céu
> E todo arbusto comum, ardente com Deus
> Só quem enxerga, porém, tira as sandálias
> O resto apenas se assenta e colhe as frutas.[5]

Não colha frutas silvestres sem louvar a Deus! Não importa se são morangos, mirtilos ou amoras! Talvez essa seja uma dimensão do que Jesus quis dizer aos nos instruir: "Observem as aves do céu" (Mateus 6.26) e "Vejam como crescem os lírios do campo" (v. 28).

Para sua informação, os ornitólogos já identificaram no mínimo 18 mil espécies de pássaros.[6] Se você gosta da observação de aves, essa

[5] Browning, Elizabeth Barrett. Aurora Leigh, **Aurora Leigh, and Other Poems**. New York: James Miller, 1866. p. 265 (tradução livre).

[6] New Study Doubles the Estimate of Bird Species in the World, **American Museum of Natural History**, <www.amnh.org/about/press-center/new-study-doubles-the-estimate-of-bird-species-in-the-world>.

atividade é capaz de ocupá-lo por bastante tempo! Aliás, se você pudesse ver um pássaro diferente todos os dias, levaria quase cinquenta anos para contemplar todos os que existem! E, embora existam apenas 90 espécies de lírios,[7] não existem duas flores que sejam exatamente iguais! Poucas flores são mais espetaculares do que o lírio-branco, ou palma-de-são-josé, o lírio-tigre e o lírio-asiático.

O cinismo tira o mistério daquilo que é comum, ao passo que o ceticismo o priva de sua esfera milagrosa. E a alma sofre. A adoração faz exatamente o contrário. Viver de olhos bem abertos, em atitude de deslumbramento, equivale a retomar a curiosidade infantil. É enxergar o mistério e o milagre de cada momento. "A adoração é o deslumbramento transcendente" — disse o filósofo escocês Thomas Carlyle. "Deslumbramento para o qual não há limites, nem medida — isso é adoração."[8]

De acordo com a ciência da bioacústica, milhões de melodias infra e ultrassônicas são entoadas o tempo inteiro. A maioria delas é inaudível para o ouvido humano, porque a nossa amplitude de audição é relativamente pequena, de 20 a 20 mil hertz. No entanto, de acordo com o célebre etimólogo Lewis Thomas, se fôssemos capazes de perceber o canto coletivo da criação — o canto das aves marinhas, a percussão rítmica dos moluscos e o som orquestral harmônico do voo dos insetos —, essa música literalmente nos arrebataria.[9] Justaponha a isto: "Então ouvi todas as criaturas que há no céu, na terra, debaixo da terra e no mar, isto é, todas as criaturas do Universo, que cantavam" (Apocalipse 5.13, NTLH).

Essa revelação não é uma profecia futura, mas, sim, uma realidade presente! E não é apenas teologia pura, mas ciência pura também.

7 Types of Lilies: A Visual Guide, **FTD by Design**, 19 de junho 2017, <www.ftd.com/blog/share/types-of-lilies>.

8 Carlyle, Thomas. The Hero as Divinity, **On Heroes, Hero-Worship, and the Heroic in History:** Six Lectures. New York: Wiley and Putnam, 1846. p. 8.

9 Thomas, Lewis. **The Lives of a Cell:** Notes of a Biology Watcher. New York: Penguin Books, 1974. p. 21 [**As vidas de uma célula:** notas de um estudioso de biologia. Brasília: Brasiliense, 1976].

Você sabia que o cântico das baleias viaja até 16 mil quilômetros debaixo da água? Ou que a cotovia-ocidental canta até 100 melodias diferentes?[10] Ou que instrumentos sonoros supersensíveis descobriram que as minhocas produzem notas suaves em *staccato*? Ou que a concha de valência do átomo de carbono produz a mesma escala harmônica do canto gregoriano?

Não é de espantar que o filósofo grego Pitágoras tenha afirmado: "A pedra é música congelada".[11] Se deixarmos de louvar a Deus, as pedras entoarão o nosso clamor (Lucas 19.40). E "todas as árvores do campo baterão palmas" (Isaías 55.12)!

Uma árvore é uma árvore é uma árvore

Em 2009, o dr. Martin Gossner, pesquisador de árvores, borrifou a árvore mais antiga do parque nacional da floresta da Baviera com um inseticida chamado piretro. Todos os organismos que viviam na casca daquela árvore caíram ao solo. Então, o dr. Gossner coletou 2.041 insetos, organismos e animais pertencentes a 257 espécies distintas.[12] Como você pode perceber, uma árvore não é uma mera árvore.

Dendrólogos como o dr. Gossner estão descobrindo que as árvores se comunicam e formam comunidade de maneiras que até então desconhecíamos. Se uma girafa começa a comer um pé de acácia africana, a árvore libera no ar uma substância química que sinaliza ameaça. As árvores da mesma espécie que estão por perto detectam o cheiro e começam a produzir substâncias tóxicas antes que a girafa chegue até elas. Não se comunicam com palavras, mas têm a própria linguagem sofisticada. E formam comunidade — uma rede mundial

[10] Western Meadowlarks: Sounds, **The Cornell Lab of Ornithology**, <www.allboutbirds.org/guide/Western_Meadowlark/sounds>.

[11] Pythagoras Quotes, **AZ Quotes**, <www.azquotes.com/quote/1367132>.

[12] Wohlleben, Peter. **The Hidden Life of Trees:** What They Feel, How They Communicate. Trad. Jane Billinghurst. Vancouver: Greystone Books, 2015. p. 131-132 [**A vida secreta das árvores**. Rio de Janeiro: Sextante, 2017].

da madeira, se você preferir — por meio do sistema de raízes e micro--organismos no solo que compartilham nutrientes.[13]

Isso nada mais é do que um milagre. Louvado seja Deus!

Para seu tronco crescer, uma faia necessita de tanto açúcar e celulose quanto consegue produzir um campo de um hectare de trigo, e leva cento e cinquenta anos para esse tronco alcançar sua circunferência total.[14] Ao longo de seus quatrocentos anos de vida, sessenta ciclos reprodutivos produzem 30 mil frutos. Das 1,8 milhão de sementes que produz ao longo de seu ciclo de vida, somente uma se tornará uma árvore completamente madura.[15] Assim, uma faia não é apenas uma em 1 milhão; é preciso acrescentar 800 mil a essa conta!

Todos os dias, durante o verão, cinco quilômetros quadrados de floresta liberam cerca de 58 toneladas para o ar. Você e eu respiramos cerca de 900 gramas de ar por dia. Logo, cinco quilômetros quadrados de floresta produzem oxigênio suficiente para cerca de 20 mil pessoas.[16] Chupe essa manga!

Qual foi a última vez que você abraçou uma árvore? Ou pelo menos disse obrigado? Uma árvore é mais complexa do que conseguimos enxergar a olho nu. Trata-se de um ecossistema em si, assim como tudo e todos ao redor. O salmista disse: "Do Senhor é a terra e tudo o que nela existe" (Salmos 24.1). Deus não é apenas o dono das cabeças de gado aos milhares nas colinas (Salmos 50.10), mas o dono das colinas também. Ele possui tudo acima e debaixo delas, bem como o espaço aéreo a seu redor.

De acordo com a tradição rabínica, quando alguém sai ao ar livre durante a primavera e vê uma árvore em flor, deve abençoá-la dizendo: "Bendito seja Aquele cujo mundo de nada carece, tendo nele criado criaturas graciosas e belas árvores para que os seres humanos

[13] Wohlleben, **Hidden Life of Trees**, p. 7.

[14] Ibidem, p. 163.

[15] Ibidem, p. 29.

[16] Ibidem, p. 224.

delas desfrutem".[17] Quando comemos uma maçã, um damasco ou um abacate, sentimos que estamos vencendo o jogo da gratidão sempre que agradecemos a Deus pela fruta, certo? Você já agradeceu a Deus pela árvore na qual essa fruta cresceu? Ou a abençoou?

As bênçãos de Deus complicam a sua vida, tornando-a mais complexa. Complicações santas!

Já falamos sobre a bênção da complexidade. Em poucas palavras, as bênçãos de Deus complicam a sua vida, tornando-a mais complexa. São complicações santas! Permita-me mostrar o outro lado da moeda e esmiuçar a complexidade da bênção.

Uma centena de bênçãos

Você sabia que um judeu praticante profere no mínimo 100 bênçãos por dia? Tais bênçãos abrangem toda a gama da experiência humana. Eles proferem uma bênção antes da refeição, como muitos de nós. Mas também abençoam a profusão de gostos e aromas durante a refeição. E, depois que a alimentação termina — você já deve ter adivinhado —, eles encerram a experiência com mais uma bênção. Os judeus praticantes bendizem ao Senhor por um novo dia, uma nova roupa e uma nova experiência. Sempre que têm uma experiência agradável, eles a traduzem em louvor. Falando nisso, qual foi a última vez que você bendisse a Deus após fazer sexo com o seu cônjuge? Afinal, foi ideia do Senhor! Não o prive do louvor que ele merece. Pelo contrário, louve a Deus com maior frequência!

O que mais me impressiona no judaísmo ortodoxo é a nuance das bênçãos. Por exemplo, eles não louvam a Deus apenas pela chuva. Nas palavras do rabino Judah, "Nós te agradecemos cada gota de chuva que fazes cair sobre nós".[18] Considerando que há 24.019 gotas em

[17] BIALIK, Hayim Nahman; RAVNITZKY, Yehoshua Hana (Eds.). **The Book of Legends:** Legends from the Talmud and Midrash. Trad. William G. Braude. New York: Schocken Books, 1992, 772:125.

[18] Ibidem, 535:262.

1 litro de água, é muito para agradecer! E não se esqueça: cada gota é formada por mais de 5 quintilhões de átomos!

Quando alguém sente o aroma de pão recém-saído do forno, há uma bênção a ser recitada: "Bendito seja Aquele que criou este pão".[19] Bênçãos também deveriam ser proferidas após o indivíduo comer o pão, mas o cheiro e o gosto são bênçãos dobradas. De acordo com a tradição rabínica, "Ninguém deve provar nada antes de proferir uma bênção".[20]

Uma das minhas bênçãos preferidas tem que ver com os animais: "Ao ver um elefante, um macaco sem cauda ou de cauda comprida, deve-se dizer: 'Bendito seja aquele que faz criaturas estranhas' ".[21] Não sei o que levou esses animais a se destacarem, mas você já viu a parte de trás de um babuíno? Não venha me dizer que Deus não tem senso de humor!

Agora me permita fazer a pergunta óbvia: por que uma centena de bênçãos?

Durante os dias do rei Davi, conta-se que uma praga devastadora ceifou a vida de 100 israelitas por dia. Foi então que um concílio de rabinos judeus prescreveu a prática de recitar 100 bênçãos por dia para conter a praga. De acordo com a tradição, a assolação cessou imediatamente.[22]

Não posso prometer que a gratidão curará
tudo aquilo que o aflige, mas já é um bom começo.
É aí que começa a bênção dobrada.

De acordo com o Talmude, se você desfrutar de algo sem proferir uma bênção, é como se tivesse roubado. "O homem rouba de Deus quando faz uso de seu mundo sem bendizer."[23] Quantas pequenas

[19] Ibidem, 533:253.
[20] Ibidem, 533:250.
[21] Ibidem, 535:259.
[22] **Midrash Tanchuma**, Korach 12.
[23] **Book of Legends**, 533:250.

bênçãos você furtou? Quantas grandes bênçãos o tornam culpado de apropriação indébita? A maneira de fazer restituição é por meio do reconhecimento de que todo dom perfeito vem de Deus. Qualquer coisa diferente disso é roubo.

O desafio da gratidão

Há alguns anos, lancei para a nossa igreja o desafio da gratidão. Qual era o desafio? Agradecer a Deus pelas coisas que você em geral simplesmente recebe como se fossem direitos óbvios e garantidos. O desafio da gratidão requer uma dose extra de atenção plena, e só isso já revela quantas coisas nós damos como certas.

Uma médica na nossa congregação levou a sério o desafio da gratidão e tentou agradecer a Deus os muitos milagres que acontecem em seu corpo a todo instante. Ao sair da igreja, começou a louvar a Deus: "Obrigada, Senhor, pela respiração aeróbica. Obrigada pelas mitocôndrias que, neste exato instante, estão criando o trifosfato de adenosina. Obrigada pela glicólise. Obrigada pelo ácido pirúvico!". Se você precisou pesquisar para saber o que é o ácido pirúvico, saiba que não foi o único! E, se quiser, pode deixar o dicionário por perto.

Ao chegar em casa, ela continuava agradecendo a Deus cada um dos aminoácidos no corpo humano: "Obrigada, Deus, pela glicina. Obrigada pela leucina. E pela isoleucina. E pelo triptofano. E pelo fato de que todos os organismos que formam aminoácidos têm a mesma quiralidade, de tal modo que o meu corpo é capaz de reutilizar os nutrientes e a estrutura celular dos blocos de alimento que mastigo".

Enquanto orava, a médica fez uma caminhada ao ar livre, agradecendo a Deus pelos ossos, ligamentos e tendões. Também agradeceu porque, de algum modo, nunca fizera anatomia na faculdade, caso contrário se sentiria compelida a mencionar cada um dos ossos pelo nome, o que, sem dúvida, a deteria em sua busca por apreciar todos os milagres que estava recebendo naquele exato momento. Ela passou o dia orando sem cessar! Literalmente, não parou e continuou a listar, de forma consciente, as coisas que a tornavam grata.

Enquanto ouvia música, ela agradeceu pela cóclea em seu ouvido. Ao preparar o jantar, agradeceu pelo xilema nas plantas usadas na refeição. Dedicou bastante tempo para agradecer ao Senhor pelas propriedades moleculares da água. Agradeceu pelas bactérias no intestino que ajudam a digerir o alimento. Agradeceu pela combinação genética que tornou possível o plantio e cultivo das espécies de algodão usadas para criar o *jeans* que ela estava vestindo. Quando o sol se pôs e escureceu às 9 da noite, ela pensou que Deus deve ter se divertido ao ver a inutilidade de seus esforços de tentar agradecer-lhe por tudo. O Espírito finalmente a calou, dizendo: "Tudo bem. Já pode parar agora!".

Nem preciso dizer que ela ganhou o desafio da gratidão de lavada! E, embora alguns possam pensar que esse exercício beira o excesso, talvez seja porque não apreciamos devidamente a atenção divina aos detalhes. Permita-me levar a gratidão a outro nível.

Só estamos prontos para a próxima bênção depois de agradecer a Deus pela anterior.

Procuro viver de acordo com a seguinte máxima: "Tudo o que você não transforma em louvor vira orgulho". Sem exceção, ou seja, não há alternativa. Uma das formas mais simples de nos posicionar corretamente para receber bênçãos futuras é louvando a Deus pelas bênçãos do passado! Aliás, só estamos prontos para a próxima bênção depois de agradecer devidamente a Deus pela anterior.

A arte da gratidão

A família Batterson tem quatro valores: gratidão, humildade, generosidade e coragem. Esses valores são os pontos cardeais da nossa bússola e não estão desconectados uns dos outros. A generosidade aumenta ou diminui de acordo com o nosso nível de gratidão. E a gratidão é tanto uma arte quanto uma ciência.

Uma ampla gama de pesquisas bem embasadas descobriu que a gratidão aumenta a paciência, diminui a depressão, alimenta a força de vontade e reduz o estresse.[24] Não se trata apenas de aumentar o tempo de vida, mas também de melhorar a qualidade de vida. E, se você quiser ter uma boa noite de sono, não conte carneirinhos. Conte as bênçãos!

A ciência da gratidão é bastante direta, mas colocá-la em prática é uma forma de arte. Experimentar novas maneiras de expressar gratidão é não só aconselhável, como também bíblico. Não é isso que o salmista defende? "Cantem ao SENHOR um novo cântico." (Salmos 96.1.)Deus não quer ser adorado apenas com a memória do nosso hemisfério cerebral esquerdo, mas também com a imaginação do hemisfério direito. Encontrar novas palavras e novos jeitos de adorar a Deus faz parte de viver maravilhado, de olhos bem abertos. Dito isso, ainda não encontrei um modo melhor de permanecer com uma atitude positiva do que por meio do bom e velho diário de gratidão. Lora e eu temos um diário de gratidão individual há quase uma década. O meu diário tem vários propósitos. É o meu diário de oração, gratidão e sonhos. Afinal, são as orações atendidas e os sonhos cumpridos que se traduzem em gratidão. Só dou o impulso inicial.

Há vários anos, Lora e eu nos sentimos inspirados pelo livro extraordinário *One Thousand Gifts* [Mil presentes], de Ann Voskamp. Decidimos começar a contar as nossas gratidões todos os anos, com o objetivo de chegar a 1.000. Em geral, não alcanço 1.000, mas termino com muito mais do que teria de outra maneira. Contar os nossos motivos de gratidão pode ser o modo mais prático de contar as bênçãos, nomeando-as uma a uma.[25] É mais, porém, do que uma mera prática desejável. Trata-se da base da obediência. O apóstolo Paulo disse: "Alegrem-se sempre. Orem continuamente. Deem graças em

[24] DUCHARME, Jamie. 7 Surprising Health Benefits of Gratitude,**Time**, 20 de novembro de 2017, <http://time.com/5026174/health-benefits-of-gratitude>.

[25] Uma pequena ponta do hino que eu cantava quando criança, "Conta as bênçãos", de Johnson Oatman Jr., 1897, domínio público.

todas as circunstâncias" (1Tessalonicenses 5.16-18). É mais fácil falar do que fazer, mas escrever todos os dias o que me traz gratidão é como um despertador da gratidão que me recorda de que as misericórdias divinas se renovam a cada manhã (Lamentações 3.22,23).

Você se lembra dos dez leprosos que Jesus curou? Todos os dez foram curados da lepra, mas somente um sarou de uma enfermidade muito pior — a ingratidão.

> Um deles, quando viu que estava curado, voltou, louvando a Deus em alta voz. Prostrou-se aos pés de Jesus e lhe agradeceu. Este era samaritano. (Lucas 17.15,16)

Gratidão é a peregrinação de volta ao pé da cruz. É agradecer e dar glória a Deus.

Passar a bênção adiante é dar aos outros aquilo que Deus nos concedeu, mas a generosidade radical começa com a gratidão profunda por todo dom perfeito.

Permita-me voltar ao desafio da gratidão e lhe dar algumas diretrizes.

Primeiro, *comece um diário*. Gosto dos diários sem linha, porque posso desenhar, mas escolha o que funcionar melhor para você. Segundo, *escreva três motivos de gratidão todos os dias*. Por que três? Porque um ou dois é fácil demais! E talvez você ainda não esteja pronto para identificar 100 bênçãos por dia. Terceiro, *faça isso por quarenta dias consecutivos*. Não há nada de mágico em quarenta dias, mas há algo bíblico nesse período. Além disso, é o suficiente para consolidar o hábito de gratidão.

A meta não é ser grato por quarenta dias,
mas, sim, construir uma mentalidade de
bênção dobrada que dure a vida inteira.

Quarto, *chame um amigo para fazer o desafio com você*. Realizar o desafio junto com alguém que você ama tornará a prática mais significativa e também lhe dará um parceiro de prestação de contas.

Por que é tão importante escrever em um diário de gratidão? Porque ele se torna um inventário das bênçãos de Deus. Somente então somos capazes de passar as bênçãos adiante, o foco da segunda metade deste livro. Mas me permita ir um pouco mais a fundo.

Muitos de nós somos bons em louvar a Deus por coisas grandiosas, mas falhamos em louvá-lo pelas pequenas. E somos bons em louvar a Deus depois do fato, mas não um segundo antes. Gratidão é agradecer a Deus *depois* que ele operou, e isso é ótimo. Mas a fé é a gratidão elevada ao nível seguinte. Fé é agradecer a Deus *antes* que ele aja. É profetizar o nosso louvor!

Milagres parciais

Desde bem novo, sofri de asma severa. Aliás, a minha memória mais antiga é de um ataque de asma. Jamais se passaram quarenta dias em quarenta anos nos quais eu não tenha precisado da minha bombinha — e eu a usava várias vezes ao dia. Dormia com ela debaixo do travesseiro e jogava basquete com a bombinha dentro da meia. Eu jamais ia a algum lugar sem a bombinha de asma. Era a minha companheira constante, a minha muleta. Até que, em 2 de julho de 2016, Deus fez um milagre inimaginável.

Iniciamos uma série na igreja intitulada Mover das Montanhas e desafiei cada membro da congregação a fazer sua oração mais ousada. A *oração mais ousada* seria aquela que você já pediu a Deus 100 vezes, mas ele ainda não respondeu, ou o milagre mais impossível que você acredita que o Senhor é capaz de fazer. Para mim, a oração mais ousada era a cura da asma. E foi exatamente isso que Deus fez. Nunca mais toquei na bombinha desde aquele dia e louvo a Deus contando os dias! Mas preciso revelar uma história dos bastidores, pois creio que ela faz parte desse quebra-cabeça milagroso.

Há nos evangelhos um milagre em duas partes que acho fascinante e animador (Marcos 8.22-25). Jesus impôs as mãos em um cego, e esse homem recebeu um milagre *parcial*. Sua visão foi restaurada, mas as pessoas pareciam árvores andando. Ele continuava míope — digamos que com uns 5 graus. Quando isso acontece, muitos de nós duvidamos de Deus em vez de louvá-lo pelo milagre parcial. Desistimos porque não recebemos o milagre completo, mas alguns milagres acontecem por etapas! É nesses momentos que devemos duplicar as nossas orações!

Se você quer vivenciar o milagre inteiro, tente louvar a Deus pelos milagres parciais! O que é um milagre parcial? É um pequeno passo na direção correta! Nesse caso, foi sair da cegueira absoluta para cinco graus de miopia. Com muita frequência, deixamos de louvar a Deus pelos milagres parciais e depois nos perguntamos por que o milagre completo não aconteceu! Por que não louvar a Deus a cada passo, mesmo que sejam dois passos para a frente e um para trás?

Cerca de um mês antes de Deus curar a minha asma, subi o monte Cadillac, que fica na ilha Mount Desert, no estado do Maine. Sem dúvida, não é a montanha mais alta que já escalei, mas consegui concluir o percurso sem usar a bombinha de asma. Para mim, isso foi milagroso! Aliás, passei quatro dias sem usar a bombinha, tempo que, até então, seria o maior intervalo sem uso da minha vida. Cheguei a me perguntar se o Senhor havia me curado, mas precisei usar a bombinha no quinto dia. Foi desanimador? Sem dúvida! No entanto, em vez de reclamar do fato de que precisei da bombinha no quinto dia, decidi louvar a Deus por ter passado quatro dias sem o remédio. Contei esse milagre parcial para a nossa igreja algumas semanas antes de desafiar os membros a fazer sua oração mais ousada. Ao recordar a situação, creio que o louvor público a Deus pelo milagre parcial foi um pequeno passo — e um grande salto — rumo à bênção dobrada de dois pulmões curados.

Não importa se o milagre for completo ou parcial, louvado seja Deus!

Deus o abençoe

Na primeira metade deste livro, nós nos concentramos em *como receber* a bênção.

Analisamos os hábitos das pessoas ricamente abençoadas — humildade, integridade, generosidade, criatividade e louvor a Deus pelos milagres parciais. Abordamos como nos posicionar para a bênção, prática que envolve orar como se dependesse de Deus e trabalhar como se dependesse de nós. Deus não abençoa a falta de esforço nem a falta de gratidão. A obediência é a base da bênção, mas é preciso certa perseverança também! Pode até envolver uma luta com Deus, assim como aconteceu com Jacó.

Deus não abençoa a falta de esforço nem a falta de gratidão.

Antes de seguirmos adiante e nos concentrarmos em *como dar a bênção*, permita-me compartilhar uma nota final.

"Deus o abençoe!"

É uma afirmação comum de cortesia quando nos despedimos de alguém e o dizemos instintivamente. Em inglês, é proferida sempre que alguém espirra. Mas essa bênção, assim como muitas outras, perdeu boa parte de seu significado original. Não sabemos o que estamos falando!

No século VI, a maior ameaça à raça humana era a peste bubônica. Estima-se que a doença tenha matado 100 milhões de europeus.[26]

Espirrar era um dos sintomas reveladores da peste. Por isso, o papa Gregório ordenou que qualquer um que espirrasse fosse abençoado imediatamente.[27] É fácil olhar 14 séculos de história para trás e menosprezar essa prática, considerando-a ligeiramente supersticiosa. O que mais, porém, eles poderiam fazer? Faltavam 13 séculos para Louis Pasteur demonstrar que as doenças são causadas por micróbios prejudiciais incapazes de ser vistos a olho nu.[28]

26 Wikipedia, verbete "Roman Plague of 590", última modificação em 17 de fevereiro de 2019, 14:01, <https://en.wikipedia.org/wiki/Roman_Plague_of _590>.

27 Wikipedia, verbete "God Bless You", última modificação em 10 de maio de 2019, 11:53, <https://en.wikipedia.org/wiki/God_bless_you>.

28 Wikipedia, verbete "Germ Theory of Disease", última modificação em 10 de maio de 2019, 16:39, <https://en.wikipedia.org/wiki/Germ_theory_of_disease>.

A propósito, a medicina é uma das grandes bênçãos de Deus. Sou alguém cuja vida já foi salva diversas vezes por intervenções médicas, por isso sou grato pela medicina moderna e pelos médicos que a exercem. Levando em conta todos os procedimentos cirúrgicos que já enfrentei, também sou grato pela anestesia e pelos analgésicos! As bênçãos de Deus chegam a nós de diversas maneiras diferentes, inclusive em forma de comprimido. Claro, é a indústria farmacêutica que fabrica os medicamentos. Mas quem criou a matéria-prima bruta?

Se não tomarmos cuidado, expressões como "Deus o abençoe" podem acabar se tornando fórmulas vazias. Contudo, em vez de desconsiderá-las como rituais sem significado, talvez precisemos redescobrir sua intenção original — e imaginar novas maneiras de colocar isso em prática de maneira relevante. Em vez de trivializar o sagrado, devemos santificar o que parece trivial.

Você se lembra do *mezuzah*? O lembrete cerimonial da bênção divina afixado nas portas judaicas? Gosto da interpretação de Leonard Sweet: "Colocar um *mezuzah* no nosso universo é criar espaços e rituais sagrados em todos os lugares por onde passamos".[29] Começa com um espirro, mas, quando você vive de olhos bem abertos, em atitude de deslumbramento, passa a abranger tudo neste belo mundo que Deus criou!

A única maneira de *receber a bênção* é
enxergá-la, inclusive as bênçãos bem disfarçadas
como o quebrantamento. Depois de reconhecê-la,
é preciso tomar posse dela.

Como? Primeiro, agradecendo a Deus. Mas a gratidão deve se traduzir em generosidade. Depois de receber a bênção, a única forma de mantê-la é passando-a adiante. É algo absolutamente contraintuitivo, mas é assim que as bênçãos se tornam bênçãos dobradas. É hora de mudar de fase e passar a bênção adiante.

[29] SWEET, Leonard. **SoulSalsa:** 17 Surprising Steps for Godly Living in the 21st Century. Grand Rapids, MI: Zondervan, 2000. p. 18.

PARTE II

BÊNÇÃO DOBRADA

Como dar

Capítulo 9

A LEI DAS MEDIDAS

Quem é fiel no pouco, também é fiel no muito.
Lucas 16.10

Em agosto de 1996, a National Community Church estava apenas começando. Foi um mês memorável por diversos motivos, entre os quais a falta de pessoas e de recursos! Metade do nosso grupo base original era formado por estudantes que estavam em férias de verão no hemisfério norte. E calhou de acontecer também o recesso de agosto, ou seja, os funcionários públicos também estavam de férias. O ponto mais baixo foi o fim de semana em que 13 pessoas foram ao culto, talvez incluindo nessa contagem o Pai, o Filho e o Espírito Santo. O total de entradas da nossa igreja foi de 2 mil dólares naquele mês. Só o preço do aluguel da escola pública onde cultuávamos era de 1.600 dólares. Restaram 400 dólares para os salários e todas as outras despesas. Mencionei que tudo aconteceu na capital da nação, onde o custo de vida é um dos mais altos do país? Dizer que entramos em modo de sobrevivência seria um eufemismo, mas, com frequência, é nessas situações que Deus se revela e se exibe.

Durante aquele verão terrível, discerni duas impressões distintas. A primeira é que a nossa igreja precisava começar a doar para as missões, e voltarei logo a esse tema. A segunda foi começar a orar por um perímetro em volta do bairro Capitol Hill, enquanto lia a seguinte promessa encontrada em Josué: "Como prometi a Moisés, todo lugar onde puserem os pés eu darei a vocês" (Josué 1.3).

É impossível colocar uma etiqueta de preço nas impressões causadas por Deus, mas, parcelada em vinte e três anos, aquela caminhada de oração de 7,5 quilômetros rendeu seis propriedades para a National Community Church. O valor combinado de todas elas superará 100 milhões de dólares quando terminarmos as melhorias que estamos realizando. Sei que é um número grande, mas a visão de Deus para sua igreja é maior que a nossa! E *Deus tem bênçãos para nós em categorias que nem conseguimos conceber*. E, claro, é tarefa nossa cuidar dessas bênçãos como mordomos ao passá-las adiante para outras pessoas.

Não despreze o dia de começos humildes! Se você fizer as pequenas coisas como se fossem grandes, Deus saberá fazer grandes coisas como se fossem pequenas. E o valor total dessas propriedades vai muito além de um controle de saldo. O nosso objetivo é maior do que meramente construir uma igreja. Queremos ser uma bênção maior para a nossa cidade. Aliás, queremos resolver os problemas da nossa cidade. Queremos mudar as estatísticas aqui e agora. E queremos realizar coisas que façam a diferença daqui a cem anos. É impossível avaliar o valor eterno de vidas transformadas porque cada uma é inestimável e insubstituível, mas esses milagres imobiliários já se traduziram em muitos milagres humanos!

Para ficar claro, eu *não* estava pedindo a Deus propriedades quando orei por aquele entorno. Esse pensamento nem me passou pela mente. Enquanto andava ao redor do bairro Capitol Hill, eu clamava ao Senhor por pessoas. Orava para que o Reino de Deus viesse e sua vontade fosse feita tanto na capital do país quanto no céu. Dito isso, a terra prometida era *terra*. Administrados de forma adequada, esses imóveis nos ajudam a promover o Reino de Deus e a nos tornar uma bênção maior para a nossa cidade. E o fato de que os endereços nos quais nos encontramos hoje estejam todos dentro daquele círculo de oração não é coincidência. Cada um é um milagre em si, e compartilharei algumas dessas histórias de bênção dobrada com você.

A outra impressão que recebi em agosto foi menos clara — mas não menos significativa — do que o ímpeto de orar por um perímetro. Senti que Deus desejava que começássemos a doar para as missões, mas não estávamos nem perto de ser uma igreja com autonomia financeira. Como dar o que você não tem? Contudo, em vez de racionalizar essa revelação, decidimos sublinhar uma promessa: "Deem e será dado a vocês: uma boa medida, calcada, sacudida e transbordante será dada a vocês. Pois a medida que usarem também será usada para medir vocês" (Lucas 6.38).

Pela fé, fizemos o primeiro investimento de 50 dólares em missões. Pode não parecer muito hoje, mas foi necessário fazer isso antes que questionássemos a nossa decisão. Aquele cheque de 50 dólares representou um salto gigantesco de fé, e Deus o honrou segundo sua promessa. No mês seguinte, nossas entradas triplicaram — de 2 para 6 mil dólares —, e jamais olhamos para trás.

Antes de prosseguirmos, há algumas coisas que eu gostaria de dizer.

Em primeiro lugar, não se distraia por nada que lhe tire o foco da suprema importância do grande mandamento e da grande comissão. No grande plano das coisas, o dinheiro é imaterial. Nada mais é do que um meio para o fim bem mais importante — cumprir o nosso chamado do Reino. Dito isso, as questões financeiras são também questões do coração. Deus não precisa do seu dinheiro, eu lhe garanto. Mas ele quer o seu coração, e não pode ter um sem o outro! Jesus disse: "Pois onde estiver o seu tesouro, aí também estará o seu coração" (Mateus 6.21).

Em segundo lugar, a minha oração por você é que cresça na graça de dar (2Coríntios 8.7). A gratidão é a gênese da generosidade, mas espero que a segunda metade deste livro seja uma revelação. Veja, não acredito que Deus nos devia uma bênção tripla porque demos um passo

Deus ama abençoar aqueles que ele sabe que passarão adiante a bênção.

de fé com aqueles 50 dólares. Mas acredito, sim, que poderíamos ter perdido tudo aquilo que Deus nos reservava se tivéssemos nos recusado a doar os 50 dólares. Deus não faz um esquema de enriquecimento rápido, mas ama abençoar aqueles que ele sabe que passarão adiante a bênção. E tenho certeza de uma coisa: *você jamais conseguirá dar mais do que Deus*. Mas é claro que pode ser bem divertido tentar!

Cinquenta dólares de fé

Ao longo dos nossos cinco primeiros anos como igreja, não tínhamos muito dinheiro para doar às missões. Mas dávamos o pouco que tínhamos, e a lei das medidas continua a nos acompanhar! Desde 2001 até o momento em que escrevo estas palavras, a nossa congregação, formada principalmente por solteiros na faixa dos 20 e poucos anos, já investiu 19.391.647 dólares em causas do Reino. Também já fizemos 228 viagens missionárias ao redor do Planeta. O sol não se põe na nossa família missionária global, e fazemos o melhor para causar um impacto onde vivemos. A National Community Church reinstala 65% dos refugiados em Washington, D.C., ajudando-os a mobiliar apartamentos, encontrar emprego e se adaptar aos Estados Unidos. Servimos 6 mil refeições aos nossos amigos em situação de rua no ano passado e ajudamos alguns deles a encontrar um lugar onde morar. E nosso D.C. Dream Center discipula e mentoreia centenas de crianças de uma região carente da cidade.

Deus tem efetuado imensuravelmente mais do que tudo poderíamos pedir ou pensar lá em agosto de 1996. E estamos apenas começando! Queremos crescer mais a fim de poder *dar mais*! Esta é a lição que quero transmitir: a mordomia não começa com milhões de dólares. A bênção dobrada principia-se com 50 dólares de fé!

"Quem é fiel no pouco, também é fiel no muito." (Lucas 16.10.)

Conheço pessoas — e você também conhece — que dizem que serão mais generosas quando tiverem mais dinheiro.

Nessa eu não caio! Você pode achar que é mais fácil dar o dízimo de uma renda elevada, mas isso é miragem. Se você não abrir mão de pouquinho, não dará um montão! Pare de se enganar. Pare de inventar desculpas. E comece a exercitar os seus 50 dólares de fé! A generosidade começa aqui e agora. Não espere para ter o suficiente, porque o suficiente nunca chega. Dê a Deus a primeira nota de 50 e veja o que acontece!

Mentalidade de fartura

Na parábola dos talentos, Jesus chamou de *mau* o servo que enterrou seu talento no solo (Mateus 25.26). Parece meio extremo, não? O servo simplesmente estava protegendo aquilo que ele já tinha. Mas há outra palavra para isso: *ganância*. Essa decisão revela não só falta de confiança, como também uma mentalidade de escassez.

A mentalidade de escassez opera com base no medo, não na fé, e produz ganância em vez de gratidão. É brincar para não perder, por isso se satisfaz com o empate. A mentalidade de escassez jamais abriria mão dos cinco pães e dois peixinhos. Por causa disso, jamais vivencia os milagres da multiplicação. A mentalidade de escassez pensa em termos de adição e subtração; assim, 5 + 2 = 7. Se permitir que a mentalidade de escassez crie raízes, você se tornará como o servo que enterrou o talento no solo. Vai se tornar um recebedor de bênçãos, as quais acabarão em você. Em poucas palavras, o bastante nunca é o bastante.

A mentalidade de fartura, em contrapartida, reconhece que tudo *vem* de Deus e é *para* Deus. Esse é o começo da bênção dobrada. Trata-se de entender que todo dom perfeito vem de Deus (Tiago 1.17), ou seja, você não é dono de nada. Aliás, tudo aquilo que você acha que possui provavelmente possui você! Até mesmo os seus talentos lhe foram emprestados por Deus. É o Senhor quem nos dá a capacidade de produzir riquezas (Deuteronômio 8.18).

Aquilo que Deus faz para nós nunca é somente para nós. Em última instância, é para os outros! Assim como na alimentação dos 5 mil, 5 + 2 = 5.000, restando 12. E milagrosamente sobrou mais comida do que havia no início (Marcos 6.35-44)! É isso que acontece quando você pega o que tem em mãos e coloca nas mãos de Deus.

As pessoas com mentalidade de fartura não depositam as bênçãos divinas na poupança. Elas abrem uma carteira de ações e reinvestem os dividendos nos outros! Não só amam dar, como também vivem para isso.

Comece pequeno

Eu amo como Jesus celebrava os heróis que passavam despercebidos, como o garotinho que deu os cinco pães e dois peixinhos. Ele fez o mesmo com a viúva que doou duas moedas: "Jesus olhou e viu os ricos colocando suas contribuições nas caixas de ofertas. Viu também uma viúva pobre colocar duas pequeninas moedas de cobre" (Lucas 21.1,2).

Você consegue imaginar os ricos jogando as moedas lá no alto? O grande objetivo era fazer barulho e aparecer! Então, chega a viúva e discretamente deposita duas moedinhas no gazofilácio.

Na economia americana, a menor moeda em circulação é a de 5 centavos. Na Judeia do primeiro século, porém, a menor moeda — e também a menos valiosa — era o lepton. Tinha o diâmetro do tamanho de uma borracha de lápis e valia cerca de 6 minutos do salário diário médio.[1] Somando as duas moedas, aquela mulher doou o equivalente a 12 minutos. Parece pouco, mas foi a generosidade dela que Jesus celebrou.

> Afirmo que esta viúva pobre colocou mais do que todos os outros. Todos esses deram do que lhes sobrava; mas ela, da sua pobreza, deu tudo o que possuía para viver. (Lucas 21.3,4)

[1] Widow's Mites, **Forum Ancient Coins**, <www.forumancientcoins.com/catalog/roman-and-greek-coins.asp?vpar=812>. Cf. tb. Lesson of the Widow's Mite, Wikipedia, <https://en.m.wikipedia.org/wiki /Lesson_of_the_widow%27s_mite>.

O valor de um presente não é determinado por quanto você dá. O verdadeiro valor é proporcional a *quanto você guarda para si.* Aquela mulher deu tão pouco, mas, ao mesmo tempo, doou tanto!

O valor de um presente não é determinado por quanto você dá.

Assim como muitas organizações sem fins lucrativos, a National Community Church já coordenou diversas campanhas de doação ao longo dos anos. Embora tais iniciativas definam metas numéricas de acordo com as melhores práticas de planejamento financeiro, o verdadeiro objetivo é que todos os participantes simplesmente cresçam na graça de dar. Não tenho a intenção de diminuir a relevância das grandes doações. Somos gratos demais por ter recebido várias doações milagrosas dessa natureza. Contudo, as doações mais significativas nem sempre são as maiores. Em geral, são as menores doações que representam os maiores sacrifícios, assim como a viúva com suas duas moedinhas.

Quando Lora e eu oramos pedindo a Deus que nos ajude a entender qual será a nossa contribuição nessas campanhas, usamos duas diretrizes para orientar as doações.

Primeiro, *queremos aumentar a nossa fé*. Em outras palavras, desejamos que a doação represente mais tempo, talento e tesouro do que temos no momento. Como meta de acréscimo, queremos que a nossa generosidade vá além dos limites anteriores.

Em segundo lugar, *queremos que ela envolva uma medida de sacrifício*. Assim como uma boa atividade física, a doação só faz bem quando dói um pouquinho! É preciso forçar o músculo para que ele ganhe força. Isso também vale para o músculo da doação. Para ser franco, queremos que a nossa família sinta o efeito. Assim, todos nos envolvemos.

Ao longo de quase uma década, fui um membro orgulhoso do Clube dos Carros Velhos. Sim, ele existe de verdade! Aliás, havia o costume de publicar um calendário do clube, e a minha foto estampou o mês de agosto certo ano. Para ficar claro, a minha carreira de modelo começou e acabou aí! Não entrei para o clube por não ter condições de comprar um carro novo. Entrei por saber que um carro velho custaria menos e, assim, poderíamos doar mais para as causas do Reino com as quais nos importamos. Por favor, entenda que isso nem se qualifica como sacrifício de acordo com os padrões do primeiro século! Mas Lora e eu queríamos que os nossos filhos vissem os nossos valores em ação. Dirigir um Honda do século XX com 350 mil quilômetros rodados nos dava mais margem para doar. O único motivo para termos trocado de carro foi que alguém nos deu um carro novo. Bem, novo de acordo com os padrões do meu Honda antigo. Tinha metade da idade e cerca de metade dos quilômetros rodados e, ainda por cima, era do século seguinte! É claro que o novo carro nos deu a oportunidade de passar a bênção adiante!

Dízimo reverso

Há muitos anos, li uma biografia sobre a vida e o legado de J. C. Penney, o fundador da loja de departamentos de mesmo nome. O C em *J. C.* significa Cash [dinheiro] — sem brincadeira! Mas não era essa a motivação por trás de suas iniciativas de empreendedorismo que resultaram em 1.600 lojas de departamentos com seu nome. J. C. Penney, filho de um pastor batista, era motivado pela Regra de Ouro. Sua primeira loja se chamava Golden Rule Store, e ele intitulou sua autobiografia *Fifty Years with the Golden Rule* [Cinquenta anos com a Regra de Ouro].[2]

Durante a Grande Depressão, Penney sofreu pessoalmente de depressão. Os tempos eram difíceis, e ele se viu à beira da falência e do divórcio. Chegou a cogitar dar fim à própria vida. A crise o levou a uma instituição de saúde mental em 1932 e foi lá que ele teve um reencontro com Deus. Ao vaguear pelos longos corredores do local certa manhã, ouviu um hino que havia conhecido na infância:

2 James Cash Penney, **The Truth... What Is It?**, 12 de fevereiro de 2013, <https://poptop.hypermart.net/testjcp.html>.

Aflito e triste coração,
Deus cuidará de ti;
Por ti opera a sua mão,
Que cuidará de ti.[3]

J. C. Penney seguiu o som do hino até a capela do hospital, onde médicos e enfermeiras estavam adorando a Deus. Então, um dos funcionários leu as palavras de Jesus: "Venham a mim, todos os que estão cansados e sobrecarregados, e eu darei descanso a vocês" (Mateus 11.28). Assim como aconteceu com Brian "Head" Welch, cuja história já compartilhei, J. C. Penney encontrou descanso nas mesmas palavras![4] E o resto é história.

J. C. Penney viveu até os 95 anos de idade, e sua vida é um testamento ao poder da bênção dobrada. Quando faleceu, em 1971, seu império de lojas de departamentos havia se tornado a segunda maior rede de varejo dos Estados Unidos, atrás somente da Sears, com renda anual de 4,1 bilhões de dólares.[5] Mas Penney usava seu patrimônio líquido para agregar valor aos outros, o que lhe fez ganhar um epíteto interessante: o homem de mil sócios. Sua integridade e generosidade afetou muitos milhões, inclusive a mim. No fim de sua vida, J. C. Penney devolvia o dízimo reverso — vivia com 10% de sua renda e devolvia 90% para Deus. Eu sei — doar 90% da renda parece bem mais fácil quando se fala em bilhões de dólares. Mas tudo começa com 50 dólares de fé!

Comece por aqui

Quando Lora e eu nos casamos, tomamos a decisão de jamais deixar de devolver o dízimo. Sempre é fácil? Não! Especialmente em

[3] MARTIN, Civilla D. God Will Take Care of You, citado no artigo "J. C. Penney", **Christianity.com**, 28 de abril de 2010, <www.christianity.com/church/church-history/timeline/1901-2000/jc-penney-11630672.html>.

[4] Ibidem.

[5] BARMASH, Isadore. J. C. Penney of Store Chain Dies; Built Business on "Golden Rule", **New York Times**, 13 de fevereiro de 1971, <www.nytimes.com/1971/02/13/archives/j-c-penney-of-store-chain-dies-built-business-on-golden-rule-j-c.html>.

agosto de 1996! Mas nunca questionamos essa decisão, pois é uma resolução predeterminada. E Deus a tem honrado de formas estranhas e misteriosas. Começamos a nossa jornada de generosidade devolvendo a Deus 10% de dízimo, mas, quando li a biografia de Penney, soube que esse não era o objetivo final.

Lora e eu não fazíamos ideia de como chegar lá, mas definimos o alvo de um dia fazer o mesmo que J. C. Penney. Foi um ponto de virada, uma verdadeira revolução para nós!. Paramos de definir *metas de receita* e começamos a estipular *metas de doação,* prática que detalharei alguns capítulos à frente. Mas essa mudança de foco foi como o pequenino leme que manobra um navio. Mudou a trajetória da nossa vida, reorientando-nos rumo à bênção dobrada.

Foi difícil nos primeiros anos de plantio de igreja, pois, por muitos anos, não ganhei um salário completo. Aliás, por um bom tempo, tive dois empregos só para conseguir pagar as contas. Contudo, quando comecei a escrever, os meus livros se transformaram em uma bênção dobrada, muito mais do que eu poderia imaginar. Não escrevo por causa dos direitos autorais —essa nunca foi a minha motivação. Escrevo porque fui chamado por Deus, e a minha prece é que os livros mudem a trajetória da vida dos leitores, assim como a biografia de J. C. Penney fez comigo. Dito isso, sentimos tremenda alegria de direcionar a renda dos livros para as causas do reino!

Se você deseja se divertir em dobro, tente devolver a Deus um dízimo dobrado. Ou, se tiver condições, devolva metade dos seus rendimentos. Pode levar algum tempo até você chegar a esse patamar de doação, e certifique-se de fazê-lo pelos motivos certos. Mas eu garanto uma coisa: *quanto mais você der, mais desfrutará aquilo que ficar para si*! Se devolver o dízimo dobrado, experimentará *alegria dobrada.*

Sim, eu sei que alguns números e porcentagens que estou mencionando podem parecer inalcançáveis para a sua condição aqui e agora. E o seu próximo passo pode ser quitar as dívidas. Mas não deixe isso impedir você de fazer o que pode. Comece com 2 moedas ou 12 minutos!

Lora e eu crescemos em uma igreja cujo impulso principal era a missão, e o instrumento de doação era chamado de promessa de fé. Conforme o nome sugere, tratava-se de uma promessa baseada na fé. Nos termos do Antigo Testamento, era uma oferta voluntária. Em outras palavras, consistia em uma doação superior aos 10% do dízimo. Não se baseava em um orçamento, mas era resultado de oração. Fiz a minha primeira promessa de fé aos 17 anos de idade, quando estava no ensino médio. Não me lembro ao certo do valor exato, mas não poderia ser muita coisa, já que eu ganhava um salário mínimo! Contudo, assim como qualquer outra coisa, crescer na graça de dar é algo que acontece passinho por passinho. Aquela promessa de fé representa um dos meus primeiros passos de fé financeira e me ensinou a confiar em Deus.

Avancemos para uma década depois do início da nossa jornada de plantio de igreja.

Em 2005, Lora e eu apresentamos o conceito de promessa de fé para a nossa congregação. Sempre que nos engajamos em algum tipo de iniciativa de generosidade, Lora e eu gostamos de abrir o caminho e ser os primeiros. Seria incorreto pedir às pessoas que dessem um passo de fé ou fizessem um sacrifício além do que nós estamos dispostos a realizar! Firmamos o maior compromisso de doação da nossa vida, colocando-nos em uma posição na qual Deus precisaria prover além do nosso orçamento. Alguns meses depois, assinei o primeiro contrato para escrever um livro e não acredito que os dois incidentes sejam desconectados um do outro.

Como eu era um autor estreante, o adiantamento não foi muito grande. Contudo, foi mais do que suficiente para fazer a nossa promessa de fé parecer pequena. Ver o meu primeiro livro na estante de uma livraria foi uma experiência inesquecível, mas encontramos o mesmo nível de alegria ao preencher o cheque para cumprir a nossa promessa de fé.

Sonhe grande.

Comece pequeno.

Aqui vamos nós!

Capítulo 10

SEMEIE NAS NUVENS

Quem fica observando o vento não plantará,
e quem fica olhando para as nuvens não colherá.
Eclesiastes 11.4

Na década de 1940, uma série de experimentos clandestinos foi realizada para o exército dos Estados Unidos em um laboratório de pesquisas em Schenectady, New York. O projeto Cirrus, uma colaboração entre a General Electric e a Força Aérea Norte-americana, foi a primeira tentativa de modificar um furacão por intervenção humana.[1] A pesquisa foi liderada por uma dupla acadêmica improvável.

Irving Langmuir era um químico ganhador do Prêmio Nobel. Seu assistente, Vincent Schaefer, havia abandonado a escola antes de terminar o ensino médio, mas era muito habilidoso em projetos manuais. E os dois tinham em comum a paixão pelo esqui. Aliás, Schaefer era presidente do Schenectady Wintersports Club, do qual Langmuir, ganhador do Prêmio Nobel, era membro. Ao longo dos meses de inverno, eles subiam com frequência o monte Washington, em New

1 Wikipedia, verbete "Project Stormfury", última modificação em 20 de setembro de 2018, 23:29, <https://en.wikipedia.org/wiki/Project_Stormfury>.

Hampshire, realizavam experimentos climáticos na estação de pesquisa localizada no pico e então desciam de esqui pela montanha.

Em uma das subidas, Irving Langmuir notou um agrupamento de nuvens pairando perto do cume. Apesar do número de nuvens, observou que elas produziam apenas alguns flocos de neve. "Olhe, Vince!" — disse Langmuir — "Com todas essas nuvens por toda parte, só há um floco aqui e outro ali. Por quê? Acho que devemos realizar mais alguns estudos sobre isso".[2]

Vincent Schaefer voltou para o laboratório e solicitou um *freezer* GE, que ele revestiu de veludo preto. Após regular a temperatura do *freezer* para 10 graus abaixo de zero, o ponto de congelamento da água, Schaefer expirou dentro da caixa e criou uma nuvem de ar. Uma vez que o ar frio é mais pesado que o quente, a nuvem criada pelo homem pairou no *freezer* customizado. Então, Schaefer tentou semear na nuvem, assim como se semeia no solo. Tentou produzir neve implantando diferentes substâncias, sem muito sucesso.

Quando o inverno virou primavera e a primavera deu lugar ao verão, ficou cada vez mais difícil manter o *freezer* congelado. Em um fatídico dia de julho, estava tão quente que Schaefer resolveu acrescentar gelo seco. Quando jogou o dióxido de carbono sólido no *freezer*, a nuvem se transformou em cristais de neve. Vincent Schaefer conseguiu semear a nuvem e fazer nevar!

Schaefer mal conseguia esperar para fazer o experimento em larga escala na natureza, mas um outono ameno postergou os testes de campo até a metade de novembro. Quando a temperatura finalmente caiu abaixo de zero, ele comprou 3 quilos de gelo seco triturado, alugou um avião monomotor e voou para dentro de uma nuvem *cumulus*. Quando semeou o gelo seco na nuvem, testemunhas oculares em solo disseram que a nuvem parecia explodir. A neve que ela produziu foi visível a 65 quilômetros de distância!

2 STRAND, Ginger. **The Brothers Vonnegut:** Science and Fiction in the House of Magic. New York: Farrar, Straus and Giroux, 2015. p. 52.

O editor-assistente da revista *GE Monogram* anunciou: "Schaefer fez nevar hoje à tarde em Pittsfield! Semana que vem, ele andará sobre a água!".[3]

Já, apontar, preparar

A ciência de semear nas nuvens pode ter sido uma grande descoberta do século XX, mas a teologia de semear nas nuvens é tão antiga quanto Eclesiastes. Há um versículo em especial que prescrevo para procrastinadores e perfeccionistas, pois ele mudou a trajetória da minha vida: "Quem fica observando o vento não plantará, e quem fica olhando para as nuvens não colherá" (Eclesiastes 11.4).

Se você esperar até estar pronto, ficará esperando pelo resto da vida.

Se você esperar até estar pronto, ficará esperando pelo resto da vida. Eu não estava pronto para me casar. Alguém está? Lora e eu não estávamos prontos para ter filhos. Quem está? Eu não estava pronto para pastorear uma igreja aos 25 anos de idade. Nós não estávamos prontos para investir em missões, ter um segundo local de cultos, abrir uma cafeteria ou transformar um quarteirão da cidade em um *campus* protótipo, um centro de desenvolvimento infantil e um mercado multiuso.

Sim, você precisa orar como se não houvesse amanhã. Mas também deve planejar como se houver! Deus não abençoa a falta de planejamento nem a falta de oração. Dito isso, os planetas jamais estarão perfeitamente alinhados. Em algum momento, você precisará parar de inventar desculpas. Precisará escolher pegar o arado e começar a semear o solo. Ou, nesse caso, as nuvens!

Temos um lema na National Community Church: "Já, apontar, preparar". Pode parecer ao contrário, mas essa é a sequência da fé. Sim, fé é seguir os passos de Jesus. Mas a fé também vai *à frente* e não

3 Ibidem. p. 58.

importa se todos os outros seguem o mesmo caminho. Fé é disposição de ir *sozinho*.

Toda bênção dobrada remonta sua
origem a um único passo de fé.

Esse foi o caso do cheque de 50 dólares que demos para missões. Também foi assim na caminhada ao redor do bairro de Capitol Hill. E o mesmo se aplica a você.

Que passo de fé você necessita dar? Nada de inventar desculpas! Nada de adiar! Obediência postergada é desobediência. Mas, se você der um pequeno passo, não se surpreenda caso ele se transforme em uma bênção dobrada.

Sonho adiado

Senti-me chamado para escrever quando tinha 22 anos de idade, mas demorou treze anos para eu terminar o meu primeiro livro. Em retrospectiva, fico feliz por não ter escrito um livro aos 22, pois provavelmente eu precisaria escrever outro aos 23 para me retratar do que dissera no ano anterior. A cada ano que passava, porém, eu me sentia cada vez mais frustrado. O meu aniversário se tornava um lembrete anual do sonho adiado.

À medida que o meu 35º aniversário se aproximava, eu seguia na leitura de Eclesiastes. Quando cheguei ao versículo 4 do capítulo 11, ganhei o impulso que estava faltando. Decidi semear na nuvem, impondo-me um prazo de quarenta dias. Determinei-me a *não* completar 35 anos sem um livro para chamar de meu. O resultado foi um livro de publicação independente intitulado *ID: The True You* [Identidade: o seu verdadeiro eu]. É o melhor livro que eu já escrevi? Não, de maneira alguma. Cheguei até mesmo tentar tirá-lo de circulação, mas, depois que o livro entra para venda na Amazon, já era!

O livro só vendeu 3.641 exemplares, e o meu primeiro cheque de direitos autorais foi de 110,43 dólares. Mas não escrevi aquele livro para ninguém além de mim e, é claro, como um ato de obediência àquele que me havia chamado para escrever. A escrita daquele livro foi a forma de provar para mim mesmo que eu era capaz. Também foi a gênese de obras futuras. Três títulos de capítulos se tornaram títulos de livros que escrevi depois: *Na cova com um leão em um dia de neve*,[4] *Wild Goose Chase* [Caça aos gansos selvagens] e *Soulprint* [Impressão na alma].

Em algum momento, você precisa parar de observar as nuvens. Se você tem um sonho pegando poeira, precisa semear nas nuvens com um passo de fé. As quatro últimas palavras do Evangelho de Marcos são "sinais, que se seguiam" (Marcos 16.20, NAA). Preferiríamos que fossem "sinais, que antecediam", certo? Seria muito mais fácil... Também gostaríamos que a oração do Pai-nosso dissesse: "O pão nosso de cada ano nos dá hoje". Por quê? Porque assim não precisaríamos confiar em Deus dia após dia. Deus nos ama demais para reduzir a nossa dependência diária dele.

Não tenho dúvidas de que o Senhor está preparando boas obras com antecedência (Efésios 2.10). Na maioria das vezes, porém, precisamos dar um passo de fé rumo a essas boas obras. Seria muito mais fácil para os discípulos permanecer dentro dos limites confortáveis de Jerusalém, certo? Mas eles obedeceram à grande comissão, que os desafiou a partir em fé e pregar a ressurreição em todos os lugares por onde passassem. O resultado? Sinais se seguiram.

Não teria sido bem mais fácil se Deus abrisse o caminho com sinais precedentes em vez de apenas confirmar a proclamação do evangelho depois do fato? Segundo a lógica humana, seria sim. Mas isso nos privaria de participar do milagre de exercer a nossa fé, não é mesmo? Sim, Deus faz muitos milagres antes. Contudo, com muita frequência, precisamos semear nas nuvens, assim como fizeram os discípulos do primeiro século.

Deus nos ama demais para reduzir a nossa dependência diária dele.

[4] Publicado pela Editora Vida em 2020. [N. do R.]

A ordem contraintuitiva que Deus concedeu a Josué antes de abrir o rio Jordão é um ótimo exemplo de "já, apontar, preparar": "Tu, pois, ordenarás aos sacerdotes que levam a arca da Aliança, dizendo: Ao chegardes à borda das águas do Jordão, parareis aí" (Josué 3.8, ARA).

Nós queremos que Deus abra o rio antes de entrarmos. Por quê? Para que os nossos sapatos não se molhem. Queremos que Deus vá primeiro, para que não precisemos ter fé alguma. Mas é por isso que tantos de nós ficamos espiritualmente travados. Esperamos que Deus abra as águas, ao passo que ele aguarda que pisemos dentro do rio! Semear nas nuvens é dar um passo de fé e molhar os pés, mas me permita antes dar um passo para trás.

Escrevendo história

Vamos analisar diversas maneiras de semear nas nuvens, mas tudo começa com a oração. Ao orar, escrevemos a história antes que ela aconteça. É a diferença entre deixar as coisas acontecerem e fazer as coisas acontecerem. É a diferença entre *nós lutarmos por Deus* e *Deus lutar por nós*!

Lembra-se de quando o profeta Elias anunciou ao rei Acabe que havia ouvido o som de uma forte tempestade (1Reis 18.41.)? Deve ter parecido meio bobo escutar isso. Não caía uma gota de chuva havia três anos e meio. O céu não tinha uma nuvem sequer. Mas os profetas seguem um ritmo diferente, pois escutam com ouvidos espirituais.

"Elias subiu até o alto do Carmelo, dobrou-se até o chão e pôs o rosto entre os joelhos." (V. 42.)

Não quero inferir além do que foi dito na descrição da postura de Elias, mas sem dúvida não foi uma oração mecânica: "Senhor Deus, obrigado pela vida, pela saúde e pela paz. Abençoa-nos no dia de hoje. Amém". Foi uma luta de oração. Não é só orar *por*, mas orar *através*. Elias se desdobrou em clamor, pedindo o dobro em resposta. Sua atitude lembra o sábio Honi, do primeiro século, que se ajoelhou no círculo que havia traçado na areia e orou a Deus: "Soberano Senhor, juro pelo teu grandioso nome que só sairei deste círculo quando tiveres compaixão pelos teus filhos".

Eu oro em diferentes posturas, mas, em geral, ando de um lado para o outro quando estou orando. Isso se deve, em parte, às diversas cirurgias no joelho que precisei fazer na época em que jogava basquete, as quais tornaram ajoelhar uma tarefa bem difícil. Mas, quando preciso interceder, eu me ajoelho! Sem dúvida, Deus se importa mais com a postura do coração do que com a posição do corpo. E é capaz de ouvi-lo quer você esteja de pé quer ajoelhado. Mas escolho me ajoelhar porque é uma forma de humildade e um sinal de entrega. Há, porém, situações em que sinto que ajoelhar não basta; então, me prostro com o rosto no chão diante de Deus. Na National Community Church, chamamos isso de "beijar o carpete".[5] Sei que parece meio esquisito, mas não é diferente de Elias orando em posição fetal. E acho que chega perto da intensidade adotada pelo profeta ao interceder pelo fim da seca. Sua fé inabalável é evidenciada pelo fato de que ele mandava o servo olhar, sem parar, para o mar em busca de qualquer sinal de chuva.

A sétima vez

Até mesmo quando não há evidência visual de Deus em ação, asseguro que o Senhor está vigiando sua palavra para cumpri-la (Jeremias 1.12). O Deus que começou a boa obra irá completá-la (Filipenses 1.6). É claro que ele o fará nos seus próprios termos e no seu próprio tempo.

"Na sétima vez o servo disse: 'Uma nuvem tão pequena quanto a mão de um homem está se levantando do mar'." (1Reis 18.44.)

De tempos em tempos, fazemos um desafio de quarenta dias de oração na National Community Church. Começamos o desafio mais recente no mesmo dia em que uma jovem, membro da nossa igreja, foi entrevistada para um emprego no gabinete executivo de administração e orçamento da presidência dos Estados Unidos. E a entrevista

[5] Creio que ouvi essa expressão pela primeira vez com a nossa pastora de oração, Heidi Scanlon.

só aconteceu após dois meses de entrevistas telefônicas, checagem de referências e segurança.

Foi um processo longo e frustrante, mas eu amo o que Jessica fez. Ela semeou nas nuvens andando em volta do prédio uma vez por dia durante sete dias, como os israelitas que rodearam a cidade de Jericó. No sétimo dia, ela decidiu rodear sete vezes, mas descobriu que o Serviço Secreto havia bloqueado uma avenida, pois o chefe de Estado de outro país estava visitando a capital. Isso significou um desvio para um círculo muito maior — na verdade, 12 vezes a distância original!

Nas palavras da própria Jessica, "após 14 quilômetros, três horas, um pouco de chuva refrescante e alguns olhares desconfiados dos agentes do Serviço Secreto, terminei. Tive uma forte sensação de humildade, empoderamento e exaustão. Comecei a fazer o circuito às 15h34 do dia 6 de março. Vinte e três horas depois, às 14h39, em 7 de março, recebi um telefonema do diretor me oferecendo o emprego!".[6]

O que Jessica fez, além de um ótimo exercício? Semeou nas nuvens! Sem dúvida, as nossas orações precisam estar alinhadas com a vontade e a glória de Deus. Caso contrário, nem adianta começar! Mas, caso estejam, é bom ter um guarda-chuva em mãos!

Amo o *insight* que Jessica compartilhou no fim do *e-mail*: "Pastor Mark, essa caminhada de oração foi uma das experiências de maior crescimento em humildade da minha vida. Aprendi que Deus não precisava que eu rodeasse quarteirões sete vezes para derrubar o muro em volta do gabinete. Ele precisava que eu rodeasse os quarteirões sete vezes para derrubar um muro dentro de mim, para me levar a um lugar de humildade e total dependência dele, a fim de me preparar para o próximo passo de fé, grande ou pequeno".[7]

Nesse momento, importante destrinchar um pouco mais a bênção dobrada. O primeiro passo de fé para Jessica foi se candidatar a seu emprego dos sonhos! Sei que parece simples, mas a maioria de

[6] Jessica, *e-mail* ao autor.

[7] Idem.

nós mira baixo demais ou se contenta com a segunda opção. O segundo passo foi uma entrevista. O terceiro e o quarto passos envolveram checagem de referências e segurança. A lição de moral?

Com frequência, os milagres começam de formas pequenas e triviais. Mas é assim que nos colocamos dentro de campo.

E, enquanto o processo estiver em andamento, não se esqueça de louvar a Deus pelos milagres parciais!

Dentro de campo

Assim como Jessica rodeou o gabinete e os israelitas circularam Jericó, andamos em volta de uma boca de fumo em Capitol Hill por cinco anos antes que ela se transformasse na Ebenezers Coffeehouse. Primeiro semeamos nas nuvens com oração, mas foi um passo de 85 dólares de fé que abriu as águas.

Lora e eu participamos de um leilão em prol da escola das crianças, em Capitol Hill. A National Community Church ainda estava se consolidando, e Lora e eu mal conseguíamos nos sustentar. Em parte, por causa das mensalidades que pagávamos à escola de cujo leilão estávamos participando!

Um dos itens a ser leiloado era um fichário grande doado pela Capitol Hill Restoration Society [Sociedade de restauração de Capitol Hill]. Continha os códigos de zoneamento das novas construções em Capitol Hill, os quais eu sabia que precisaríamos saber de cor e salteado caso fôssemos construir a cafeteria. Um detalhe: ainda nem tínhamos o terreno! Não seria sábio esperar até fecharmos o contrato antes de comprar aquele livro? Além disso, um lance de abertura de 85 dólares era um bom dinheiro naquela época. Não tínhamos nada para desperdiçar, mas senti o Espírito Santo me impulsionar a dar um passo de fé. Ganhamos o leilão daquele livro, e hoje ele permanece em um lugar muito especial no meu escritório, como um lembrete muito especial de semear nas nuvens entrando no rio.

A fé não é um jogo numérico, mas às vezes pode ser mensurada em dólares. Se você não estiver disposto a arriscar 85 dólares no sonho que Deus lhe deu, talvez ainda não esteja pronto para ele. Semear nas nuvens é se colocar dentro de campo! Isso pode significar investir em você mesmo aperfeiçoando seu currículo por meio de mais educação. Pode ser o valor de um jantar em um primeiro encontro. De uma maneira ou de outra, você precisa colocar dinheiro onde o seu sonho está.

Em período de cheia, o rio Jordão tinha cerca de 1,6 quilômetro de largura. A terra prometida parecia tão próxima, mas ao mesmo tempo tão distante! Talvez você se sinta da mesma maneira em relação ao sonho que Deus lhe deu. Permita-me lembrá-lo de que o milagre não está de fato a mais de um quilômetro de distância, mas a um passo!

Não se sinta paralisado pelo tamanho de seu sonho! Semeie e veja o que Deus fará!

Você está a uma decisão de uma vida completamente diferente. Sem dúvida, envolve uma medida de fé e uma medida de sacrifício. E, definitivamente, você precisa molhar os pés. Mas, se você der o primeiro passo, Deus assumirá a partir de então.

Lembra-se da nevasca sobre Pittsfield? De acordo com Langmuir, uma pequena esfera de gelo seco, do tamanho de uma ervilha, seria capaz de produzir várias toneladas de neve![8] Não se sinta paralisado pelo tamanho de seu sonho! Semeie e veja o que Deus fará! Você pode muito bem ceifar uma colheita dobrada. Em outras palavras, talvez você precise *dar* antes de *receber*.

Semeie

Quando escrevi o primeiro livro publicado por uma editora, *Na cova com um leão em um dia de neve*, decidi doar um exemplar para qualquer plantador de igreja que quisesse. Achei que seria uma forma única de retribuir à minha tribo de plantadores de igrejas, mas

[8] Strand, **Brothers Vonnegut**, p. 58.

fiquei surpreso com a reação. Os plantadores de igrejas gostam de livros de graça!

Acabamos doando centenas de livros antes de vender algum. Mesmo com o desconto de autor, perdemos dinheiro antes de ganhar! Mas, olhando pelo retrovisor, creio que fizemos exatamente o que defendeu o autor de Eclesiastes:

> Plante de manhã a sua semente,
> e mesmo ao entardecer
> não deixe as suas mãos ficarem à toa,
> pois você não sabe o que acontecerá,
> se esta ou aquela produzirá,
> ou se as duas serão igualmente boas (Eclesiastes 11.6).

Lembra-se de qual é o segredo para a bênção dobrada? Você recebe quando dá. Essa dimensão da bênção dobrada merece ênfase dobrada: *não espere para dar apenas depois de receber.* Você dá primeiro como expressão de fé. Esse é o princípio que praticamos quando oferecemos os livros gratuitamente.

Sei que o conceito de semear tem sido usado e abusado por alguns falsos mestres, mas isso não o torna menos verdadeiro quando adequadamente aplicado. Não se trata de uma garantia de receber o dinheiro de volta. Haverá falsos negativos e falsos positivos. Às vezes, porém, é preciso semear no seu momento de necessidade. Um dos motivos é que isso tira os seus olhos dos problemas! Sempre que você foca os outros, os seus problemas são colocados em perspectiva. E não se surpreenda se uma bênção surgir do nada.

Quando doamos os livros, não fazíamos ideia de quantos exemplares de *Na cova com um leão em um dia de neve* seriam vendidos. Como todo autor principiante, eu sabia que 97% dos livros vendem menos de 5 mil exemplares. Era um risco calculado, mas eu sabia que se tratava da coisa certa a fazer de qualquer maneira!

Não semeamos aqueles livros a fim de que os plantadores de igrejas que ganhassem um exemplar depois comprassem o livro em grande quantidade — garanto! Mas foi exatamente isso que aconteceu. Ao longo dos anos, vários daqueles plantadores de igrejas usaram o livro em pequenos grupos, séries para toda a igreja ou até como presente para os convidados. Não é possível calcular o retorno sobre o investimento, mas as vendas foram mais de mil vezes maiores do que as doações!

Uma década depois, aquele livro continua a desafiar a gravidade. A curva de vendas da maioria dos livros cai vertiginosamente após um ou dois anos, mas *Na cova com um leão em um dia de neve* é o presente que continua a doar. Em poucas palavras, Deus abençoou aquele livro além da minha habilidade de escrever ou da capacidade da editora de divulgar o produto. Por quê? Tenho duas teorias.

Primeiro, sou grato pelo grupo de intercessores que ora pedindo a Deus que coloque os meus livros nas mãos certas, no momento certo. Para mim, um livro vendido é mais do que isso. Trata-se de uma oração respondida.

Segundo, se Deus sabe que você está disposto a dar, ele concederá toda a sua bênção. Após aprender essa lição com o meu primeiro livro, Lora e eu presenteamos todos os que frequentam a nossa igreja com um exemplar gratuito, de cada livro que escrevo, logo antes do lançamento. Por que fazer a nossa família da fé comprar? Mas parece que, quanto mais livros doamos, mais exemplares vendemos.

Poucas coisas semeiam na nuvem da bênção
de Deus com mais eficácia do que a generosidade.

A bênção é subproduto da generosidade, mas, quando passamos a bênção adiante, a relação se inverte. A generosidade se transforma em subproduto da bênção. Mais uma vez, Deus não nos abençoa para elevar o nosso padrão de vida. Ele nos abençoa para elevar o nosso patamar de doação. A generosidade inicia e sustenta a bênção dobrada.

Semeamos nas nuvens com fé.
Semeamos nas nuvens com oração.
Semeamos nas nuvens com generosidade.

Ganhe movimento

Na mecânica newtoniana, a quantidade de movimento (ou momento linear) é o produto da massa vezes velocidade: $p = mv$. Se a generosidade for a massa dessa equação, então a positividade é a velocidade. E não se trata apenas do poder do pensamento positivo. Positividade é manter os olhos fitos em Jesus, o autor e consumador da nossa fé (Hebreus 12.2). Trata-se de dar mais peso às promessas de Deus, em lugar da opinião das pessoas, sobretudo de supostos especialistas.

Há pouco tempo, sentei-me para um café com um técnico da liga principal de beisebol que estava na cidade para participar da rodada nacional de Washington. Eu lhe perguntei:

— Qual é o maior desafio que você está enfrentando agora?

Eles haviam perdido seis partidas seguidas, de modo que sua resposta não me surpreendeu:

— O maior desafio é manter a positividade.

Positividade e negatividade não afetam somente a estabilidade mental de um jogador profissional em uma partida decisiva. Tais atitudes afetam a cultura do clube inteiro. E não são meras questões de atitude, mas envolvem o lado espiritual também.

Você se lembra dos 12 espias que patrulharam a terra prometida? Dez deles trouxeram um relato negativo, o qual se espalhou com tanta rapidez que infectou a nação inteira com negatividade. Pare e pense: foram dez indivíduos negativos que impediram uma nação inteira de entrar na terra prometida, e isso lhes custou quarenta anos! Apenas dois deles, Josué e Calebe, mantiveram a positividade. E, por causa de sua positividade, herdaram a bênção (Números 13—14).

Começamos todas as reuniões de equipe da NCC compartilhando vitórias. Por quê? Bem, elas relembram por que fazemos o que fazemos.

Também semeiam nas nuvens ao celebrar aquilo que queremos ver em maior quantidade. A sua atitude, positiva ou negativa, faz a diferença! Ela não só invoca a bênção de Deus, como também aumenta a velocidade do Reino, espalhando o amor divino.

Uma estaca no solo

No clássico filme *Um sonho distante,* Tom Cruise e Nicole Kidman fazem o papel dos imigrantes irlandeses Joseph e Shannon, que correm atrás do destino no território de Oklahoma durante a corrida por terras de 1893. Cavalgando um cavalo um tanto quanto indomável, Joseph avançou até arrancar seu pedaço de terra prometida e fincar uma estaca no solo. Aquela estaca representava suas esperanças, sonhos e o amor de sua vida, Shannon.

Há momentos na vida em que você precisará fincar uma estaca no solo, que se tornará o campo de batalha pelo qual você está disposto a morrer. Foi isso que Calebe fez quarenta e cinco anos depois de espiar a terra prometida. Reivindicou para si Hebrom, como palavras semelhantes às do célebre cavaleiro escocês William Wallace: "Dê-me, pois, a região montanhosa que naquela ocasião o SENHOR me prometeu" (Josué 14.12).

De acordo com a tradição judaica, quando Calebe entrou na terra prometida com os outros espias, ele se separou do grupo e visitou Hebrom. Ali Abraão fora sepultado mais de quatrocentos anos antes. Não temos certeza do que aconteceu enquanto ele estava ali, mas fico me perguntando se Calebe fincou uma estaca no solo. É quase como se tivesse jurado, junto à sepultura de seu antepassado, que ele voltaria, ainda que fosse a última coisa que fizesse. Por fim, Calebe conquistou Hebrom e tomou posse daquele lugar sagrado. Mas fez mais do que isso. Semeou nas nuvens para o rei Davi. Mais de quatrocentos anos depois, Davi foi coroado rei na cidade que Calebe havia conquistado, e Davi a transformou em sua primeira capital.

Você não semeia nas nuvens apenas para você mesmo; faz isso para as gerações futuras! Aquilo que Deus faz para nós nunca é somente para nós! Sempre é para a terceira e a quarta geração. Pensamos no aqui e agora, mas Deus pensa em nações e gerações!

Há uma promessa da qual você precisa tomar posse? Há uma bênção que você crê que receberá de Deus? Há um milagre do qual não pode se dar ao luxo de desistir? Coloque uma estaca no solo para você, os seus filhos e os filhos dos seus filhos.

Já contei como Deus curou a minha asma após quarenta anos e centenas de orações. E também disse que corri a Maratona de Chicago para celebrar esse milagre. Mas me permita compartilhar mais uma coisa. Jamais me esquecerei do dia em que joguei fora as minhas bombinhas de asma. Para ficar claro, não recomendo que ninguém faça isso sem antes consultar o médico. Foi assustador? Muito! Por quarenta anos, nunca fui a lugar algum sem uma bombinha. E preciso explicar que só as joguei fora 50 dias depois que Deus me curou. Mas jogar fora as bombinhas foi fincar uma estaca no solo, e Deus me honrou desde então.

Sei que muitas das minhas histórias giram em torno da vida pastoral e de escritor, mas é quem sou e o que faço. Então, vou contar mais um testemunho) Logo antes de lançar meu sexto livro, *The Circle Maker* [Trace um círculo], Lora e eu sentimos a necessidade de semear nas nuvens, criando uma base. Para ser franco, na época pareceu meio bobo. O livro que escrevi antes desse não vendeu muitos exemplares, mas tive o santo palpite de que Deus abençoaria o novo livro além do que eu poderia pedir ou pensar. E eu queria que nós estivéssemos na posição adequada para passar a bênção adiante. Naquela época, Lora e eu já devolvíamos o dízimo dobrado da renda proveniente de direitos autorais. Mas decidimos aumentar a porcentagem e devolver 50%. Criar essa organização sem fins lucrativos foi a nossa maneira de fincar uma estaca no solo, e Deus a tem honrado.

Aquilo que Deus faz por nós nunca é somente por nós!

No meu caso, escrever é uma bênção dobrada. A primeira bênção está na alegria e no privilégio de escrever palavras que mudam a trajetória de vida das pessoas. A segunda é usar os direitos autorais para patrocinar causas do Reino com as quais nos importamos. Para ser franco, não sei o que gera mais alegria. E fico feliz por não precisar escolher! Fazer ambos é a bênção dobrada.

Não quero dar a impressão de que superei a ganância. Posso lhe garantir que não, em hipótese alguma! Por favor, entenda que a jornada da generosidade tem dado muitas voltas, inclusive algumas equivocadas. Contudo, em muitos anos também nos tem levado a aumentar o patamar e nos tornar. uma bênção maior para os outros.

Posso lembrá-lo de que os resultados estão fora do seu controle? Mas os investimentos não. Não dá para controlar as nuvens, mas é possível semear nelas com as suas orações! Você também pode semear nelas com generosidade e positividade. Com toda a honestidade, não importa quanto (ou quão pouco) você ganha. A nossa cultura se equivoca ao medir o valor pela renda, mas Deus não faz isso. A medida que ele usa? A fé, mas não qualquer tipo de fé. "Fé do tamanho de um grão de mostarda." (Mateus 17.20.)

Plante essa semente e veja o que Deus fará!

Capítulo 11
O CUSTO DA OPORTUNIDADE

Mais bem-aventurado é dar do que receber.
Atos 20.35 (NAA)

Em 2008, quatro estudantes se propuseram a revolucionar uma indústria tão antiga quanto as lentes bifocais de Benjamin Franklin. Não tinham experiência nenhuma na fabricação de óculos. Estavam afundados nas dívidas dos empréstimos universitários. E não foram poucos os amigos que os chamaram de loucos. Mas eles não conseguiam superar o fato de que um par de óculos custasse tão caro! Achavam isso ridículo e estavam determinados a fazer algo a respeito. Sua ideia era bem simples: *oferecer belas armações por uma fração do preço e fazê-lo on-line*. Uma década depois, a Warby Parker era um negócio de 1 bilhão de dólares! Adam Grant escreveu sobre a Warby Parker no livro *Originais*, explicando que teve a oportunidade de investir. Infelizmente, recusou. Nas próprias palavras, "foi a pior decisão financeira que já tomei".[1]

No mundo da economia, há dois tipos de custos — o custo real e o custo da oportunidade. O *custo real* é uma despesa de fato.

1 Grant, Adam. **Originals:** How Non-Conformists Move the World. New York: Penguin Books, 2016. p. 2.

Aparece no seu extrato bancário como uma retirada e é relativamente fácil de identificar. O *custo da oportunidade* é oculto. Trata-se da perda de ganho potencial, geralmente por causa de indecisão ou inação. Foi o caso de Adam Grant. A recusa em investir na Warby Parker não lhe custou nada em termos de *custo real* — nenhuma perda, nenhum prejuízo. Mas lhe custou milhões de dólares em termos de *custo de oportunidade* — quem não arrisca nada também não ganha nada.

"Primeiro senta e calcula quanto vai custar." (Lucas 14.28, NTLH.)

Jesus proferiu essas palavras no contexto de um projeto de construção, mas elas se aplicam a milhares de coisas. Ao calcular o custo, muitas pessoas não percebem que há dois lados nessa moeda. A maioria de nós é muito boa em contar o custo real. Mas e custo da oportunidade? Nem tanto. Por quê? Porque o custo da oportunidade envolve planejamento de cenário e pensamento sistêmico. E, quando você tenta levar o futuro em conta, sempre há mais variáveis em jogo. Espiritualmente falando, refletir no custo da oportunidade é um cálculo moral que envolve certa medida de fé. E poucas coisas são mais cruciais no que diz respeito ao futuro.

Você pode não fazer nada de errado e, ainda assim, não acertar em nada. Bondade não é a mera ausência de maldade. Esse seria o evangelho do copo meio vazio. Fidelidade *não* é segurar as pontas. É partir para o ataque, ou seja, o oposto de jogar na defensiva. Nós, seguidores de Cristo, deveríamos ser mais conhecidos por aquilo que defendemos, em lugar daquilo que desaprovamos. Claro, você pode simplesmente conservar o *status quo* e não sofrer perdas. Não há custo algum. Mas o preço da oportunidade é surpreendente.

Se você ficar dentro do barco, jamais andará por sobre as águas!

Se você ficar dentro do barco, perderá o milagre!

O potencial é um presente de Deus para você. Aquilo que você faz é o seu presente de volta para Deus. E isso vale também para cada bênção.

Calcule o preço

Uma das aquisições corporativas mais singulares da história norte-americana aconteceu em 15 de janeiro de 1955. Não foi uma aquisição hostil. Foi uma rendição de bandeira branca. Stanley Tam, fundador da United States Plastic Corporation, voluntariamente abriu mão de 51% de suas ações. Quem se tornou o acionista majoritário? Stanley transferiu suas ações para aquele que ele chamava de sócio sênior: Deus. O primeiro advogado para quem Stanley pediu que fizesse o negócio riu da cara dele, mas acho justo dizer que quem riu por último foi Deus.

No momento da aquisição, a United States Plastic Corporation contava com uma renda anual inferior a 200 mil dólares. Mas Stanley acreditava que Deus abençoaria seu negócio se ele o honrasse desde o princípio. Stanley estava semeando nas nuvens. Acho que a maioria de nós se daria tapinhas nas costas por abrir mão de 51%, mas não Stanley. Ao ler a parábola de Jesus sobre o comerciante que vendeu tudo para adquirir a pérola de grande preço (Mateus 13.45,46), Stanley decidiu abrir mão de *todas* as ações e se tornar um funcionário assalariado da empresa que fundou. Quem faz isso? Alguém que calculou cuidadosamente o custo da oportunidade! Ao longo dos 60 anos seguintes, Stanley doou mais de 120 milhões de dólares. Também influenciou milhares de pessoas a ceder tudo para seu Sócio Sênior, assim como ele havia feito.[2]

Quando Stanley Tam pregou na National Community Church, foi de longe o orador mais velho que já tivemos. Possuía mais do que o triplo da idade média dos membros, que era de 28 anos de idade. Sua mensagem foi inspiradora, mas a refeição que fizemos juntos depois foi inesquecível. Já me assentei à mesa com gente bem impressionante, de ex-presidentes do país a ganhadores do prêmio de melhor jogador da liga nacional de futebol americano. Já parti o pão com alguns bilionários, e todos foram muito agradáveis. Mas aquela refeição com Stanley Tam foi única. O patrimônio líquido de sua sabedoria é

[2] Você pode ler mais sobre a história de Stanley no livro de sua autoria: TAM, Stanley; ANDERSON, Ken. **God Owns My Business**. Chicago: Wingspread, 2013 [**Deus é dono do meu negócio**. Curitiba: Betânia, 2019].

impossível de ser calculado. Ele simplesmente lacrou o tempo inteiro! Em meio às garfadas, Stanley dizia pérolas do tipo: "Deus ainda não pode recompensar Abraão, pois sua semente continua a se multiplicar!". Estou ruminando essa ideia desde então! Então, acrescentou: "A pá de Deus é maior que a nossa!". E é mesmo!

O patrimônio líquido de sua sabedoria é impossível de ser calculado.

Um dos temas da conversa girou em torno da ideia de estipular um teto salarial — e ele foi bem convincente. Para a maioria das pessoas, os gastos aumentam em proporção direta à renda. Stanley, em contrapartida, não tinha um aumento havia três décadas. Por quê? Em suas palavras: "O indivíduo só pode comer uma refeição de cada vez, usar um conjunto de roupas por vez e dirigir um carro por vez. Tudo isso eu tenho. Não basta?".

Quanto é o suficiente?

Se você ler este livro sem responder a essa pergunta para a sua própria vida, terá feito um desserviço a si mesmo. E não, explorará o seu pleno potencial para ser uma bênção dobrada. O empresário e filantropo John D. Rockefeller respondeu a essa pergunta da seguinte forma: "Mais um dólar". Se formos honestos, a maioria de nós consegue se identificar com esse sentimento. O nosso apetite insaciável por mais recursos nunca cessa, a menos que você predetermine um valor no seu coração. Levando em conta que metade da população mundial vive com menos de 2 dólares por dia, "Quanto é o suficiente?" é uma pergunta difícil. Você se lembra de como os primeiros cristãos responderam a essa pergunta em meio a grandes necessidades?

"Vendendo suas propriedades e bens, distribuíam a cada um conforme a sua necessidade." (Atos 2.45.)

Não há nada de errado em ganhar mais dinheiro, porém há algo de errado em gastar tudo consigo. Não estou sugerindo que todos façam voto de pobreza, mas o que aconteceria se cada pessoa que afirma seguir Cristo simplesmente definisse um teto para a própria renda?

Trata-se de uma forma contraintuitiva de viver, mas como seria o mundo se praticássemos generosidade radical com tudo aquilo que ganharmos além desse teto? A nossa generosidade faria uma reviravolta completa no mundo, assim como aconteceu com a igreja do primeiro século. Seríamos uma bênção dobrada para um mundo ferido, e aposto que o nosso impacto mais do que duplicaria!

A grama do vizinho

Na Declaração de Independência dos Estados Unidos, Thomas Jefferson definiu três direitos inalienáveis que nos foram concedidos pelo Criador. Os dois primeiros são autoexplicativos: vida e liberdade. Mas o terceiro é um mistério para a maioria — a procura da felicidade. Mais pessoas definiram *sucesso* do que *felicidade*. E um número ainda menor já a encontrou.

Quando não criamos uma definição
própria de sucesso, em geral adotamos
a definição cultural padrão.

O mesmo se aplica à felicidade. Na cultura ocidental, transformamos a felicidade em esporte e a definimos por meio do ditado "A grama do vizinho é sempre mais verde". Contamos as bênçãos do vizinho, em lugar das nossas, e nos perguntamos por que não nos sentimos realizados! A tendência de competir com os *vizinhos* foi retratada em uma tirinha criada em 1913,[3] mas o conflito que ela representa é tão antigo quanto Caim e Abel. Se você determina o sucesso por meio da comparação com outras pessoas, cria um cenário no qual ninguém sai ganhando. O jogo da comparação termina com excesso de orgulho ou de inveja, mas ambos são becos sem saída. A realidade é a seguinte:

[3] WIKIPEDIA, verbete "Keeping Up with the Joneses", última modificação em 7 de abril , 2019, 23:52, <https://en.wikipedia.org/wiki/Keeping_up_with_the_Joneses>.

não dá para ficar de olho o tempo inteiro na grama verde do vizinho! E a Bíblia tem um nome para isso: *cobiça*.

A tentativa de alcançar felicidade por meio da imitação das tendências materialistas do consumidor médio é uma péssima receita para a felicidade. Contudo, é isso que tantos de nós fazemos sem pensar. Compramos coisas que não queremos a fim de impressionar pessoas de quem não gostamos! Isso não é #abençoado; é exatamente o contrário. A bênção não é definida pelo que recebemos, mas por aquilo que damos. Esse é o mistério da bênção dobrada. E, embora possa parecer contraintuitivo, é tão irrefutável quanto as palavras de Jesus: "Há maior felicidade em dar do que em receber" (Atos 20.35).

Gosto de receber a generosidade alheia tanto quanto qualquer um. Se você me der um presente, não o privarei dessa bênção! Eu o aceitarei com gratidão genuína e agradecerei de coração. Mas a bênção só é bem administrada quando faço mais uma coisa: tomo nota! Mantenho um inventário das bênçãos que recebo. Então, reabasteço a bênção dando a outros aquilo que me foi dado. Quando passamos a bênção adiante, experimentamos o que Jesus prometeu. A forma mais profunda de alegria é encontrada quando se dá.

Passe a bênção adiante

As quatro palavras da expressão "passe a bênção adiante" são mais do que um mantra memorável. Isso começou como uma espécie de brincadeira. Mas foi tão divertido que se transformou em estilo de vida. Se você me der alguma coisa — qualquer coisa —, tentarei devolver o favor abençoando alguém da mesma maneira.

Quando ouvimos a palavra "generosidade", tendemos a pensar em dólares e centavos. No entanto, é muito mais que isso. Há maneiras e ser generoso que nada têm que ver com dinheiro! A generosidade envolve tempo e talento, bem como dinheiro. Para ser honesto, acho muito mais difícil ser generoso com o meu tempo. e talento, do que com o meu dinheiro. Às vezes, dar um cheque é um jeito de tirar o corpo fora com facilidade. É um falso substituto para o envolvimento pessoal. Entregamos algumas moedas nas mãos de um desabrigado e achamos que fizemos a nossa parte. Não se deixarmos de fazer a doação com dignidade! Ao longo dos anos, centenas de amigos em situação de rua encontraram na NCC uma igreja para chamar de sua. E eu sei o que eles realmente querem — e do que necessitam: de alguém quedamos olhe dentro dos olhos e enxergue sua alma. É claro que isso requer mais tempo do que muitos estão dispostos a dedicar.

Você se lembra da frustração que eu senti por ser um autor sem livros publicados ao longo de treze anos? Sim, impor uma data foi um marco fundamental, assim como uma conversa com um pastor/escritor que tenho certeza de que era ocupado demais para se encontrar comigo, mas ele o fez assim mesmo!

Jamais me esquecerei daquele investimento de tempo. Essa é uma bênção que tenho tentado passar adiante para aqueles que eu sei que têm um livro escrito dentro de si, mas não sabem como colocá-lo para fora. Aquele pastor/escritor também me ajudou a encontrar o meu primeiro agente, usando sua influência a meu favor. Essa é uma bênção difícil de passar adiante, mas já ajudei dezenas de autores a encontrar seu primeiro agente como retorno desse presente. E, além disso, também semeei alguns livros de publicação independente. É assim que transformo a bênção original que recebi em bênção dobrada para outras pessoas. Isso também me lembra de onde eu vim, o que me ajuda a resistir ao ímpeto de pular para dentro do vagão do "quanto mais, melhor" ou de me estabelecer no bairro dos "gramados mais verdes".

Há maneiras de ser generoso que nada têm que ver com dinheiro!

Preciso acrescentar uma pequena advertência.

Eu não passo a bênção adiante somente quando recebo generosidade alheia. Também tento passar a bênção adiante quando sinto vontade de mandar a pessoa ir catar coquinho. Será que posso dizer isso?

Passar a bênção adiante para alguém que o irrita não só neutraliza as suas emoções negativas, como também interrompe o padrão e causa um impacto profundo sobre o outro.

Se você não acredita, experimente fazer isso. Quando você responder à severidade com respeito ou à maldade com gentileza, as pessoas ficarão perplexas. Assim como a arma eletrônica de Spock, elas nem saberão o que fazer com isso. Não é prova de tolice, especialmente se a sua situação envolver um tolo. Mas é bem mais eficaz do que abrir fogo de volta — e muito mais divertido.

#Abençoado

Você sabia que a palavra "vestígio" se referia originariamente a um novelo de lã, bem semelhante ao fio de Ariadne? "Flertar" significava "tocar rapidamente". A palavra "terrível" significava "digno de terror". A palavra "perverso" significava "sem nada". E "crepitar" se referia a um pum silencioso. Desculpe-me, não resisti a incluir a última! Muitas palavras não têm mais o mesmo significado de antes. Elas têm um jeito especial de se afastar do sentido original ou assumem novas conotações. De todo modo, as palavras metamorfoseiam seu significado. E o termo "abençoado" é um exemplo clássico. Em muitos aspectos, a nossa cultura o reduziu a uma *hashtag* que acaba soando como uma forma humilde de se gabar. Nós o utilizamos para marcar fotos no Instagram em lugares exóticos ou colocamos na placa de carros bem caros. Quanto mais exótico o lugar ou mais caro o objeto, mais desvalorizamos a ideia original.

A bênção de Deus não pode ser equiparada a circunstâncias externas ou bens materiais. Trata-se de uma realidade interna — um estado da mente e da alma. É alegria inenarrável. É uma paz que excede todo o entendimento. Essas coisas jamais poderiam receber uma etiqueta de preço. Você está bem com Deus? Então, é abençoado sobremaneira, mesmo que dirija um carro que passa a maior parte do tempo no mecânico ou que o lugar mais exótico que já tenha conhecido seja a casa da sua avó.

A palavra grega para "abençoado" é *makarios*. É o termo que Jesus empregou para expressar a diferença entre dar e receber. Trata-se de uma palavra multidimensional que significa "tornar grande".[4]

[4] 3107. Makarios, **Bible Hub**, <https://biblehub.com/greek/3107.htm>.

Nesse sentido, alinha-se com a oração de Jabez: "Oh! Quem dera me abençoasses e expandisses o meu território!" (1Crônicas 4.10, NAA). Também está alinhada à exortação de Isaías: "Alargue o lugar de sua tenda, estenda bem as cortinas de sua tenda, não o impeça; estique suas cordas, firme suas estacas" (Isaías 54.2). Não significa "tornar grande" no sentido de "grande e no controle da situação". Trata-se de um coração humilde que aumenta cada vez mais quanto mais ele dá. Pode até triplicar de tamanho em um só dia, como no caso da personagem monstrenga Grinch, cujo coração anteriormente ressentido por fim aumenta de tamanho![5]

Desculpe-me, não resisti! Deixando de lado agora citações do dr. Seuss, nada expande mais as fronteiras da vida quanto a generosidade! Ela o conduz a lugares onde você jamais entraria por mérito próprio e o apresenta a pessoas que você jamais imaginaria conhecer. Nas palavras do rei Salomão, "o presente abre o caminho para aquele que o entrega e o conduz à presença dos grandes" (Provérbios 18.16).

Mais que abençoado

Deus quer abençoá-lo além da sua capacidade de receber bênçãos. Tenho certeza disso! Mas não reduza a bênção a um gráfico de saldos. O seu patrimônio líquido não é definido por uma declaração de lucros e perdas. Se você foi abençoado com mais dinheiro do que precisa, que ótimo. Mas reconheça a sua condição!

"Vocês serão enriquecidos de todas as formas, para que possam ser generosos em qualquer ocasião." (2Coríntios 9.11.)

O texto diz "enriquecidos de todas as formas". Então, permita-me ir para o lado emocional. Se você tiver alegria inenarrável, poderá ajudar todos a permanecer calmos e prosseguir. E, se tiver mais amor do que é capaz de conter, poderá começar uma revolução. E, claro, tudo aquilo que se aplica ao amor, à alegria e à paz também é verdade em

[5] How the Grinch Stole Christmas, **Quotegeek.com**, <http://quotegeek.com/television-quotes/how-the-grinch-stole-christmas/9900>.

relação ao dinheiro. Deus nos enriquece a fim de que possamos "ser generosos em qualquer ocasião".

O termo *makarios* quer dizer "alegria sem medida". Também é traduzido por "melhor impossível",[6] que interpreto como "mais que abençoado" ou "abençoado além da conta". Talvez, porém, a definição mais simples — e o menor denominador comum — seja a boa e velha felicidade!

Felicidade não é algo que *obtemos.*

Felicidade é algo que *damos.*

Permita-me dizer isso da maneira mais sucinta possível: *felicidade é dar mais do que você recebe!* Quanto mais você dá, mais você tem. Talvez você se sinta tentado a passar essas palavras por alto, mas a maioria de nós busca a felicidade da maneira errada. A felicidade não resulta daquilo que recebemos, mas é subproduto do que damos. O segredo para a felicidade é o mistério da bênção dobrada — *é dando que você a recebe.*

A felicidade não resulta daquilo que recebemos, mas é subproduto do que damos.

Acumule experiências

A história do jovem rico é uma advertência que dá uma pista instigante para a nossa procura da felicidade. Olhando de fora, ele tinha tudo o que imaginamos querer. Era rico, jovem e ocupava uma posição de autoridade. Em teoria, a sua vida era perfeita. Ele possuía tudo que o dinheiro é capaz de comprar, mas uma pergunta revelou quão infeliz ele era: "O que me falta ainda?" (Mateus 19.20).

A resposta para essa pergunta? Faltava-lhe o pique de adrenalina santa que corre pelas veias quando você entrega tudo para Deus. O jovem rico vivia para si, e, quando você vive para si, acaba se perdendo. Jesus prescreveu uma cura contraintuitiva, um desafio de doação": "Se você quer ser perfeito, vá, venda os seus bens e dê o dinheiro aos pobres" (v. 21).

[6] 3107. Makarios, **Bible Hub**, <https://biblehub.com/greek/3107.htm>.

Não conheci muitas pessoas possuídas por demônios, mas já conheci muitas pessoas possuídas pelas próprias posses. O jovem rico poderia ter usado sua riqueza e seu poder a fim de fazer muito bem a muitas pessoas! O custo da oportunidade era incomparável. Mas seu valor próprio estava atrelado a seu patrimônio. Aquilo que ele imaginava que daria sentido à sua vida era exatamente o que o tornava tão infeliz. A riqueza deveria vir com o seguinte aviso: *o seu maior bem se tornará a sua maior fragilidade se você não o usar para os propósitos divinos.*

Seja honesto: você já se sentiu triste pelo jovem rico? Eu provavelmente teria chamado Jesus em um canto para orientá-lo a ser um pouco menos radical: "Que tal começar com o dízimo?". Mas Jesus o amava demais para pedir qualquer coisa menos do que tudo! Nós nos concentramos naquilo que Jesus lhe pediu para ceder, o custo real. Deixamos, porém, de levar em conta o que ele ofereceu em troca — um estágio de três anos com o Filho de Deus. Era uma oportunidade imperdível, que seria muito bem vista no perfil do LinkedIn.

Os discípulos que escolheram seguir Jesus não fizeram voto de pobreza, mas, ainda assim, deixaram as redes. Sacrificaram a ascensão social por uma riqueza incomparável de experiências. Passaram três anos caminhando, acampando e pescando com o Filho de Deus. Tomaram a água que Jesus transformou em vinho! Limparam e cortaram os peixes da pesca milagrosa! Você não pode colocar preço em experiências assim, mas espere um pouco — ainda não acabou!

"E todos os que tiverem deixado casas, irmãos, irmãs, pai, mãe, filhos ou campos, por minha causa, receberão cem vezes mais e herdarão a vida eterna." (V. 29.)

Jesus parece estar dizendo que você pode ter as duas coisas ao mesmo tempo. O meu conselho? Não acumule posses; acumule experiências! De maneira mais específica, acumule o tipo de experiência que só pode vir de seguir os passos de Jesus.

Permita-me compartilhar mais duas convicções.

Primeiro, *é impossível dar a Deus qualquer coisa que já não lhe pertença.*

> Você só pode devolver aquilo que o próprio Deus lhe deu em primeiro lugar. Isso não torna a sua doação menos significativa, mas, sim, mais revestida de adoração.

Segundo, *ninguém jamais sacrificou nada por Deus.*

Não estou desconsiderando aqueles que fizeram sacrifícios temporais tremendos, sobretudo os que se tornaram mártires por causa da fé, como 11 dos 12 discípulos. O sacrifício pode envolver dor tremenda, mas, se for ordenado por Deus, resulta em ganho eterno. Por favor, ouça-me: se você sempre recebe mais do que doou, será que sacrificou algo mesmo? Isso não faz a ferroada do sacrifício doer menos, mas essa é a proporção de risco e recompensa toda vez que passamos a bênção adiante! Qual é o retorno sobre o investimento? Juros compostos para a eternidade.

Ao fim da vida, o nosso maior arrependimento não serão os erros que cometemos. Serão as oportunidades que desperdiçamos. Serão as bênçãos que falhamos em passar adiante!

Calcule o custo.

Passe a bênção adiante.

Repita.

Capítulo 12
O JOGO DA DOAÇÃO

"O que vocês fizeram a algum dos meus menores irmãos, a mim o fizeram."
Mateus 25.40

Inventado por Simon Prebble em 1967, o pêndulo de Newton é um instrumento engenhoso que demonstra, a conservação do movimento linear por meio de uma série de esferas em movimento. Quando uma bola no fim do pêndulo é levantada e solta, bate nas esferas estáticas, transmitindo uma força que faz a bola no fim oposto do pêndulo balançar na direção contrária.

Batizado em homenagem a Isaac Newton, o pêndulo ilustra suas três leis do movimento. De acordo com a primeira, o objeto permanece em repouso, a menos que seja forçado a mudar de estado por uma força externa. A segunda lei postula que a força é igual à massa vezes a aceleração. E a terceira lei de Newton provavelmente é a mais famosa: para cada ação, há uma reação oposta e de igual intensidade.[1]

Assim como as leis da natureza que governam o universo físico, existem leis sobrenaturais que governam a esfera espiritual. A lei das

[1] WIKIPEDIA, verbete "Newton's Laws of Motion", última modificação em 25 de abril de 2019, 17:40, <https://en.wikipedia.org/wiki/Newton%27s_laws_of_motion>.

medidas é o principal exemplo: "A medida que usarem, também será usada para medir vocês" (Mateus 7.2). É impossível quebrar a lei das medidas. Ela forma ou quebra você. Trata-se do equivalente espiritual à terceira lei de Newton e é o segredo para a bênção dobrada.

Quando Deus abençoou Adão e Eva, eles foram movidos por uma força externa. Deus transmitiu uma bênção, mas se seguiu a entropia. Nada detém a quantidade de movimento da bênção como o pecado, mas o pecado original encontrou páreo em Jesus. Na cruz, a maldição do pecado se rompeu, e a bênção de Deus foi derramada.

Então, como conservar a quantidade de movimento da bênção de Deus?

Correndo o risco de parecer um memorando elaborado pelo departamento da redundância, a única forma de conservar o movimento é *passando a bênção adiante*. Quando falhamos em fazer isso, chegamos ao ponto de decréscimo dos rendimentos. Por fim, perdemos todo o movimento espiritual e nos perguntamos por quê. Eu lhe explicarei exatamente por que: Deus não abençoa o egoísmo! Se a bênção para em você, acabará parando por completo! Em vez de sermos ,m conduto de bênçãos e de manutenção do movimento, nós nos contentamos com a energia residual.

Se a bênção para em você, acabará parando por completo!

A graça de dar

Se você fosse realmente egoísta, seria mais generoso. Isso pode parecer ilógico em diversos níveis, inclusive no teológico. Mas estudo após estudo corrobora o que Jesus conjecturou: "Há *maior felicidade* em dar do que em receber" (Atos 20.35).

Em um estudo publicado na revista *Science*, os pesquisadores Elizabeth Dunn, Lara Aknin e Michael Norton deram 5 ou 20 dólares às pessoas e as dividiram em dois grupos. O primeiro grupo deveria gastar consigo todo o dinheiro. O segundo foi orientado a gastar algo para outra pessoa. Aqueles que gastaram o dinheiro com outra pessoa experimentaram um acréscimo de felicidade. Quem gastou o dinheiro consigo mesmo não teve a mesma sensação. A pergunta então foi: por que não? Os mesmos pesquisadores acompanharam um grupo de funcionários que recebeu um bônus de fim de ano. Ao mensurar a felicidade antes e depois de receber o bônus, eles perceberam que o único prognóstico significativo de aumento de felicidade foi a doação para caridade. Somente aqueles que passaram a bênção adiante é que conseguiram encontrar a bênção![2]

Posso ser direto? Se um evangelista da televisão anunciar que Deus lhe disse que ele precisa de um avião por favor reconheça o blefe. Eu garanto que alguém precisa de comida muito mais do que esse pregador precisa de um avião! Dito isso, não devemos nos desculpar por nenhum investimento que faça avançar o Reino de Deus da maneira que Jesus ordenou: alimentando os famintos, vestido o nu e cuidando dos enfermos (Mateus 25.34-40).

Liderei a igreja recentemente em uma jornada de generosidade. O objetivo era uma construção que ocupará um quarteirão inteiro, para sermos uma bênção maior e mais duradoura para a cidade. Fui um pouco reticente a princípio, porque pedir dinheiro, mesmo com boas intenções, é alvo fácil de má interpretação. Mas fui movido às lágrimas por alguns sacrifícios que as pessoas fizeram. Repito: não sei ao certo se os nossos sacrifícios do século XXI se equiparam aos feitos pela igreja do primeiro século, mas eles ainda assim agradam a Deus.

Algumas pessoas doaram o bônus de fim de ano e a restituição do imposto de renda. Alguns desempregados fizeram um compromisso de fé durante esse período sem renda. E um casal doou o dinheiro que havia economizado para dar entrada em sua primeira casa própria! Eu jamais pediria a alguém para fazer isso, mas também jamais o instruiria a não seguir o direcionamento do Espírito Santo.

[2] DUNN, Elizabeth; AKNIN, Lara; NORTON, Michael, citado por VANDERKAM, Laura. **All the Money in the World:** What the Happiest People Know About Wealth. New York: Portfolio/Penguin, 2013. p. 161-162.

Uma pequena parte de mim queria recusar algumas daquelas doações, ou pelo menos perguntar: "Tem certeza?". Mas existe apenas uma maneira de crescer na graça de dar — é doando mais! As maiores bênçãos envolvem os maiores sacrifícios, e Jesus definiu o padrão. É assim que mantemos a quantidade de movimento espiritual e conservamos o pêndulo de Newton em movimento.

Os quatro níveis da generosidade

Já mencionei a *excelência* como um hábito das pessoas ricamente abençoadas, mas me permita abordar a questão sob um ângulo ligeiramente diferente:

> Assim como vocês se destacam em tudo: na fé, na palavra, no conhecimento, na dedicação completa e no amor que vocês têm por nós, destaquem-se também neste privilégio de contribuir. (2Coríntios 8.7).

A palavra traduzida para o português por "destacam" vem do grego *perisseuó*, que significa "acima e além" ou "ir além de qualquer medida".[3] É isso que vemos em Efésios 3.20: "Àquele que é capaz de fazer *infinitamente mais* do que tudo o que pedimos ou pensamos, de acordo com o seu poder que atua em nós". É isso que vemos quando Jesus alimentou 5 mil pessoas com cinco pães e dois peixinhos, com 12 cestos de sobras depois: 5 + 2 = 5.000, restando 12 (Marcos 6.35-44).

Essa palavra grega é semelhante ao conceito japonês *kaizen*, que defende o aperfeiçoamento contínuo. Na psicologia, corresponde à mentalidade de crescimento. No mundo dos negócios, a se tornar uma marca de referência. E você nunca chega lá, pois sempre há espaço para melhorar. Você cresce com a visão, e a visão cresce com você. Mas, se você continuar a se superar, acabará alcançando a excelência e muito mais.

[3] 4052. Perisseuó, **Bible Hub**, <https://biblehub.com/greek/4052.htm>.

A generosidade não pode ser reduzida a uma fórmula *per se*. E o processo é tão único quanto você. Mas caso você queira crescer na graça de dar, explico alguns passos a seguir.

O primeiro nível da generosidade
é dar *espontaneamente*.

Dar espontaneamente diz respeito à generosidade liderada pelo Espírito. Por favor, anote: ser liderada pelo Espírito não significa ser "mal planejada". É preciso ter um orçamento. Você deve ter margem financeira para ser capaz de suprir necessidades e oportunidades quando o Espírito Santo o motivar a isso. Se você deseja colocar um quê de diversão nas suas finanças, isso muda o jogo por completo! Mas não se esqueça: há formas de ser generoso que nada têm que ver com o dinheiro! Se você quer doar tempo espontaneamente, também precisa criar um espaço na sua agenda! O apóstolo Paulo aplaudiu a espontaneidade e a generosidade dos cristãos da Macedônia da seguinte maneira: "Foi tudo espontâneo, tudo ideia deles. Fomos apanhados desprevenidos" (2Coríntios 8.5, AM). Isso é generosidade pura, e poucas coisas são mais divertidas do que estar de algum lado dessa equação.

O segundo nível da generosidade
é dar *consistentemente*.

O segredo para o crescimento em qualquer área da nossa vida é estabelecer hábitos consistentes, disciplinas diárias e rotinas regulares. A consistência supera a intensidade 24 horas por dia, 7 dias por semana! Afinal, "somos aquilo que fazemos repetidamente"![4]

[4] Essas palavras costumam ser atribuídas a Aristóteles, mas, na verdade, são a síntese do sentimento de Aristóteles feita por Will Durant na obra **The Story of Philosophy:** The Lives and Opinions of the Greater Philosophers. New York: Pocket Books, 1961. p. 98 [**A história da filosofia**. Rio de Janeiro: Record, 1991].

Talvez seja por isso que Paulo estipulou um precedente: "No primeiro dia da semana, cada um de vocês separe uma quantia, de acordo com a sua renda" (1Coríntios 16.2). Uma das formas com que Lora e eu fazemos isso é pondo esse princípio em prática por meio da doação recorrente a causas do Reino com as quais nos importamos. Isso significa que paramos de doar espontaneamente? É claro que não! Mas a doação consistente nos coloca na direção dos nossos objetivos de contribuição. Estabelece uma base, uma linha de tendência da generosidade.

O terceiro nível da generosidade é
dar *proporcionalmente*.

O conceito de doação proporcional remonta ao dízimo no Antigo Testamento, que significa literalmente "10%". Desdobraremos essa ideia em detalhes no capítulo seguinte. Mas por ora basta dizes que, para crescer na graça de dar, você não pode pensar em termos de valor total, mas, sim, de porcentagens. Esse conceito se expressa na exortação de Paulo: "dando de acordo com o que vocês têm" (2Coríntios 8.11, NAA). O dízimo é um marco crucial na jornada da generosidade, mas não é o objetivo final.

O quarto nível da generosidade
é dar *radicalmente*.

Essa é a doação que vai além dos 10% do dízimo. No Antigo Testamento, essa prática era chamada de *oferta voluntária*. Conforme o nome sugere, não era obrigatória. Um doador radical é alguém com mentalidade de fartura. É alguém que calcula o custo da oportunidade. É alguém que não só ama dar, mas vive para dar! Os cristãos da Macedônia estavam sendo atacados e oprimidos por provas e tribulações, mas Paulo destacou que "a grande alegria e a extrema pobreza deles transbordaram em rica generosidade" (2Coríntios 8.2).

Parece um paradoxo, não é mesmo? Ele então explica a generosidade dos macedônios da seguinte maneira: "Eles deram tudo quanto podiam e até além do que podiam" (v. 3). Generosidade radical é dar além da sua capacidade. Esse tipo de generosidade não aparece de uma hora para a outra, mas é nessa direção que a generosidade se encaminha. Talvez seja um dízimo dobrado. Para alguns, pode ser até o dízimo reverso — viver com 10% da renda e devolver 90% para Deus.

Agora permita-me ampliar a ideia de bênção dobrada. Sim, doar tem muito que ver com dinheiro, mas há várias outras maneiras de contribuir! Os quatro níveis de generosidade podem ser aplicados ao tempo e ao talento, assim como ao dinheiro propriamente dito.

Representear

Nos primeiros anos do nosso casamento, Lora e eu não tínhamos condições financeiras de tirar férias. Eu sei — um problema de gente privilegiada. Isso não é motivo de reclamação, quando levamos em conta que há pessoas que nem sabem de onde tirar a próxima refeição! Contudo, durante aquele período em que não podíamos pagar uma viagem, fomos abençoados pela generosidade de pessoas que nos ofereciam sua casa de férias ou até nos pagavam uma viagem. Foi isso que nos inspirou a começar a passar a bênção adiante. Éramos abençoados pela generosidade dos outros e queríamos passar para o lado dos doadores da equação!

Lembro-me bem da primeira vez que senti o ímpeto de passar adiante essa bênção específica. Eu era o orador de um congresso na Califórnia, e um pastor local fez a gentileza de me buscar no aeroporto. Enquanto íamos de carro até a igreja, ele me contou um pouco de sua história. Percebi que ele estava passando por uma fase de bastante estresse, o que era compreensível, já que um de seus filhos enfrentava um problema de saúde com repercussões médicas e financeiras. Soube, em meu espírito, que Lora e eu precisávamos fazer algo para ajudá-lo, e foi o que fizemos. Jamais me esquecerei da sensação de passar a bênção adiante. Fiquei um pouco preocupado se o nosso presente seria interpretado com a intenção que tivemos ao dá-lo, mas descobrimos que pagar aquelas férias necessárias foi tão divertido quanto sair de férias! Aliás, foi quase como se estivéssemos ali aproveitando junto com eles!

Já expliquei como funciona o jogo da doação, mas me permita compartilhar algumas regras de engajamento. Em primeiro lugar, *dê aquilo que você recebeu*. Se alguém me der um vale-presente, posso praticamente garantir que eu o darei de presente a outra pessoa. Sei que parece errado, não é mesmo? Não seria um insulto para a pessoa que me presenteou em primeiro lugar? Se for, tudo bem. Sinto muito mais alegria em passar adiante os vales-presente do que em gastar comigo mesmo! Além disso, há situações em que um presente em dinheiro seria mal interpretado ou até considerado um insulto. Mas o vale-presente dá a desculpa perfeita. Poucas pessoas argumentam contra: "Tenho um vale-presente. Deixe que eu pago!".

Reconheço que dar presentes de igual valor ao que recebemos pode parecer um jogo empatado. O saldo final não seria zero? A minha resposta honesta é: "Não!". Para começar, gera alegria incalculável. E, embora eu não possa quantificar isso, parece que, quanto mais vales-presente eu dou, mais cresce a minha pilha de vales! E isso se aplica a todas as bênçãos. Sem dúvida, não estou sugerindo que todos devem doar cada vale-presente que ganham. Você precisa descobrir como jogar o jogo da doação do seu jeito único.

A segunda regra de engajamento: *dê de acordo com quem você é*. Em outras palavras, seja você mesmo! Você conhece alguém cujas habilidades culinárias se qualificam como um dom espiritual? Ou alguém que é capaz de consertar toda e qualquer coisa? Não sou nenhuma dessas pessoas! Mal consigo assar biscoitos com massa pronta e não consigo consertar absolutamente nada. Qualquer tentativa da minha parte de abençoar você dessa maneira acabará parecendo uma maldição! Por quê? Porque esse não sou eu!

Passar a bênção adiante é direcionar o *seu* tempo,
o *seu* talento e o *seu* dinheiro para os outros.

Sua generosidade é tão singular quanto você, mas você precisa descobrir como imprimir nela a sua digital.

Cota de sorrisos

Depois que você pega o jeito, passar a bênção adiante é muito divertido. Mas nem sempre é fácil. Uma das coisas mais difíceis de passar adiante é a nossa atitude. A atitude é uma grande peça do quebra-cabeça da bênção e não custa um centavo!

Uma das formas mais simples de abençoar alguém é com um sorriso. Não se engane — o seu sorriso é um superpoder! Cientificamente falando, o sorriso reduz o estresse por meio da supressão do cortisol e aumenta a felicidade mediante a liberação de endorfinas. É claro que não é necessário um estudo científico para nos convencer dos benefícios de sorrir. Isso é algo intuitivo. O contraintuitivo é o seguinte: não sorrimos apenas *porque* somos felizes. Somos felizes *porque* sorrimos. O sorriso tem o poder de se apoderar das suas emoções e enganar o seu cérebro.[5]

Você sabia que as crianças sorriem cerca de 400 vezes por dia, ao passo que os adultos sorriem em média 20 vezes por dia? Em algum momento entre a infância e a idade adulta, perdemos 380 sorrisos![6] Precisamos recuperar alguns desses sorrisos! Ao sorrir, envolvemos 43 músculos da face, bem como o sétimo nervo craniano que os controla.

Quando eu estava no ensino médio, lembro-me de ter feito o "experimento do bocejo" durante o horário de biblioteca para passar o tempo. Se me lembro bem, o nosso recorde foi uma reação em cadeia de 17 pessoas bocejando! É incrível quanto um bocejo é subconscientemente contagiante. E um sorriso também! Se você quiser se divertir

[5] The Science Behind Smiling, **Pick the Brain**, 12 de novembro de 2016, <www.pickthebrain.com/blog/the-science-behind-smiling>.

[6] Ibidem.

durante uma reunião, festa ou jantar que está sem graça, tente fazer o experimento do sorriso. Identifique a pessoa que parece menos propensa a abrir um sorriso. Então, comece a enviar alguns sorrisos na direção dela. Se um sorriso comum não funcionar, você tem permissão para dar uma risada engraçada!

Agora, falando sério, e se direcionarmos os tornamo-nos como forma sutil de abençoar os outros? O seu sorriso tem o poder de fazer uma reviravolta completa no cenho franzido de outra pessoa! E claro, não posso deixar de acrescentar uma advertência: é cientificamente, comprovado que sorrir deixa você mais atraente!

O presente da atenção plena

Além de usar o seu sorriso, tente dar às pessoas a sua atenção plena. Sim, isso significa deixar o celular de lado! Em uma era digitalmente distraída, a atenção plena é um dos maiores presentes que se pode dar a alguém. Já esteve com alguém que fez você se sentir a pessoa mais importante do Planeta? Ou mesmo a única pessoa do Planeta? Isso é um presente, não é mesmo? Mais do que isso: é uma bênção!

A mãe de Winston Churchill, Jennie Jerome, jantou certa vez com dois primeiros-ministros da Inglaterra em noites consecutivas. Quando lhe perguntaram a impressão que teve de cada um, ela disse o seguinte acerca de William Gladstone: "Quando deixei o salão após me sentar ao lado de Gladstone, senti que ele era o homem mais inteligente da Inglaterra". E após jantar com Benjamin Disraeli? "Senti que eu era a mulher mais inteligente da Inglaterra".[7]

Posso lhe contar um segredo que não é tão secreto assim? As pessoas mais interessantes do Planeta são aquelas que demonstram grande interesse pelos outros. Essa é a bênção da atenção plena, e ninguém fazia isso melhor do que Jesus.

[7] Jerome Jennie, citada por Mkandawire, Mary. Leadership Is Influence, **Dr. ary:** Living on Purpose, 14Ede agosto de 2015, <https://drmarylivingonpurpose.com/2015/08/14/leadership-is-influence>.

Lembra-se da mulher com um histórico de doze anos de hemorragia, que tocou a barra da veste de Jesus? Quando Cristo perguntou: "Quem tocou em meu manto?" (Marcos 5.30), os discípulos ficaram estupefatos e responderam: "Vês a multidão aglomerada. ao teu redor e ainda perguntas: 'Quem tocou em mim?' " (v. 31). Jesus só parou quando encontrou a mulher. Então, olhou dentro da alma dela. Não curou apenas a hemorragia; deu-lhe o presente da atenção plena! E se fizéssemos disso a nossa missão, assim como Jesus fez?

Na última temporada de futebol americano, fiz um pequeno discurso motivacional no dia de abertura da concentração dos Baltimore Ravens. Eu não conhecia o técnico principal, John Harbaugh. Mas John havia lido o livro *Persiga o seu leão* e queria que esse fosse o lema do time. É preciso registrar que eles enceram o campeonato do norte dos Estados Unidos no último minuto do último jogo da temporada. Quando isso aconteceu, John saiu correndo pelo campo com uma garra de leão na mão fechada, estendida bem alto. Não cresci sendo fã dos Ravens, mas fica difícil não torcer por eles agora!

Vou lhe contar o que lembro daquele dia de abertura na concentração do time, além de me sentir relativamente baixinho em um ambiente cheio de homens muito grandes. John passou mais de uma hora comigo e com os membros da minha equipe que me acompanharam naquele dia. Tomamos café da manhã juntos. Ele nos mostrou a academia e a área de treinos. Até subimos na balança de bioimpedância para medir o índice de gordura corporal.

Eu mencionei que era o primeiro dia de concentração? Eu esperava um "oi" e um "tchau" bem rápidos. Mas John Harbaugh nos deu o presente da atenção plena — e vários uniformes dos Ravens também! É um presente do qual jamais me esquecerei e que me desafiou a ser mais presente com as pessoas que cruzam o meu caminho.

A Bíblia dá um passo além: "Não se esqueçam da hospitalidade; foi praticando-a que, sem o saber, alguns acolheram anjos" (Hebreus 13.2).

O que aconteceria se tratássemos a todos como anjos? Creio que o Reino de Deus viria! E a vontade, de Deus seria feita! E haveria muito mais bênçãos dobradas para passar adiante. A igreja deveria ser o lugar mais hospitaleiro do Planeta. Ninguém deveria nos superar no jogo da hospitalidade!

Aí está você!

Posso dividir com você uma das minhas frustrações como pastor?

Pessoas demais avaliam uma igreja de acordo com o que recebem dela — a mensagem, o louvor, a programação infantil. Veja bem, tais coisas devem ser feitas com uma excelência que honra a Deus. E você precisa encontrar uma igreja em que se sinta bem — sem dúvida. Mas esse, não pode ser o único instrumento de medida. Não dá para ir à igreja só por aquilo que você receberá. Você deve ir à igreja por causa do tempo, do talento e dinheiro que você leva como contribuição! Você tem algo a oferecer que ninguém mais possui.

Sem dúvida, a igreja que você frequenta deve fazer você crescer espiritualmente! Mas a verdadeira medida de maturidade espiritual não é o que você recebe da igreja; é quanto você dá. Vivemos em uma cultura consumista, e é difícil deixar a mentalidade de consumidor da porta para fora. Mas, se você não fizer isso, sempre sentirá que foi prejudicado. Se o seu objetivo é levar uma bênção, então não faltarão oportunidades!

Dick Foth, o meu pai na fé, diz que há dois tipos de pessoas no mundo. Há aquelas que entram no ambiente anunciando: "Aqui estou!". Acham que o mundo gira em torno delas, e seu ego mal passa pela porta! E há aquelas pessoas que entram no ambiente com o foco externo, dizendo por dentro: "Aí está você!". Elas deixam o ego na porta e se importam com os outros!

Essa era a diferença entre William Gladstone e Benjamin Disraeli. Gladstone era extraordinariamente inteligente, mas uma pessoa do tipo "Aqui estou!". Aliás, a rainha Vitória disse celebremente a respeito dele: "Ele sempre se dirige a mim como se eu fosse uma audiência de opinião pública".[8]

Sem dúvida, espero que todas as pessoas que entram na National Community Church saiam se sentindo abençoadas, e, com frequência, pronunciamos a bênção sacerdotal no fim do culto. Mas a igreja não é um "clube da bênção pessoal". O objetivo não é ser abençoado. O objetivo é levar a bênção, ser a bênção. Quando uma igreja é formada por pessoas com essa mentalidade, é melhor apertar os cintos! Aí está uma igreja que vai mudar a cidade!

Uma última observação, uma vez que já estou com o megafone na mão...

Você sabe por que C. S. Lewis ia à igreja? Não era por amar os hinos. Ele achava que eram "poemas de quinta categoria em música de sexta qualidade".[9] Não era por amar os sermões ou gostar das pessoas. Nada disso. C. S. Lewis ia à igreja porque acreditava que, se não o fizesse, cairia naquilo que chamava de "arrogância solitária".[10]

Quando nos isolamos dos outros, acabamos nos tornando uma ilha. Em palavras simples, eu preciso de você, e você precisa de mim. Juntos, tornamo-nos uma bênção dobrada. Como Zan e Jayna, os gêmeos extraterrestres dos quadrinhos *Superamigos*, os nossos poderes não podem ser ativados se estivermos desconectados, fora de alcance. O que quero dizer com isso? O jogo da doação é um esporte em equipe! "Supergêmeos, ativar!"[11]

[8] Vitória, citada por Mkandawire, "Leadership Is Influence".

[9] Lewis, C. S. Answers to Questions on Christianity, em Hooper, Walter (Ed.). **God in the Dock:** Essays on Theology and Ethics. Grand Rapids, MI: Eerdmans, 1970. p. 52.

[10] Ibidem.

[11] Wikipedia, verbete "Wonder Twins", última modificação em 19 de fevereiro de 2019, 00:23, <https://en.wikipedia.org/wiki/Wonder_Twins>.

Elfos

Neste ponto, você já pode estar se sentindo meio sobrecarregado pelo jogo da doação. Por onde começo? Como contar os pontos? Como saber se estou ganhando? Em primeiro lugar, o jogo da doação é um *jogo*. Sim, é a mordomia que está em xeque. Mas um jogo deve ser divertido, e é assim que você sabe se está ganhando na bênção dobrada!

Pouco tempo atrás, parei para ler uma pilha de cartas que haviam se acumulado na minha caixa de correio. Encontrei uma bem antiga. Eu não me lembrava de nada do incidente relatado, mas a carta me fez recordar quanto pequenas bênçãos podem significar muito!

> Querido Mark, gostaria de enviar esta nota de agradecimento por um pequeno ato de bondade estendido ao meu filho ontem. Não tenho certeza do momento em que aconteceu. Pela mensagem que recebi do meu filho, parece que foi por volta das 5 da tarde, mas você estava na lanchonete da escola na mesma hora que ele e pagou um refrigerante para o meu garoto.

Um refrigerante? É necessário mesmo mandar uma carta de agradecimento por causa disso? Provavelmente, o refrigerante foi mais barato que o selo de envio da carta! Mas a história envolve mais do que isso: o aluno para quem comprei o refrigerante estava com dificuldades financeiras. Trabalhava 35 horas por semana enquanto cursava todas as matérias possíveis para conseguir se formar mais rápido. Não foi preciso muito esforço da minha parte, mas, às vezes, os menores atos de gentileza são os mais significativos. E poucos são mais divertidos!

Falando em diversão, temos amigos que se transformam em *elfos* todo Natal. É aquela velha brincadeira de bater na porta e sair correndo, mas com um toque especial. Todo ano, esse casal, cuja identidade protegerei, escolhe uma família para abençoar. Então, por doze dias consecutivos, eles furtivamente entregam presentes, tocam a campainha e desaparecem como elfos ninjas. No 12º dia, revelam a própria identidade e fazem uma festa!

De onde veio essa ideia? O marido, a quem chamaremos de Buddy, recebeu esse presente de "elfos" quando criança. Sua família passou a bênção adiante, e depois Buddy fez o mesmo novamente, quando se casou. Alguns detalhes importantes se você decidir dar uma de elfo...

Primeiro, a polícia já foi chamada por causa dos pacotes suspeitos!

Segundo, pelo menos uma criança ficou arrasada porque não se tratava de elfos de verdade!

Terceiro, certifique-se de ter o endereço certo!

O mundo poderia muito bem contar com mais elfos, não é mesmo? Sim, a melhor maneira de espalhar a alegria do Natal três cantando bem alto para todos ouvirem.[12] Mas, enquanto fizer isso, passe algumas bênçãos adiante.

Festas de três minutos

Poucas pessoas são melhores na arte de abençoar do que Bob Goff. Se você ainda não leu *O amor, faz*[13] ou *Everybody, Always* [Todo mundo, sempre], acrescente à sua lista de leitura! Qualquer um que organize um desfile de ano-novo para os vizinhos é alguém com quem podemos aprender. E já tive o privilégio de receber uma das bênçãos extraordinárias de Bob.

Há alguns anos, Bob convidou alguns amigos para sua casa nas montanhas no Canadá. Não é o lugar mais fácil de chegar. Envolveu seis horas de voo e oito horas de barco, mas valeu a pena a viagem! Ao nos aproximarmos da casa de Bob no meio do nada, um barco de fundo chato acelerou na nossa direção. Eu estava levando esquis

[12] Tirando um pouco o chapéu para o clássico filme de Natal **Um duende em Nova York**, dirigido por Jon Favreau. New Line Cinema, 2003.

[13] Publicado em português pela Editora Fundamento em 2016. [N. do R.]

aquáticos, e havia uma banda totalmente uniformizada a bordo. Havia até mesmo um homem vestido de *kilt* tocando gaita de foles! Isso é que eu chamo de festa de boas-vindas! Para ser franco, tive ali um vislumbre da festa de boas-vindas que nos aguarda no céu!

Ao fim dos nossos dias juntos, tiramos uma foto do grupo. Era verão, mas, logo antes de tirarmos a foto, começou a nevar! Bob montou a máquina de neve porque achou que ficaria mais divertido. Não sei que outras palavras eu poderia usar, mas Bob Goff festeja como Jesus! Há mais uma história sobre Bob que ilustra mais de perto essa ideia da bênção.

Se você seguir Bob no Instagram, perceberá que parece que ele está por toda parte o tempo inteiro. Bob viaja 800 mil quilômetros por ano. Isso significa que ele fica bastante tempo passando pela alfândega. A maioria de nós passa pela conferência da receita federal como um robô, mas não Bob. Ele notou um agente que parecia tratar cada viajante com uma dose extra de cortesia. Então, certo dia, Bob chamou sua atenção. Em vez de entregar o passaporte, estendeu a mão para cumprimentá-lo e disse: "Já passei por você diversas vezes e só queria agradecer pelo seu jeito de tratar cada pessoa da fila. É realmente incrível. A sua maneira de tratar as pessoas me lembra muito de como Jesus ama a humanidade".

O agente da Receita Federal olhou para cima, "levantou, saiu de trás de sua mesa e abriu os braços para abraçar Bob! Um detalhe: Bob é muito alto, e aquele agente é bem baixinho. Enquanto se abraçavam, Bob ouviu em tom abafado: "O meu nome é Adrian". Centenas de viajantes testemunharam aquele abraço, que mais pareceu uma dança meio esquisita.

"Aquele foi o início da minha amizade com Adrian" — disse Bob. — "Três minutos de cada vez."[14] Eu amo essa abordagem — *três minutos de cada vez*! É tudo que basta para abençoar alguém, talvez menos.

[14] Goff, Bob. **Everybody, Always:** Becoming Love in a World Full of Setbacks and Difficult People. Nashville: Nelson Books, 2018. p. 107.

Uma das melhores maneiras de obedecer ao Grande Mandamento é fazendo festas de três minutos. Onde? Em qualquer lugar! Quando? A qualquer momento? Quem? Com quem for. Mas você pode muito bem começar com quem está ao seu lado.

Algumas das melhores bênçãos da vida nos são concedidas sem motivo algum. Assim como uma festa surpresa, as bênçãos espontâneas parecem vir do nada. E é sua imprevisibilidade que as torna tão inesquecíveis. Uma bênção do nada pode transformar um momento comum em uma memória que dura a vida inteira.

Quando investiguei quem foram as pessoas que abençoaram a minha vida de maneira profunda, identifiquei alguns elementos comuns. Bob Schmidgall ia ao hospital orar por mim no meio da noite. Dick Foth demonstrou interesse altruísta por mim em um momento vulnerável da minha vida. Bob Rhoden acreditava mais em mim do que eu mesmo. E há pessoas como Dick Eastman, Pat Morley e Michael Hall que intercedem por mim e pela minha família nominalmente. E, claro, há Bob Goff, que ama todo mundo, sempre!

Algumas das melhores bênçãos da vida nos são concedidas sem motivo algum.

De uma maneira ou de outra, todos me abençoaram com sorrisos, palavras e atenção plena. E o fizeram em circunstâncias cruciais da minha vida. A única maneira de cuidar com fidelidade dessas bênçãos é passando-as adiante. É exatamente assim que o Reino avança. Se você começar a praticar o jogo da doação, todos sairão ganhando.

Vá dar uma festa de três minutos!

Capítulo 13

PAGUE ADIANTADO

"A medida que usarem também será usada para medir vocês."
Lucas 6.38

Em 30 de julho de 1945, a revista *Time* publicou um artigo sobre um experimento fascinante.[1] Não foi um experimento científico, como o Projeto Manhattan, que testou a primeira bomba atômica duas semanas antes. Pelo contrário, foi um estudo de natureza bem diferente. A hipótese a ser testada era um versículo das Escrituras, Malaquias 3.10:

> " 'Tragam o dízimo todo ao depósito do templo, para que haja alimento em minha casa. Ponham-me à prova', diz o SENHOR dos Exércitos, 'e vejam se não vou abrir as comportas dos céus e derramar sobre vocês tantas bênçãos que nem terão onde guardá-las' ".

O cientista maluco foi um empresário chamado Perry Hayden, presidente da Hayden Flour Mills. Ele quis testar o dízimo de forma única, mas antes me permita compartilhar um pouco de sua história de vida. Aos 29 anos de idade, Perry Hayden sentiu um conflito interior.

1 Religion: Dynamic Kernels, **Time**, 30 de julho de 1945, <http://content.time.com/time/magazine/article/0,9171,801686,00.html>.

Ele queria entrar para o mundo dos negócios, mas também tinha vontade de ser missionário na China. Perry não fazia ideia de qual caminho seguir quando participou de um congresso em Columbus, Ohio. A conversa com um dos oradores no final de uma reunião mudou sua trajetória de vida. Após explicar seu dilema para o orador, este disse: "Perry, volte para casa e ganhe o máximo de dinheiro que conseguir. Então, doe tudo que puder". A decisão de Perry foi tomada naquele mesmo instante!

Nos meses que se seguiram àquele congresso, alguém mandou um folheto sobre o dízimo para Perry. Ele havia crescido na igreja, mas, de algum modo, jamais tinha ouvido falar sobre esse conceito. Decidiu aceitar o desafio do dízimo e começou a devolver a Deus os primeiros 10% de sua renda. Não foi uma decisão fácil, já que seu negócio perdia dinheiro o tempo inteiro. Mas sua experiência empresarial deu uma reviravolta significativa após aquela decisão. Ele percebeu que a mudança só poderia ser atribuída a Deus.[2]

Muitos anos depois, Perry Hayden teve uma ideia maluca enquanto ouvia um sermão sobre João 12.24. Jesus declarou: "Digo verdadeiramente que, se o grão de trigo não cair na terra e não morrer, continuará ele só. Mas, se morrer, dará muito fruto". Perry Hayden quis provar a veracidade desse versículo de maneira única e testar a hipótese de Malaquias 3.10. É aí que voltamos ao experimento noticiado na revista *Time*.

Em 26 de setembro de 1940, Perry Hayden plantou 360 grãos de trigo da espécie *Triticum aestivum* em um pedaço de terra de 1,20 metro x 1,20 metro. Deve ter sido o menor campo de trigo do mundo! Então, fez o voto de dar o dízimo da colheita um ano depois e fazê-lo por seis anos consecutivos, de acordo com as antigas leis agrícolas judaicas encontradas em Levítico 25. Perry semearia por seis anos e depois deixaria a terra ter um ano sabático no sétimo.

2 ERVIN, Brenda. The Biblical Wheat Experiment, **Lutheran Digest**, 25 de outubro de 2010, <http://luthorandigest.com/2010/10/25/the-biblical-wheat-experiment>.

Em 1941, os 2,5 centímetros quadrados de grãos se transformaram em 737 centímetros cúbicos após o dízimo. Em 1942, a colheita foi 55 vezes maior, ou seja, de 32 quilos. Ele devolveu o dízimo, do trigo e replantou os 28,8 quilos restantes na fazenda de Henry Ford, amigo de Perry. Em 1943, cerca de 0,40 hectare de terra produziu 7,3 sacas, a partir de 0,45 saca de grãos. Henry Ford forneceu a colheitadeira e debulhadora. Então, ofereceu sua fazenda para o quarto plantio. Em 1944, os 5,6 hectares plantados produziram 172,7 sacas. Um décimo da colheita foi para o dízimo, e o restante, replantado. Foram necessários 93 hectares e uma frota de 40 colheitadeiras e debulhadora. para ceifar o trigo em 1945. A produção foi de 2.525 sacas. Nesse momento, após devolver o dízimo do quinto ano de colheita, as 2.272 sacas de trigo restantes foram entregues para 276 agricultores, que as plantaram em 1.079 hectares. Todos concordaram em devolver o dízimo da colheita na igreja que frequentavam.

Em 1946, Harry Kelly, governador do Michigan, declarou que em 1º de agosto seria celebrado o "Dia Bíblico do Trigo". Foi o dia em que Perry Hayden celebrou a sexta e última colheita. Aquilo que começou com 360 grãos plantados em um quadrado de 1,20 metro x 1,20 metro resultou em uma colheita de 32.795 sacas de trigo, avaliadas em cerca de 150 mil dólares. Ajustando o valor de acordo com a inflação, seria o equivalente a 1.480.652 dólares atualmente! Assim terminou um dos experimentos mais extraordinários com o dízimo de toda a história.[3]

Já lancei o desafio da gratidão. Então, por que não fazer o desafio do dízimo também? Um livro sobre bênção seria incompleto sem ele. Você se lembra dos quatro níveis da generosidade? O dízimo é um pequeno passo, mas um grande salto rumo ao terceiro nível da generosidade — dar *proporcionalmente*. Assim como acontece com qualquer objetivo, pode levar um tempinho para chegar aos 10%.

3 Ervin, Biblical Wheat Experiment; **US Inflation Calculator**, usando os anos 1952 e 2021, respectivamente, e o valor total de 150.000 dólares, <www.usinflationcalculator.com>.

Envolverá fé e sacrifício, sem dúvida. Mas, se você estipular essa meta de doação, certamente a alcançará no tempo de Deus. E o Senhor que celebra duas moedinhas comemorará cada risco que você correr e cada sacrifício que fizer.

Agora voltemos ao básico.

As primícias

O dízimo é tão antigo quanto Abraão. Foi instituído antes do Sinai, o que é muito significativo! Alguns argumentam que o dízimo é uma prática da velha aliança, mas, na verdade, ele antecede a entrega da Lei. Remonta a um encontro um tanto quanto enigmático entre Abraão e Melquisedeque, sacerdote de Salém. É o que alguns teólogos chamam de aparição pré-encarnada de Cristo. *Melquisedeque* significa "rei da justiça",[4] e o Rei fez duas coisas muito curiosas. Primeiro, ele abençoou Abraão. Segundo, ele lhe serviu pão e vinho. Isso prefigura algo que chamamos de santa ceia e cálice da bênção. Qual foi a resposta de Abraão a essa bênção, a essa comunhão? Ele deu a Melquisedeque um décimo de tudo que possuía.

Avance mil e quinhentos anos e você verá o profeta Malaquias desafiando o povo de Israel a dar proporcionalmente. Tal desafio é aliado à promessa de mais bênçãos do que eles eram capazes de conter. E esse é o único lugar da Bíblia na qual Deus nos instrui explicitamente a prová-lo. Como? Devolvendo o dízimo.

Mais uma vez, dízimo significa literalmente "a décima parte da renda".[5] Mas vamos partir para a pós-graduação da generosidade. Não é qualquer 10%, mas o primeiro 10%. O termo técnico é "primícias". Assim, o dízimo não era um mero ato de obediência correspondente à velha aliança, mas uma declaração de fé.

[4] Strong's G3198 — Melchisedek, **Blue Letter Bible**, <www.blueletterbible.org/lang/lexicon/lexicon.cfm?Strongs=G3198&t=ESV>.

[5] V. p. ex., **Dicionário Michaelis**, verbete "dízimo", <https://michaelis.uol.com.br/moderno-portugues/busca/portugues-brasileiro/d%C3%ADzimo/>.

Os agricultores judeus não ceifavam os campos de uma vez. Eles colhiam as primícias, levavam o primeiro 10% para o templo e entregavam aos sacerdotes. Só então voltavam para a fazenda e colhiam o restante da seara. De acordo com a lei levítica, se eles honrassem a Deus com o dízimo, o Senhor os abençoaria com o que era conhecido como a *segunda colheita*.

A segunda colheita

Posso elevar um pouco mais o patamar da generosidade? Se você chegou até aqui, espero que eu tenha conquistado um pouco da sua confiança. O que vou dizer agora não é uma acusação, mas uma observação. Se você não está ceifando uma segunda colheita, talvez seja por não estar honrando a Deus com as suas primícias. E eu seria omisso se não mencionasse que os israelitas caíram em maldição por não devolverem a Deus o dízimo completo. Lembra-se do que diz o Talmude sobre deixar de agradecer ao Senhor pelas bênçãos? É como se estivéssemos roubando dele.[6] O mesmo se aplica ao dízimo. Você não pode reter de Deus e esperar sua bênção completa.

Prossigo agora com bastante cuidado, na esperança de que você escute o coração de Deus. O dízimo *não* é uma ameaça, mas uma promessa! Se você cresceu em uma igreja legalista, aposto que o dízimo tem algumas conotações negativas. Pode até criar certa tensão interna, e vou lhe explicar por quê. Porque o legalismo foca a Lei, não a graça! Mas não estamos debaixo da Lei; estamos sob o guarda-chuva da graça! Mais uma vez, o objetivo é crescer na graça de dar. *A graça é a gênese da generosidade!* Ou, você pode inverter os lados: *a generosidade é a revelação da graça*. De todo modo, a graça muda tudo! Se o dízimo faz a sua pressão sanguínea ir às alturas, você está pensando nele do jeito errado!

[6] Bialik, Hayim Nahman; Ravnitzky, Yehoshua Hana (Eds.). **The Book of Legends:** Legends from the Talmud and Midrash. Trad. William G. Braude. New York: Schocken Books, 1992, 533:250.

Posso compartilhar algumas lições aprendidas depois de pôr essa promessa em prática há mais de vinte e cinco anos?

Primeiro, *dízimo é confiança.*

É tão simples e difícil assim. Mais uma vez, Deus não precisa do seu dinheiro! Mas ele quer o seu coração, e esses dois elementos andam juntos!

Segundo, *o dízimo mantém a ganância controlada.*

Não, me entenda mal — a ganância nunca vai embora! Ela resolve dar as caras sempre que vou ao *shopping* e vejo todas aquelas coisas que não tenho! A propósito, alguns argumentam que o dízimo pertence a Deus. Eu discordo! Tudo pertence a Deus, mas ele generosamente nos deixa ficar com 90%. O nosso dízimo é, na verdade, o dízimo reverso de Deus!

Terceiro, *objetivos que honram a Deus nunca são fáceis.*

Se o dízimo é algo novo para você, 10% pode parecer uma mudança bem grande e difícil. Isso é verdade sobretudo se você estiver tentando quitar dívidas ou simplesmente conseguir pagar as contas. Podemos dar um passo para trás? Quando decidi correr uma maratona, não saí correndo os 42,2 quilômetros da primeira vez. Eu teria sofrido um estiramento! Corri menos de 5 quilômetros — e bem devagar! E fiquei bastante dolorido no dia seguinte! Foram necessárias 72 corridas de treino ao longo de mais de seis meses para eu conseguir alcançar o objetivo. Se o dízimo parecer um salto gigantesco, talvez seja necessário dar mais de um passo. E tudo bem. Deus aplaudirá cada passo do caminho!

Quarto, *é impossível dar mais do que Deus.*

Preciso fazer uma advertência neste momento: por favor, não tente usar Deus como se ele fosse um caça-níqueis. Se você doar pelos motivos errados, não vale. Mas, se você der pelas razões certas, eu garanto: *Deus pode fazer mais com 90% do que você com 100%.*

Permita-me fechar uma última brecha.

Mesmo que você considere o dízimo um conceito da velha aliança, duvido que a porcentagem tenha diminuído na nova! A graça não desconsidera a Lei, mas a supera. Além disso, o dízimo não é o objetivo supremo. É a linha de partida. Quando Deus toma posse do nosso coração, paramos de perguntar: "Quanto eu preciso dar?" e passamos a perguntar: "Qual é o máximo que eu posso dar?".

O desafio do dízimo

Lembra-se da bênção guarda-chuva? O dízimo é um grande exemplo disso. O seu lucro se torna responsabilidade de Deus. Malaquias, é claro, mistura a minha metáfora. Deus promete derramar mais bênçãos do que somos capazes de conter, em categorias que nem conseguimos conceber.

Paul e Lynn Ferrell estão entre as pessoas mais generosas que conheço. As iniciativas profissionais de Paul no campo da tecnologia têm sido abençoadas sobremaneira, e eles são doadores nível quatro. Deparei com a generosidade radical dos dois quando eles ofereceram bolsas de estudos para os funcionários da igreja que quisessem fazer mestrado ou doutorado. Muitos da nossa equipe se beneficiaram da generosidade do casal! Eles também assumiram a responsabilidade de ajudar os sobrinhos e as sobrinhas a se formar na faculdade.

Depois de muitos anos abençoando os outros dessa maneira, o filho de Paul e Lynn participou do processo seletivo para a Vanderbilt University. Ele não só foi aprovado, como também recebeu uma bolsa que totalizou 176 mil dólares. Paul e Lynn não conectaram os pontos até decidirem fazer um inventário de quanto haviam investido na educação dos outros. Quer dar um palpite? As doações somaram exatamente a bolsa do filho, 176 mil dólares. Coincidência? Acho que não. Foi por isso que Paul e Lynn fizeram o investimento? de modo que não! Mas me permita dizer mais uma vez: você não pode quebrar a lei das medidas. Dito de outra maneira, você não pode dar mais do que Deus. Quem semeia ganância colhe escassez. Quem semeia generosidade colhe a fartura de Deus — com medida dobrada de alegria!

Agora vamos voltar ao desafio do dízimo.

Como fazê-lo? É bem simples: *pegue a sua renda anual e a divida por dez*. Esse décimo é o seu dízimo! Seguirei adiante para tirar uma dúvida do caminho: é a renda *bruta* ou a renda *líquida* após os impostos? Depende. Você quer uma bênção bruta ou líquida? Ainda estamos nos divertindo? E, só para garantir que todos se sintam incluídos, se você já devolve o dízimo, pode ter o dobro da diversão, devolvendo o dízimo dobrado! Considere esse o seu desafio! Se você dobrar as suas doações, aposto que se tornará uma bênção dobrada!

Geração após geração

Você se lembra do filme *A corrente do bem*? Pode não ter recebido a maior aclamação da crítica, mas eu amo o enredo. Um professor de estudos sociais chamado Simonet deu uma tarefa extra para uma classe de sétimo ano: "Pense em uma ideia para mudar o mundo e a coloque em prática". Trevor McKinney, encenado por Haley Joel Osment, desafiou seus colegas de classe: "Faça algo de bom para alguém que realmente necessita de ajuda — precisa ser algo difícil, algo que não podem fazer sozinhos — e, em troca, essa pessoa passa o gesto adiante para três outras pessoas; elas pagam a recompensa à frente".[7]

A corrente do bem não é um mero roteiro de Hollywood; é um tema das Escrituras.

Lembra-se da batalha de Jericó? O segredo para a vitória não foi apenas rodear a cidade por sete dias; foi um único ato de bondade. Antes que os muros ruíssem, Israel enviou dois espias para Jericó em uma missão de reconhecimento. Os espias quase foram capturados, mas uma prostituta chamada Raabe salvou o dia. Abrigar espiões judeus era praticamente uma traição, por isso Raabe fez um acordo com eles antes de ajudá-los a escapar. Pediu-lhes que eles devolvessem o favor adiante: "Jurem-me pelo SENHOR que, assim como eu fui bondosa com vocês, vocês também serão bondosos com a minha família" (Josué 2.12).

[7] **A corrente do bem**, direção de Mimi Leder, Warner Bros., 2000.

Tenho certeza de que Raabe estava pensando em sua família imediata. Era um pedido no presente, mas que teve ramificações futuras. De acordo com a tradição rabínica, Raabe se converteu ao judaísmo aos 500 anos de idade e se apaixonou por Salmom, judeu da tribo de Judá.[8] Eles tiveram um filho chamado Boaz, que teve um filho chamado Obede, que teve um filho chamado Jessé, que teve um filho chamado Davi. Ah, e Raabe é uma das somente cinco mulheres citadas na genealogia de Jesus (Mateus 1.5)! Uau!

Você nunca sabe a quem está estendendo gentileza! Pode ser para a tataravó de um rei. Ou para o seu futuro genro.

Quando eu tinha 13 anos de idade, estava internado na UTI do Hospital Edward, em Naperville, Illinois. Por volta das 2 da manhã, os médicos acionaram o código azul porque eu estava prestes a ter uma parada respiratória. Foi nesse momento que os meus pais ligaram pera o nosso pastor, Bob Schmidgall. Havia pouco tempo que frequentávamos a igreja, que tinha milhares de membros, de modo que ele não fazia ideia de quem éramos. Mas isso não o impediu de ir ao hospital no meio da madrugada orar por mim. Ele não sabia na época, mas estava orando pelo seu futuro genro. Casei-me com a filha dele nove anos depois, e nós lhe demos seu primeiro neto.

Às, vezes, a semente da bênção germina em questão de minutos. Com grande frequência, porém, leva gerações até tais sementes afetarem uma nação inteira. De todo modo, a sua bênção nasce em outra pessoa. Então, siga em frente e passe a bênção adiante.

É assim que pagamos pelas bênçãos que Deus nos concede em forma de empréstimo. Também é assim que as pagamos adiante.

8 Wikipedia, verbete "Rahab", última modificação em 9 de maio de 2019, 11:39, <https://en.wikipedia.org/wiki/Rahab>.

Comece com bênção

Quando Jesus enviou seus discípulos em sua missão inaugural, deu-lhes algumas ordens contraintuitivas. Contrariando a célebre instrução de levar um par de roupas extras, Jesus disse aos discípulos: "Não levem nenhum saco de viagem, nem túnica extra" (Mateus 10.10). Coisas que fazem você pensar! Também advertiu: "Eu os estou enviando como ovelhas no meio de lobos" (v. 16). Isso não parece seguro, não é mesmo? No entanto, o conselho mais contraintuitivo de todos deve ter sido a orientação que ele deu aos discípulos quando encontrassem alguém pela primeira vez:

> "Quando entrarem numa casa, digam: 'Que a paz esteja nesta casa!' Se as pessoas daquela casa receberem vocês bem, que a saudação de paz fique com elas. Mas, se não os receberem bem, retirem a saudação" (v. 12,13, NTLH).

Na computação, uma configuração padrão se refere a um modelo atribuído de maneira automática para o funcionamento de um *software*. Tais configurações padronizadas, também chamadas de *presets*, são as instruções operacionais às quais retornamos quando tudo mais falha. Assim como a configuração padrão nos *softwares*, nós baixamos uma série de configurações padronizadas ao longo da vida que ditam como interagimos com o mundo. Elas são tão diferentes quanto introversão e extroversão, e tão sutis quanto as motivações subconscientes.

Se formos honestos, parece que as instruções operacionais deixadas por Jesus a seus discípulos parecem uma configuração padrão equivocada, não é? A maioria de nós faz um cálculo moral rápido antes de estender a alguém a nossa bênção. Por quê? Porque queremos saber se a pessoa é digna da bênção *antes* de proferi-la! Mas Jesus escolhe uma abordagem completamente distinta. Ele ensinou os discípulos a fazer o mesmo que ele — a começar com cinco bênção. Caso a pessoa não se revele digna da bênção, tudo bem. Você pode retirá-la.

Como? Sacudindo a poeira dos pés. Nem todas as tentativas de abençoar se concretizam. Aliás, algumas parecem um tiro que saiu pela culatra. Tudo bem. Você ajunta os cacos e continua lidando com a bênção!

Não estou sugerindo que você não deve exercer uma medida de discernimento ao estender uma bênção. Afinal, Jesus também disse: "Não [...] atirem suas pérolas aos porcos" (Mateus 7.6). Em outras palavras, não confie o que é valioso a quem o desperdiçará. Em termos econômicos, não jogue dinheiro fora em um investimento ruim. A falácia dos custos irrecuperáveis é tão aplicável na vida espiritual quanto na vida financeira. Para ficar claro, ninguém é causa perdida! Mas até a pessoa estar pronta para receber a sua bênção, ela pode retornar ao remetente. Sem problema! Dê a sua bênção assim mesmo.

Há uma velha máxima que pode nos ajudar a decifrar a diferença: "Engane-me uma vez, é problema seu; engane-me duas vezes, é problema meu". Não estou dizendo que não devemos dar uma segunda chance às pessoas. Mas, se você estiver dando a 100ª pérola a um porco, isso não é perdão, mas codependência! E é para isso que necessitamos do discernimento concedido pelo Espírito.

Se você enxergar os ensinos de Jesus por meio de uma lente ampla, isso pode fazê-lo argumentar que Jesus estava tentando mudar a configuração padrão. É um refrão comum no sermão do monte. Começa com "Vocês ouviram o que foi dito" e termina com "Mas eu digo a vocês" (Mateus 5.21-48). O que Jesus estava fazendo? Desinstalando velhas configurações do Antigo Testamento e baixando a mentalidade inédita do Novo Testamento. Em lugar de "olho por olho" (v. 38), ele ensinou aos discípulos: "Se alguém o ferir na face direita, ofereça-lhe também a outra" (v. 39). Trata-se de uma configuração padrão bem diferente!

Bênção *ex nihilo*

Há alguns anos, eu estava em um congresso na Covenant Church, em Dallas, Texas. Depois que falei, o pastor Mike Hayes se levantou e disse que se sentiu, impelido pelo Espírito a recolher uma oferta.

O que ele declarou em seguida me chocou: "Vamos levantar 100 mil dólares em cinco minutos para abençoar a National Community Church". O quê? Eu não estava esperando uma oferta! E, para ser bem franco, nunca experimentei algo desse tipo antes, nem depois. Chamo esse tipo de bênção de bênção *ex nihilo*. A expressão em latim *ex nihilo* significa "do nada".[9] Uma bênção *ex nihilo* é uma bênção surpresa ou espontânea. É uma bênção que vem do nada e parece se materializar inesperadamente.

O pastor Mike e Kathy Hayes se comprometeram com 5 mil dólares e pediram para outras cinco pessoas assumirem o mesmo compromisso. Cinco mãos se levantaram em cinco segundos. Então, pediram que 25 pessoas doassem mil dólares. Por fim, pediu que 100 pessoas doassem 500 dólares. Foi como em um jardim de infância, com mãos se erguendo para todo lado. Eu conhecia Mike e Kathy havia quinze minutos! Nós nos vimos pela primeira vez antes do culto, e, mesmo assim, eles angariaram 100 mil dólares em cinco minutos. Quem faz isso? Pessoas que entendem que você recebe a bênção quando abençoa. Esse tipo de gente!

Agora conheça o restante da história.

Mike e Kathy Hayes não faziam ideia, de que, naquele mesmo dia, havíamos comprado um antigo prédio no bairro Ward 7, em Washington, D.C., que se transformaria no nosso D.C. Dream Center. Nós o compramos pelo preço dos impostos atrasados que o imóvel devia, um montante significativamente menor do que 100 mil dólares. Assim, aquela doação da Covenant Church não só pagou pelo velho prédio, como também nos forneceu uma entrada para a construção do Dream Center.

Alguns meses depois, apresentei a visão do D.C. Dream Center à nossa congregação. Como você já deve imaginar, contei a história daquela bênção *ex nihilo*. Penso que esse foi o grande motivo que inspirou a congregação a doar 5,5 milhões de dólares para construir o Dream Center sem contrair nenhuma dívida.

[9] **Merriam-Webster**, verbete "ex nihilo", <www.merriam-webster.com/dictionary/ex%20nihilo>.

Hoje o Dream Center ministra a centenas de crianças em uma parte carente da cidade. Estamos mudando a cidade, uma criança de cada vez! É um lugar no qual a esperança se torna hábito e no qual a reconciliação é real. A minha parte preferida do Dream Center? Temos uma "parede dos sonhos", na qual as crianças podem escrever com giz seus sonhos do tamanho de Deus. Mike e Kathy não sabiam na época, mas estavam pagando adiantado para cada uma dessas crianças. Como uma gota de água que causa um efeito cascata, a doação deles se fará sentir de muitas maneiras nos anos que virão!

Há, porém, outro efeito cascata nessa situação. Aquela experiência me afetou profundamente, assim como aconteceu com a biografia de J. C. Penney. Plantou uma semente no meu espírito, e marquei aquele momento com uma oração: "Senhor, concede-me o privilégio de fazer por alguém aquilo que acabaram de fazer por nós". Em outras palavras, dá-nos o privilégio de passar essa bênção adiante!

Eu gosto de igrejas

Alguns meses antes daquela bênção *ex nihilo*, fizemos uma série de sermões intitulada "Eu gosto de doar". O título da série é também o título de um livro incrível escrito pelo meu amigo Brad Formsma (*I Like Giving*). Ele é também o produtor executivo de curtas-metragens que você pode assistir em <www.ilikegiving.com>. Alguns dos meus favoritos são: *I Like Car* [Eu gosto de carro], *I Like Adoption* [Eu gosto de adoção] e *I Like Being 98* [Eu gosto de ter 98 anos]. Mas preciso adverti-lo: é melhor ter alguns lencinhos por perto!

Brad e a esposa, Laura, estão entre as pessoas mais criativamente compassivas e radicalmente generosas que Lora e eu conhecemos. Poucos identificam e satisfazem melhor as necessidades ao redor. E foi o exemplo de Brad que inspirou algo que denominamos "Eu gosto de igrejas".

Temos um mantra em que repetimos com regularidade na NCC: "Não, é o nome na placa da igreja que importa, mas, sim, o Nome acima de todos os outros nomes". Há igrejas demais com postura territorialista. Uma notícia para você: estamos todos no mesmo time! Uma das maneiras em que tentamos pôr em prática essa mentalidade de #mesmotime é investindo em qualquer igreja na região de Washington, D.C., que pregue e pratique o evangelho. Já investimos em dezenas de igrejas, algumas a apenas alguns quarteirões de distância dos nossos prédios. Cremos genuinamente que precisamos uns dos outros. De forma simples, necessitamos de muitas igrejas diferentes porque existem muitos tipos diferentes de pessoas! E investir nessas igrejas mantém o nosso coração no lugar certo!

Durante a série "Eu gosto de doar", decidimos investir o nosso dinheiro naquilo que vínhamos falando. Então, recolhemos uma oferta especial para 12 igrejas. Inspiramos os nossos pastores a identificar os pastores e igrejas que abençoaríamos "do nada". Dizer que os pastores que receberam a oferta ficaram surpresos não expressaria toda a realidade.

Olho para trás e enxergo aquela oferta *ex nihilo* como um momento definidor. Alcançamos 100 mil dólares? Não, mas passamos da metade. E finalmente conseguimos pagar adiante aquela bênção da Covenant Church no ano passado, ao investir 100 mil dólares em nossa primeira filial, Bridges Church, em Nashville, Tennessee.

Toda vez que encontro Mike e Kathy Hayes, agradeço novamente. Temos uma dívida eterna para com a Covenant Church, e digo isso de maneira literal. Temos impactado centenas de crianças por meio do D.C. Dream Center, e a Covenant Church contribui com cada uma delas! Um dia, essas crianças retribuirão, pagando adiante o que receberam.

De volta para o futuro

Antes de dar o passo seguinte na nossa jornada de generosidade, precisamos voltar um instante. Você está jogando o jogo da doação? Em que nível? E o mais importante: qual é o próximo passo para você?

Por favor, não entre no jogo pelos motivos errados! Quais são os motivos errados? Qualquer um que não seja ordenado por Cristo ou impulsionado pelo Espírito Santo. Posso lembrá-lo de uma verdade simples, mas extremamente importante? "Deus ama quem dá com alegria." (2Coríntios 9.7.) Quem se qualifica? Bem, sem dúvida, não aquele que dá por pressão externa!

A generosidade sempre acontece de
dentro para fora, e o catalisador é a convicção
gerada pelo Espírito Santo.

Depois de checar os seus motivos, continuemos a avaliar a nossa generosidade.

Você começa com bênção? Ou começa de outra forma?

Já fez um inventário das suas bênçãos? E está passando cada uma delas adiante?

E o desafio do dízimo? Já começou? Se não, por quê? Se não agora, quando?

Este pode ser um bom lugar para fazer uma pausa. Você não pode passar adiante bênçãos que você não listou. É preciso olhar para trás. Só então você estará pronto para prosseguir e passar adiante.

Capítulo 14

O CÁLCULO DO REINO

"Quem acha a sua vida a perderá, e quem perde a sua vida por minha causa a encontrará."
Mateus 10.39

Em 12 de novembro de 1859, um acrobata francês chamado Jules Léotard apresentou o primeiro ato de trapézio voador no Cirque Napoléon, em Paris. Quando adolescente, Jules amarrou fios de ventilador em cima da piscina da casa do pai, onde praticava as manobras aéreas. Sua nova forma de arte deslumbrou o público circense, em parte por ser realizada sem rede de segurança. A roupa grudada ao corpo chamou a atenção também! Jules Léotard foi responsável pela criação do *collant*, peça conhecida em inglês pelo sobrenome de Jules — *leotard*.[1]

O trapézio logo se tornou a atração principal do grande circo, por sua intriga intrínseca, o tempo impecável necessário para realizá-lo com perfeição e a beleza do balé aéreo. No trapézio tradicional, dois artistas circenses sobem por escadas altas até pequenas plataformas, a aproximadamente 12 metros de altura. Quem vai saltar tem uma barra

1 Wikipedia, verbete "Jules Léotard", última modificação em 16 de abril de 2019, 18:07, <https://en.wikipedia.org/wiki/Jules_L%C3%A9otard>.

para saltar, e quem vai pegar o saltado tem uma barra para agarrar. Quando chega a hora de o saltador se soltar, o pegador dá um sinal.

Miguel Vargas é um artista circense de quinta geração que treina participantes do Cirque du Soleil. De acordo com Varga, que é trapezista desde os 7 anos de idade, o maior desafio ao tentar um novo número é o bloqueio mental. É difícil soltar a barra, porque você está prestes a fazer algo que nunca realizou, a 12 metros de altura![2]

Soltar a barra contraria todos os instinto, naturais, e o mesmo se aplica a viver com generosidade. A nossa inclinação natural é nos agarrar ao que temos de punhos tão cerrados quanto possível. Qual é o bloqueio mental? Mais uma vez: dinheiro nunca é demais! Você precisa superar esse bloqueio mental se deseja soltar a barra e passar a bênção adiante.

John D. Rockefeller, amplamente considerado o norte-americano mais rico de todos os tempos, de algum modo conseguiu abrir mão da inclinação natural de se apegar e se tornou um dos maiores filantropos da história. É tentador desconsiderar a generosidade de Rockefeller por causa da quantidade de dinheiro que ele ganhava, mas sua generosidade não começou quando ele possuía milhões de dólares. Começou com uma mãe temente a Deus que incentivou seu garotinho a entregar centavos a Deus! Rockefeller soltou a barra quando pequeno e jamais parou de confiar no pegador. Viveu segundo a máxima de John Wesley: "Ganhe tudo que puder, economize tudo que puder e doe tudo que puder".[3]

A fé é uma moeda de dois lados. Cara, fé é *se apegar*. É se agarrar às promessas de Deus e se recusar a abrir mão. Coroa, fé é *abrir mão*. Pode parecer contraditório, mas, se não tivéssemos aberto mão de uma nota de 50 dólares m 1996, não creio que a National Community

2 CHILLAG, Amy; BRITTON, Bianca. For Cirque de Soleil's Trapeze Artists, It's Hard Work to Fly Right, **CNN**, 27 de março de 2017, <www.cnn.com/2016/10/12/travel/cirque-du-soleil-trapeze-vargas/index.html>.

3 WESLEY, John, citado no artigo John D. Rockefeller — the Man Who Gave Away Shiny New Dimes, **Wealthymatters.com**, 2 de junho de 2012, <https://wealthymatters.com/2012/06/02/john-d-rockefeller-the-man-who-gave-away-shiny-new-dimes>.

Church teria doado quase 20 milhões de dólares para missões ao longo dos últimos dezessete anos. Aposto que você é capaz de pensar em alguns exemplos, de coisas das quais precisou abrir mão a fim de ganhar o que tem agora. E não estou falando apenas do lado financeiro. Isso também é verdade nas esferas espiritual, emocional e relacional.

Há algo de que você necessita abrir mão? Há algo a que você esteja se apegando por medo, não pela fé? Assim como o jovem Rico, você pode pensar que suas economias são a sua rede de segurança. Mas talvez seja exatamente isso que o impeça de voar. Ou quem sabe você esteja segurando o seu tempo em vez de oferecê-lo voluntariamente. É possível que seja a hora de abrir mão do seu tempo, talento e dinheiro em maior medida e ver o que Deus é capaz de fazer com eles!

"Segurei muitas coisas nas mãos e a todas perdi" — disse Martinho Lutero. "Mas tudo que coloquei nas que nãos de Deus continuo a possuir."[4]

O bloqueio mental

Amo comida e amo milagres. Então, como você já deve ter imaginado, amo milagres que envolvem comida! Creio que o meu favorito é a multiplicação dos pães e peixes.

Jesus e seus discípulos estavam rodeados por uma multidão de pessoas irritadas por causa da fome. Jesus se virou para Filipe e fez a pergunta óbvia: "Onde compraremos pão para esse povo comer?" (João V.5.) Filipe era de Betsaida, a poucos quilômetros de distância. Se alguém sabia onde encontrar alimento, era ele. Mas não havia uma grande padaria na esquina! E, mesmo que houvesse, Filipe sabia que eles não tinham condições financeiras de alimentar nem parte daquela multidão. A resposta de Filipe foi quase uma repreensão: "Mesmo que trabalhássemos vários meses, não teríamos dinheiro suficiente para dar alimento a todos!" (v. 7, NVT).

4 Martin Luther Quotes, **BrainyQuote**, <www.brainyquote.com/quotes /martin_luther_390009>.

Galileia, temos um problema!

Posso fazer uma observação? *Todos querem um milagre, mas ninguém quer se ver em uma situação que necessite de um milagre.* É claro que não podemos ter uma coisa sem a outra! Por definição, um milagre requer uma situação impossível. Então, caso você se encontre em uma condição de insuficiência, talvez Deus o esteja preparando para algo extraordinário.

Jesus não perguntou a Filipe onde seria possível comprar pão por não saber o que faria em seguida. Era uma pegadinha, não uma razão para pânico. Jesus o preparou para o milagre por meio de perguntas certeiras. "Fez essa pergunta apenas para pô-lo à prova, pois já tinha em mente o que ia fazer." (V. 6.)

Isso é extremamente reconfortante, não? Mesmo quando sentimos que estamos dentro de um rio, sem remo, Deus ainda tem um plano de ação. E não esqueça: é impossível dar a volta por cima sem cair. Quando parecia não haver saída para aquela situação infeliz, um garotinho carregando sua merenda entra em cena, no palco certo. André assumiu o papel de capitão Óbvio: "Aqui está um rapaz com cinco pães de cevada e dois peixinhos, mas o que é isto para tanta gente?" (v. 9). André fez alguns cálculos, e o total era insuficiente. Não chegava nem perto! O que fazer quando não temos o bastante? Para começar, ore como se dependesse de Deus. Então, fique de olhos bem abertos, pois você nunca sabe como ou quando ou por meio de quem Deus pode prover.

Se você está em uma condição de insuficiência, talvez Deus o esteja preparando para algo extraordinário.

Permita-me acrescentar uma palavra de cautela neste momento: orçamento não é bingo. Se você quer saber, elaboramos o orçamento da National Community Church com base em 95% da renda do ano anterior. Não se trata de falta de visão, nem de fé, mas, sim, de viver dentro dos nossos recursos. E usamos a margem financeira para correr atrás de visões dadas por Deus quando as oportunidades se apresentam.

Dito isso, *não permita que o seu orçamento determine a sua visão.* Uma visão do tamanho de Deus sempre irá além dos seus recursos, mas não além da capacidade de Deus! Fé é visão além dos nossos recursos e, muitas vezes, se apresenta na forma de *milagre.*

Somente Deus

As Escrituras não contam qual era a idade do garotinho com cinco pães e dois peixes, mas aposto que ele tinha idade suficiente para saber que 5 + 2 = 7. Será? Se você acrescentar Deus à equação, a matemática se transforma. Chamo de cálculo do Reino. Se você pondo o que tem nas mãos de Deus, isso deixa de ser uma mera soma e passa para a multiplicação! Essa é a bênção original — “Sejam férteis e multipliquem-se!” (Gênesis 1.28). De acordo com a minha contagem, 5 + 2 = 5.000, restando 12. Jesus não só alimentou todas as pessoas até elas se fartarem, como também houve mais sobras do que o total inicial de alimento,. Somente Deus!

A moral do milagre é a seguinte: *a sua generosidade é o milagre de outra pessoa!*

Talvez você não consiga satisfazer as necessidades de 5 mil pessoas com recursos do próprio bolso. Mas, se você for fiel com seus 5 + 2, não há nada que Deus não possa fazer!

A generosidade daquele garotinho se transformou em um milagre para 5 mil pessoas, mas os milagres não são algo pontual, que logo acaba. Eles têm efeito cascata, como a gota de água na capa deste livro. Esse milagre não só encheu a barriga daquelas pessoas, como também alimentou sua fé. E aposto que o testemunho do que aconteceu na encosta do monte naquele fim de tarde alimentou a fé de outras pessoas. Como ser mordomo de um milagre? Crendo com ousadia que Deus reserva milagres maiores e melhores. E contando aos outros com humildade sobre sua bondade e grandiosidade.

A sua generosidade é o milagre de outra pessoa.

Não posso quantificar com uma pesquisa, mas os milagres parecem se multiplicar em bolsões. Como focamos milagres alimentares, vamos chamá-lo de Bolsões da Comida. A minha teoria é bem simples:

> quando Deus realiza um milagre de determinada natureza, isso capacita as pessoas a crer que ele fará novamente o mesmo milagre. Se fez por eles, talvez também o faça por mim. Se fez antes, talvez o faça novamente.

Novamente, cada testemunho é uma profecia. Você pode passá-lo adiante com a sua história! Aliás, o seu testemunho é uma maneira de passar a bênção adiante. Você conta a história do agir de Deus na sua vida, e isso se torna uma semente profética lançada na vida de alguém.

Não há como saber quantos milagres esse milagre específico semeou, mas, sem dúvida, houve milagres de segunda, terceira e quarta gerações que remontam sua genealogia àquele garotinho que se soltou da barra!

Doadores, recebedores e equiparadores

Presumamos que os discípulos não tenham forçado o garotinho a oferecer seu lanche. O fato de entregar voluntariamente sua comida para Jesus não é insignificante. Se você tem filhos pequenos, sabe que conseguir que uma criança compartilhe qualquer coisa é um pequeno milagre! Esse é o milagre antes do milagre, o pré-milagre.

Quando os nossos filhos eram menores, deparei com um pequeno texto intitulado "Introdução ao direito de propriedade da perspectiva de uma criança pequena". Trata-se de uma descrição bem precisa da mentalidade de uma criancinha:

> Se eu gostar, é meu.
> Se eu conseguir tomar de você, é meu.
> Se, parecer meu, é meu.

Se eu vi primeiro, é meu.
Se eu estou me divertindo, é meu.
Se você soltar, é meu.
Se estiver quebrado, é seu.

Eu gostaria que somente as crianças pequenas pensassem e agissem assim, mas algumas pessoas jamais superam essa tendência egoísta ou mentalidade de parquinho. De acordo com o Talmude, o comentário judaico sobre o Antigo Testamento, existem quatro tipos de pessoas:

O que é seu é meu.
O que é seu é seu.
O que é meu é meu.
O que é meu é seu.[5]

O primeiro tipo de pessoa é um *recebedor* — o que é seu é meu. Na verdade, o Talmude o chama de *rude*.[6] O segundo e o terceiro tipos são os *equiparadores* — o que é seu é seu, e o que é meu é meu. O quarto tipo é o *doador* — o que é meu é seu. Esse indivíduo, de acordo com o padrão talmúdico, se qualifica como *santo*.[7]

Qual desses tipos é você?

Permita-me explicar a situação em detalhes. Os recebedores são heróis da própria história. Adam Grant os descreveu da seguinte forma: "Os *recebedores* têm uma característica distintiva: gostam de ganhar mais do que dão. Pendem a reciprocidade em favor próprio, pondo os próprios interesses acima das necessidades dos outros".[8]

[5] Adaptado de COHEN, Abraham. **Everyman's Talmud:** The Major Teachings of the Rabbinic Sages. New York: Schocken Books, 1975. p. 187-188.

[6] Ibidem, p. 188.

[7] Ibidem.

[8] GRANT, Adam. **Give and Take:** Why Helping Others Drives Our Success. New York: Viking, 2013. p. 4 [**Dar e receber:** uma abordagem revolucionária sobre sucesso, generosidade e influência. Rio de Janeiro: Sextante, 2014].

Para os recebedores, a vida é um jogo de saldo zero jogado com mentalidade de escassez. A pessoa com o maior número de brinquedos ao final da partida vence!

Os doadores, em contrapartida, amam agregar valor. Começam abençoando, e seu objetivo sempre é dar mais que os outros. Por quê? Porque sabem que tudo vem de Deus e tudo é para Deus. Para os doadores, a vida é uma proposta em que todos saem ganhando. Eles sabem que, no final do jogo, todos os brinquedos voltam para a caixa![9] Então, operam com uma mentalidade de fartura. É isso que embasa sua mentalidade de bênção dobrada.

Como saber se alguém é doador ou recebedor? Não demora muito para discernir, não é mesmo?

Sem dúvida, existem recebedores em pele de doadores, mas, em geral, eles revelam quem de fato são quando sobra apenas um pedaço de torta. Caso você ainda não consiga adivinhar a tendência da pessoa com base no comportamento, o uso dos pronomes é um ótimo indicador linguístico.

Os recebedores são mais propensos a usar pronomes na primeira pessoa do singular — *eu, me, mim*. Já os doadores tendem a usar mais pronomes na primeira pessoa do plural — *nós, nos e nosso*.[10] Por quê? Porque os recebedores gostam de receber crédito, ao passo que os doadores dão crédito. São pessoas do tipo *nós*, não do tipo *eu*! Encasquetar com pronomes pode parecer excessivamente analítico, mas os pronomes revelam o que se passa no nosso coração. Jesus disse: "A boca fala do que está cheio o coração" (Mateus 12.34). E isso inclui o uso de pronomes no singular ou no plural!

[9] John Ortberg escreveu um livro sobre o assunto, intitulado **When the Game Is Over, It All Goes Back in the Box**. Grand Rapids, MI: Zondervan, 2007 [**Fim de jogo: de olho no verdadeiro prêmio. São Paulo: Vida, 2009**].

[10] Adam Grant citou um estudo feito com CEOs em seu livro **Give and Take**, p. 35-36.

Patrimônio líquido

Moses Montefiore foi o primeiro judeu a ocupar um cargo importante na cidade de Londres. Ele era amigo da família real, e a rainha Vitória o condecorou cavaleiro, *sir* Moses, em 1837. No mesmo ano, ele foi eleito xerife de Londres. Mais tarde na vida, *sir* Moses ficou conhecido pela filantropia. Fez sete viagens para a terra santa, a última aos 91 anos de idade. Seu amor pela terra santa se demonstrou por meio do custeamento de uma fábrica têxtil, uma editora, um moinho e várias colônias agrícolas na Palestina.[11]

Em seu 100º aniversário, o jornal *London Times* dedicou um editorial para homenageá-lo. Em um deles, foi registrada uma conversa notável. Certa vez, a rainha Vitória perguntou a *sir* Moses: "Qual é a extensão da sua riqueza? Quanto você possui?".[12] *Sir* Moses, que havia reunido uma fortuna por meio de empreendimentos comerciais e aquisições imobiliárias, disse que precisaria de alguns dias para avaliar. Quando voltou à presença da rainha com um número bem inferior ao que ela previa, a soberana achou inacreditável. Com um sorriso no rosto, *sir* Moses explicou: "Majestade, minha única riqueza verdadeira é o dinheiro que dou para caridade. Tudo mais que possuo é meramente temporário e algum dia pode ser perdido ou confiscado"[13] Aquilo que você possui e quanto você vale são duas coisas bem diferentes!

Qual é seu patrimônio líquido?

Um dos meus mentores, o dr. Robert Rhoden, define sucesso por meio de uma definição maravilhosa. O mundo mensura o sucesso com base em *quanto dinheiro você ganha* e *quantas pessoas servem a você.*

[11] MINDEL, Nissan, Sir Moses Montefiore, **Chabad.org**, <www.chabad.org/library/article_cdo/aid/112353/jewish/Sir-Moses-Montefiore.htm>.

[12] LEVINE, Menachem. Sir Moses Montefiore: A Brief History, **Aish.com**, 10 de novembro de 2018, <www.aish.com/jw/s/Sir-Moses-Montefiore-A-Brief-History.html>.

[13] Ibidem.

No Reino de Deus, é exatamente o contrário. O sucesso é mensurado com base em *quanto você dá* e em *a quantas pessoas você serve.*

O patrimônio líquido não é calculado por meio da carteira de ações, de imóveis quitados ou do saldo na poupança. O seu patrimônio líquido é a soma de tudo que você já doou, nenhum centavo a mais, nenhum a menos. Amo como o autor Gary Thomas estrutura essa mudança fundamental de perspectiva:

> Pensar na eternidade nos ajuda a retomar [perspectiva]. Sou lembrado disso todos os anos ao declarar os meus impostos. Ao longo do ano, alegro-me com os contracheques e com a renda extra. Às vezes, contorço-me por dentro ao devolver dízimos e ofertas. Faço o melhor para dar com alegria, mas confesso que nem sempre é fácil, sobretudo quando há outras supostas necessidades e outras vontades.
>
> No fim do ano, porém, tudo muda. Ao calcular o imposto de renda, faço careta para cada fonte de renda e me alegro a cada cheque de dízimos e ofertas — mais rendas equivalem a mais impostos, porém cada oferta e cada dízimo significam menos impostos. Tudo vira de cabeça para baixo, ou, mais apropriadamente, tudo vira de cabeça para cima.
>
> Suspeito que o dia do juízo será assim.[14]

Eu suspeito que ele está certo. Os balanços patrimoniais serão bem diferentes na eternidade. A matemática será transformada à medida que as bênçãos aumentarem! Tudo mais não passa de custos irrecuperáveis.

Estipule metas de doação

Qual é a raiz de todos os males?

Se você pedisse a pessoas que acreditam na Bíblia para preencherem a lacuna, muitas, se não todas, responderiam: “O dinheiro”.

[14] Thomas, Gary. Wise Christians Clip Obituaries, **Christianity Today**, 3 de outubro de 1994, <www.christianitytoday.com/ct/1994/october3/4tb024.html>.

E estariam erradas! O dinheiro não é a raiz de todos os males. É o amor ao dinheiro que é a raiz de todos os males (1Timóteo 6.10). É a boa e velha ganância, e o problema com a ganância é que ela nunca se satisfaz.

Quando eu tinha 20 e poucos anos, fiz algumas escolhas ruins de investimentos. Caí em alguns golpes que prometiam enriquecimento rápido e aprendi lições valiosas do jeito mais difícil! Descobri que, se um investimento parece bom demais para ser verdade, provavelmente é mesmo! Tenho alguns exemplos de ações que despencaram na minha carteira de ações, servindo como lembrete tangível dessa verdade.

Eu também negociava no mercado de opções diariamente. Uma opção é um investimento alavancado que dá o direito de comprar ou vender uma ação antes de determinada data. É de alto risco e alto rendimento. Infelizmente, tripliquei o meu investimento inicial no primeiro mês. Por que digo infelizmente? Porque um retorno de 300% em 30 dias é inebriante. Na época, eu chamaria de "investimento". Em retrospectiva, percebo que investi muito além do que as minhas condições permitiam! Para mim, era como um jogo de azar. Com o tempo, acabei perdendo as opções de jogo, porque as minhas emoções começaram a subir e descer junto com as oscilações das ações.

Lora e eu já estávamos com 30 e tantos anos e mal conseguíamos pagar as contas. Por sermos plantadores de igrejas, demoramos anos para ganhar um salário completo. Eu trabalhei em outros empregos para conseguir pagar as contas. Mesmo assim, não era muita coisa. Além disso, o custo de viver na capital do país é o motivo que leva tantos a jogar na loteria aqui! Essa era a minha justificativa para negociar no mercado de opções, mas o ganho líquido não valia o preço que eu estava pagando! Foi então que decidi parar de jogar o jogo do enriquecimento rápido e comecei a jogar a partida mais longa.

Quando criei a minha primeira lista com objetivos de vida, as metas financeiras incluíam metas de entradas e economias. Em certo sentido, não há nada de errado em definir esse tipo de objetivo. Chama-se planejamento financeiro e, se você não tem um orçamento, agora é um bom momento para começar a pensar em um. Definir um orçamento é criar uma margem financeira para ser uma bênção maior para os outros! Para mim, porém, essas metas de poupança e renda em grande escala revelam um foco defeituoso — eu estava concentrado em *ganhar* em vez de me concentrar em *doar.* A ordem está invertida. Quando comecei a definir metas de doação, o jogou virou. Virei uma chave dentro do meu espírito.

Alguns anos após essa virada, escrevi *The Circle Maker*. Incluir as minhas metas de vida naquele livro foi uma das coisas mais assustadoras que já publiquei. Por quê? Porque era "ir a público" com objetivos muito pessoais. Eu sabia que algumas pessoas criticariam algumas metas e desconfiariam da intenção de outras. Também sabia que algumas dessas metas de vida são alvos distantes que podem me fazer parecer meio tolo. Que seja. Incluí aqui cinco metas financeiras daquela lista de 115 metas de vida:

1. Estar livre de dívidas aos 55 anos.
2. Doar cada centavo que ganhamos na National Community Church.
3. Viver com 10% da renda e doar 90% quando nos aposentarmos.
4. Doar mais de 10 milhões de dólares.
5. Liderar a National Community Church na doação de 25 milhões de dólares para missões.[15]

Ainda acho difícil publicar esses números, mas vou contar um segredo: às vezes, escrevo coisas nos livros e as prego no púlpito para me tornar responsável por prestar contas! Depois que as ideias são publicadas, não há como voltar atrás. É difícil se retratar de objetivos publicamente registrados.

Você tem uma lista de metas de vida? Metas financeiras? Lembre-se: você nunca vai alcançar 100% das metas que não definir. Por favor,

[15] BATTERSON, Mark. **The Circle Maker:** Praying Circles Around Your Biggest Dreams and Greatest Fears. Grand Rapids, MI: Zondervan, 2016. p. 192.

ore primeiro acerca delas, mas não tenha medo de estipular metas do tamanho de Deus. Apenas se certifique de que a sua motivação honra ao Senhor. E, quando estiver pronto para prestar contas, encontre o seu jeito único de tornar públicos os seus planos.

Morra falido

Você se lembra do velho ditado: "Achado não é roubado, quem perdeu é relaxado"? No Reino de Deus, é exatamente o contrário. Jesus disse: "Pois, que adianta ao homem ganhar o mundo inteiro e perder a sua alma?" (Marcos 8.36). A resposta certa é: "Absolutamente nada!". Jesus também afirmou o seguinte: "Quem acha a sua vida a perderá, e quem perde a sua vida por minha causa a encontrará" (Mateus 10.39).

Em poucas palavras, quem perde não é relaxado, mas vencedor!

Você já ouviu falar em Chuck Feeney? A maioria das pessoas não, no entanto ele é o homem a quem Bill Gates e Warren Buffett chamam de herói. Buffet chegou ao ponto de dizer: "Ele deveria ser o herói de todos".[16] Apelidado de James Bond da filantropia pela revista *Forbes*,[17] Feeney fez fortuna como o fundador da rede de lojas Duty Free. Em vez de gastar o dinheiro com um estilo de vida extravagante, Feeney se determinou a doar seus recursos em vida. Até hoje, já doou mais de 8 bilhões de dólares.[18]

Foi o exemplo de Feeney que inspirou Warren Buffet, Bill e Melinda Gates a lançarem a organização filantrópica The Giving Pledge [Compromisso de doação], que faz uma campanha com o objetivo de recrutar os mais ricos do mundo" para doarem no mínimo metade da própria fortuna para caridade antes de morrerem. Para ser franco, parece-me um excelente objetivo, a despeito de quanto você ganhe!

[16] O'SHEA, James. Chuck Feeney, UnsungHero, Honored by IrishCentral, Guinness, **IrishCentral**, 6 de agosto de 2015, <www.irishcentral.com/culture/chuck-feeney-unsung-hero-honored-by-irishcentral-guinness>.

[17] BERTONI, Steven. Chuck Feeney: The Billionaire Who Is Trying to Go Broke, **Forbes**, 18 de setembro de 2012, <www.forbes.com/sites/stevenbertoni/2012/09/18/chuck-feeney-the-billionaire-who-is-trying-to-go-broke>.

[18] WIKIPEDIA, verbete Chuck Feeney, última modificação em 30 de abril de 2019, 19:32, <https://en.wikipedia.org/wiki/Chuck_Feeney>.

Qual é a meta de Chuck Feeney? *Morrer falido*!

E se seguíssemos esse exemplo? Por que esperar morrer para só então ajudar? Qual a graça disso? Por que não doar enquanto está vivo"? Para ser franco, não poderemos levar nada conosco. Jamais vi um caminhão de mudança ligado a um carro funerário, nem um carro-forte ao lado de uma sepultura.

Reconheço que essa ideia é meio fora da realidade para alguns. Pensar em crescer em generosidade e *morrer falido,* quando você já está falido! Na verdade, você mal consegue quitar as prestações do carro, a mensalidade dos filhos e a fatura do cartão de crédito. Se você está em uma condição difícil de pagar as contas do mês, redobre a sua doação de tempo e talento. E, quando estiver com as finanças em dia, acrescente o dinheiro a esse pacote. Em tudo o que fizer, porém, não permita que aquilo que você *não pode* fazer o impeça de fazer o que *é possível.*

Não permita que aquilo que você não pode fazer o impeça de fazer o que é possível.

Na esfera prática, devemos economizar para a aposentadoria? Creio que sim. Aproveite para maximizar as suas doações para caridade dedutíveis do imposto de renda e investir em fundos de aposentadoria livre de deduções fiscais no futuro. São boas formas de praticar a mordomia e administrar os seus recursos. E quanto a deixar uma herança? Acredito que é bíblico, e os seus filhos provavelmente a apreciarão. Mas aquilo que você deixa para eles não é nem de longe tão importante quanto o que você deixa dentro deles — um legado de generosidade! Deixe um exemplo que eles possam seguir. É o presente que nunca para de doar.

Não há nada de errado em ter a independência financeira como alvo, mas miremos um objetivo mais intitulado do que esse. Não, há nada de errado em economizar para a aposentadoria ou para deixar uma herança, mas pensemos no longo prazo, de forma mais ampla do que isso. Se você morrer rico, morreu falido. Se morrer falido, morreu rico.

Morra falido!

Capítulo 15
A OITAVA MARAVILHA DO MUNDO

"A quem muito foi dado, muito será exigido".
Lucas 12.48

Um sapateiro chamado George Robert Twelves Hewes, uma dona de casa chamada Lydia Darragh, um médico militar chamado William Gorgas e uma escrava chamada Anna Williams. Esses não são nomes célebres que você conhece por causa das aulas de história, mas, sem sua coragem coletiva, os livros de história teriam sido escritos de maneira bem diferente.

George Robert Twelves Hewes liderou uma das equipes de protesto que lançou o carregamento de navios ingleses ao mar durante a Festa do Chá de Boston, por seu "talento para assoviar".[1] Lydia Darragh descobriu um plano dos britânicos para atacar as tropas norte-americanas em Whitemarsh e arriscou a vida para avisar o general George Washington e seu exército.[2] Pode-se argumentar que William Gorgas foi fundamental para a construção do canal do Panamá.

1 Young, Alfred F. **The Shoemaker and the Tea Party:** Memory and the American Revolution. Boston: Beacon, 1999. p. 44.

2 Wikipedia, verbete "Lydia Darragh", última modificação em 8 de maio de 2019, 20:47, <https://en.wikipedia.org/wiki/Lydia_Darragh>.

Trata-se de um dos empreendimentos de engenharia mais ambiciosos da história, mas custou 30.609 vidas humanas, a maioria delas ceifada pela febre amarela e malária.[3] Foi Gorgas, o sanitarista chefe, que ordenou a drenagem dos pântanos e o uso de telas como mosquiteiros, por causa de sua crença divergente na época de que era os pernilongos que transmitiam aquelas doenças.[4] Resta uma escrava chamada Anna Williams, mas a história dela requer mais tempo para contar.[5]

Há uma estátua do lado externo do prédio dos Arquivos Nacionais em Washington, D.C., com uma inscrição que diz: "O que é passado é prólogo". A citação foi extraída do segundo ato da peça *A tempestade,* de William Shakespeare. A triste ironia é que pouquíssimas pessoas conhecem a história do quarteirão da cidade onde se encontram os arquivos nacionais. De acordo com o planejamento urbano original de Pierre Charles L'Enfant para a capital dos Estados Unidos, aquele quarteirão, era destinado à construção de uma igreja nacional entre a Casa "Branca e o Capitólio. A ideia foi vetada pelos Pais Fundadores, os quais acreditavam que a definição de uma igreja "estatal" poderia atrapalhar a liberdade religiosa. Por isso, em 1797, o presidente George Washington destinou o terreno para servir de mercado público.

O Mercado Central abriu as portas em 1802. Ali fazendeiros, pescadores e padeiros vendiam suas mercadorias. No auge, o local contava com até 700 comerciantes. Mas o Mercado Central não vendia apenas alimentos e outras mercadorias. Vendia escravos, que ficavam presos em cercados no lugar onde hoje se encontra o National Mall [*Shopping* nacional]. Após serem leiloados ao comprador que oferecesse o maior

3 WALKER, Alissa. 10 of History's Deadliest Construction Projects, **Gizmodo**, 28 de agosto de 2014, <https://gizmodo.com/10-of-historys-deadliest-construction-projects-1588099877>.

4 WIKIPEDIA, verbete "William C. Gorgas", última modificação em 3 de maio de 2019, 19:10, <https://en.wikipedia.org/wiki/William_C._Gorgas>.

5 ASCH, Chris Myers; MUSGROVE, George Derek. **Chocolate City:** A History of Race and Democracy in the Nation's Capital. Chapel Hill: University of North Carolina Press, 2017. p. 49-53.

valor, os escravos eram acorrentados e seguiam a pé para o Sul, caminhando às vezes até o estado da Georgia. Isso nos leva à mulher que, na época, era conhecida apenas pelo primeiro nome.

Em 1815, Anna foi vendida para traficantes de escravos da Georgia por 5 dólares.[6] Na, noite anterior à sua partida para o Sul, Anna ficou presa na taverna de George Miller, localizada na esquina das ruas 13 e F, no setor noroeste da cidade. Ela não conseguia suportar a ideia de se separar da própria família, por isso tentou fugir, pulando de uma janela no terceiro andar. Na queda, Anna quebrou ambos os braços e a parte inferior de sua coluna, mas sobreviveu. Um jovem médico da Pensilvânia chamado Jesse Torrey, que estava visitando a capital da nação, ficou sabendo do salto de Anna, assim como a maior parte da cidade! A consciência de Torrey não podia acreditar que escravos estavam sendo vendidos às sombras do Capitólio! Então, ele cancelou sua visita ao Congresso e aderiu à causa abolicionista.[7]

Em 1817, Jesse Torrey publicou um livro de 84 páginas intitulado *A Portraiture of Domestic Slavery* [Retrato da escravidão doméstica], cuja capa trazia o retrato feito por um artista da queda de Anna. A pintura tocou a consciência de alguns e inspirou em outros a coragem para banir o tráfico de escravos na capital da nação. Até 2015, o sobrenome de Anna permaneceu um mistério. Até que pesquisadores dos arquivos nacionais, o mesmo lugar no qual tantos escravos foram vendidos quando ali funcionava o Mercado Central, descobriram seu nome completo, Anna Williams. Os pesquisadores também descobriram seu pedido judicial, evidenciando que ela solicitou e ganhou liberdade para si e seus filhos.

O que torna alguém um herói? Não existe resposta única ou fácil. Mas os heróis são doadores, não recebedores. Não anunciam: "Aqui estou". Mas dizem a todos ao redor: "Aí está você!".

[6] A Slave Who Sued for Her Freedom, **Atlantic**, 1º de maio de 2018, <www.theatlantic.com/video/index/559364/ann-williams>.

[7] Her Story: From Anna to Ann Williams, <http://annwilliamsfilm.com/herstory>.

O verdadeiro herói é aquele que se sacrifica
abnegadamente em benefício dos outros.

É quem anda a segunda milha. É alguém que assume a responsabilidade pessoal quando as coisas dão errado e transfere o crédito para os outros quando as coisas dão certo. Herói é alguém que investe tempo, talento e dinheiro para a glória de Deus o bem dos outros, uma bênção dobrada.

Os heróis nem sempre são reconhecidos como tais em vida, mas sua coragem ecoa ao longo das eras.

Santos protetores

O Antigo Testamento é povoado de heróis como Moisés, e Davi, mas são os atores coadjuvantes que mais me inspiram. Sem Arão e Hur, Moisés não teria a perseverança para prevalecer em oração (Êxodo 17.12-14). Sem Jônatas, Davi não teria sobrevivido à perseguição de Saul. Também não teria assumido o trono sem seus 37 valentes. E há Barzilai. Se você nunca ouviu esse nome, saiba que não é o único.

Quando Absalão se rebelou contra o pai, Davi fugiu da capital. Quem arriscou a própria vida e sustento para ajudar Davi quando seu mundo estava caindo aos pedaços? Um homem de Gileade intitulado Barzilai. Sabemos duas coisas a seu respeito: era "bastante idoso" e "muito rico" (2Samuel 19.32). Barzilai deu a Davi camas, bacias e utensílios de cerâmica. Então, ofereceu a Davi e ao restante do grupo em fuga uma série de alimentos — trigo, cevada, farinha, grãos torrados, feijão, lentilha, mel e coalhada, ovelhas e queijo (2Samuel 17.28,29). A generosidade de Barzilai salvou Davi, que não se esqueceu desses feitos.

Quando Davi voltou a Jerusalém para reassumir o trono, foi Barzilai quem acompanhou o rei através do rio Jordão. Então, Davi o convidou para ir morar com ele! Barzilai recusou a oferta, dizendo: "Atravessar o Jordão com o rei é honra suficiente para mim!" (2Samuel 19.36, NVT). O que Davi fez em seguida? "O rei beijou Barzilai e o abençoou." (V. 39.)

E se a alegria de abençoar os outros for a única bênção que buscarmos?

E se tudo o que quisermos na vida for agregar valor aos outros?

E se a nossa principal meta de vida for ajudar os outros a atravessar o rio Jordão?

No Novo Testamento, há personagens principais como Pedro, Paulo e Maria. Mais uma vez, porém, há também os heróis não muito valorizados que salvaram o dia. O último capítulo de Romanos parece a lista de créditos ao final de um filme. Não temos o costume de prestar muita atenção na equipe técnica. Para nós, Romanos 16 não passa de uma longa lista de nomes difíceis de pronunciar. Já para Paulo, era a lista de celebridades. E cada um recebe menção honrosa! A primeira pessoa que o apóstolo destacou foi uma mulher chamada Febe, diaconisa na igreja de Cencreia. O que ela fez para ser inserida na lista de Paulo? "Tem sido protetora de muitos e de mim inclusive." (Romanos 16.2, ARA.)

No contexto romano antigo, o protetor, também chamado de patrono, era alguém que cuidava de um escravo liberto. Com base em suas origens etimológicas, o termo evoluiu para significar "alguém que custeia financeiramente uma pessoa, organização ou causa". No livro *Gospel Patrons* [Patronos do evangelho], John Rinehart conta a história de indivíduos cuja generosidade mudou o mundo. Ele une as palavras "evangelho" e "patrono" para cunhar a expressão "patronos do evangelho" e a define como "pessoas que patrocinam e apoiam outros, para ajudá-los a proclamar o evangelho".[8]

Não foi exatamente isso o que Febe fez? Ela foi uma santa protetora do ministério de Paulo. Foi a generosidade de Febe que ajudou a custear as viagens missionárias de Paulo, tornando-a acionista de cada igreja que Paulo plantou. Que retorno sobre os investimentos! São juros compostos para a eternidade! É claro que Febe não foi a única

8 RINEHART, John. **Gospel Patrons:** People Whose Generosity Changed the World. Reclaimed Publishing, 2013. p. 31.

investidora-anjo. Paulo também menciona Lídia, de Tiatira. Lídia não só é a primeira convertida ao cristianismo na Europa da qual se tem registro, como também foi uma empreendedora cuja margem de lucro provavelmente ajudou a patrocinar o ministério paulino.

Febe e Lídia foram investidoras de capital, ajudando o Reino de Deus a avançar pelo antigo Oriente Médio. Mas não foram as primeiras mulheres a atuar como investidoras-anjos. Aliás, é possível que tenham sido inspiradas por um grupo de mulheres que formou um fundo multimercado bem peculiar.

Investidores-anjos

Você já parou para pensar em como Jesus e seus discípulos conseguiam se sustentar? Tenho certeza de que Cristo não continuou a fazer bicos como carpinteiro! E seus discípulos deixaram seus empregos. Como comiam? Ou viajavam? Ou faziam qualquer coisa que custava dinheiro? A resposta se encontra em um grupo de mulheres com visão do Reino.

> Depois disso Jesus ia passando pelas cidades e povoados proclamando as boas-novas do Reino de Deus. Os Doze estavam com ele, e também algumas mulheres que haviam sido curadas de espíritos malignos e doenças:, Maria, chamada Madalena, de quem haviam saído sete demônios; Joana, mulher de Cuza, administrador da casa de Herodes; Susana e muitas outras. Essas mulheres ajudavam a sustentá-los com os seus bens. (Lucas 8.1-3)

Pode chamá-las de clube de investimento. Batize-as de investidoras de capital. Ou denomine-as patronas do evangelho. Não importa como você as definir, essas mulheres entraram na maior oferta pública inicial da história! Foram as primeiras a comprar ações das boas-novas do evangelho.

No mundo dos investimentos, o investidor-anjo é alguém que patrocina uma *start-up* com capital inicial em troca de alguma forma de participação nos lucros. A aplicação do termo "anjo" a um *investidor* remonta à Broadway, na cidade de Nova York. Referia-se a pessoas ricas que patrocinavam apresentações teatrais que, de outro modo, seriam descontinuadas.[9]

A primeira investidora-anjo retratada por Lucas é Maria Madalena, de quem Jesus havia expulsado sete demônios. Ela tinha problemas — no mínimo sete! Mas Jesus fez algo por ela que dinheiro nenhum é capaz de comprar. É de surpreender então que ela tenha, depois disso, investido todas as suas economias no Reino? E não só as economias, mas a própria vida também! Você se lembra de como os discípulos se dispersaram quando Jesus foi preso? Maria se fez presente tanto na crucificação quanto na ressurreição. Aliás, Agostinho a chamou de apóstola para os apóstolos, pois foi ela quem anunciou a ressurreição de Jesus aos discípulos![10]

A segunda investidora-anjo foi uma mulher chamada Joana, cujo esposo era oficial de Herodes. Pare e pense um pouco nisso! Cuza recebia de Roma seu salário. Então, Joana pegava o que era de César, e dava para Deus. Ela reinvestia a moeda romana nas ações do Reino.

A terceira investidora-anjo foi Susana, mulher de quem nada sabemos além do primeiro nome. E Lucas observa que "muitas outras" anônimas também investiram nesse fundo de ações! O que quero dizer com isso? Jesus e seus discípulos não poderiam ter feito o que fizeram sem essas mulheres! E o rendimento líquido produz dividendos eternos para cada investidora! São heroínas esquecidas do Reino.

Reconheço que alguns podem estar se sentindo um pouco desconfortáveis diante do uso da terminologia financeira para descrever o que essas mulheres fizeram, mas os riscos e a porcentagem de retorno sobre o investimento são comentários tão antigos quanto a

[9] Angel Investor, **Investopedia**, 31 de março de 2019, <www.investopedia.com/terms/a/angelinvestor.asp>.

[10] Catholic News Service. Feast of St. Mary Magdalene, **Catholic Sun**, 22 de julho de 2018, <www.catholicsun.org/2018/07/22/feast-of-st-mary-magdalene>.

parábola dos talentos. Não são apenas bíblicos, como fazem parte da bênção dobrada. E creio que seríamos mordomos melhores se pensássemos nesses termos.

Juros compostos

Em 26 de janeiro de 2014, Josh e Monica Mayo inauguraram a Cross Church, em Atlanta. Tivemos o privilégio de ser acionistas dessa visão, investindo 5 mil dólares em sua oferta pública inicial. Alguns anos mais tarde, Josh me ligou para contar que havíamos recebido um retorno centuplicado sobre o investimento. O que ele quis dizer com isso? A Cross Church havia acabado de ultrapassar o marco de 500 mil dólares em doação para missões! Assim funcionam os juros compostos nas causas do Reino.

Por definição, a expressão "juros compostos" quer dizer *juros sobre juros*. Albert Einstein denominou isso a oitava maravilha do mundo, uma força mais poderosa do que *E = mc2*.[11] Entendemos como os juros compostos funcionam com ações e títulos, mas e quanto ao Reino de Deus? Em certo sentido, devemos a nossa fé a esse grupo de mulheres. Se o Reino de Deus fosse uma empresa de *marketing* digital, essas mulheres teriam entrado no primeiro nível. Seriam as nossas antecessoras, e nós, seus sucessores.

Deixe-me tornar a história um pouco mais pessoal.

Quando Billy Graham foi velado com honras no Capitólio dos Estados Unidos, Lora e eu prestamos condolências enquanto seu caixão era retirado da cúpula. Foi uma experiência emocionante, pois entreguei minha vida a Cristo depois de assistir ao filme de Billy Graham intitulado *O refúgio secreto*. Em certo sentido, sou um sucessor de Billy Graham. Uma pergunta rápida: você conhece o antecessor dele? É um evangelista do qual você provavelmente jamais

[11] Einstein's 8th Wonder of the World, **ClearWealth Asset Management**, <www.clearwealthasset.com/einsteins-8th-wonder-of-the-world>.

ouviu falar: Mordecai Ham. Não consigo voltar mais ao passado do que isso e mal posso esperar para Deus, revelar os nossos antepassados espirituais! Teremos muitas e muitas gerações para agradecer!

Uma observação: ao longo dos anos, temos investido na construção de centenas de igrejas, e os investimentos variam de 1.000 a 100 mil dólares. Mas a doação mais comum é de 5 mil, assim como a contribuição que demos para a Cross Church. Não é o maior dos investimentos, porém é o mais significativo. E vou lhe explicar por quê.

Quando a National Community Church tinha menos de um ano de vida, nós nos mudamos do auditório de uma escola pública para o cinema da estação de metrô Union Station. O cinema era deprimentemente escuro, por isso precisávamos colocar algumas luzes de palco, mas elas custavam 5 mil dólares. Não tínhamos recursos para isso, mas a Bethel Church, de Hampton Roads, Virginia, nos doou o valor para comprarmos o equipamento necessário. Sou eternamente grato à Bethel Church e ao pastor daquela época, Ron Johnson. Eles são acionistas de tudo aquilo que Deus fez durante o nosso período na Union Station — e muito além. A única maneira que conheço de retribuir é pagando adiante. Toda vez que investimos 5 mil dólares pessoalmente ou como igreja, passamos adiante aquela bênção original!

Seis pregadores

O rei Henrique VIII tomou diversas decisões ruins. Casou-se seis vezes. Desentendeu-se com a igreja católica. Assumiu prerrogativas divinas na monarquia. E tinha a tendência de matar qualquer um que discordasse dele. Dito isso, ele fez pelo menos uma escolha excelente. Em 8 de abril de 1541, autorizou Thomas Cranmer, arcebispo de Canterbury, a fundar o colégio dos Seis Pregadores.

Os seis pregadores se assentavam em uma cabine designada para eles durante os cultos, uma espécie de camarote medieval. Jantavam com frequência com o deão da Catedral de Canterbury para analisar os sermões. Também deveriam pregar 20 vezes na própria paróquia e na catedral. O fato mais extraordinário é que existe uma sucessão ininterrupta de seis pregadores desde 1544 até o presente, a qual produziu alguns dos maiores pregadores da história.[12]

No futebol americano, seria a árvore de treinamento. Na ciência, equivale à cadeia de mentoreamento. De todo modo, isso nos leva de volta à lista de celebridades de Paulo. Tendemos a atribuir heroísmo a homens e mulheres que conquistaram tudo do nada, mediante esforço pessoal. No entanto, onde quer que haja sucesso, houve sucessão. Lembra-se de Elias e Eliseu? Quem nós somos se deve a uma longa lista de pessoas, cuja maioria nem conhecemos! E, claro, elas, por sua vez, também devem gratidão a uma lista bem longa de pessoas.

Não faz muito tempo, eu estava falando em um evento em Chicago, onde conheci Juan Martinez. Eu acabara de mencionar o meu sogro, Bob Schmidgall. Após a reunião, Juan disse: "O seu sogro me levou a Cristo". Juan resolveu ir para o seminário, mas não estava conseguindo se manter financeiramente. Felizmente, conseguiu ganhar uma bolsa que abriu o caminho para ele. Tem um palpite de quem foi homenageado dando nome àquela bolsa? O meu sogro não só conduziu Juan a Cristo, como também lhe deu uma bolsa mais de uma década depois de sua morte. Isso é a bênção dobrada em ação.

Vamos agora detalhar as questões práticas.

Faça um inventário

O meu primeiro emprego foi em um posto de gasolina, ganhando o salário mínimo. Uma das minhas lembranças mais distintas é de realizar o inventário mensal. Era uma grande responsabilidade! Se eu deixasse de registrar um item no inventário, ele não era comprado para reabastecer o estoque. E o mesmo se aplica às bênçãos que deixamos de catalogar. Se você não as listar, não preencherá novamente o estoque de bênçãos para passá-las adiante. Mas, se fizer um inventário

[12] WIKIPEDIA, verbete "Six Preachers", última modificação em 11 de março de 2017, 22:38, <https://en.wikipedia.org/wiki/Six_Preachers>.

cuidadoso, ficará surpreso ao perceber quanto é abençoado. Compartilharei alguns exemplos divertidos do meu inventário, e então você poderá preparar o seu.

Comecei os estudos universitários na Universidade de Chicago, e uma bolsa integral custeou as mensalidades. Creio que a bolsa tinha relação com a promessa de fé que fiz quando adolescente, trabalhando como funcionário do posto de gasolina por um salário mínimo. Mas, quando me transferi para o seminário no Central Bible College, eu precisaria me virar para pagar a mensalidade. O que eu não sabia era que a minha querida avó Alene Johnson havia economizado uma quantia que deixou para as três filhas como herança. É um mistério para nós como ela conseguiu economizar aquele dinheiro, mas ele quitou a minha dívida estudantil depois de sua morte. Quando faço um inventário das minhas bênçãos, essa ocupa o topo da lista. Fico imaginando os sacrifícios que ela fez para tornar isso possível! E só há uma maneira de agradecer a ela: encaminhando a bênção para outra pessoa!

Faça um inventário cuidadoso de suas bênçãos e ficará surpreso ao perceber quanto é abençoado.

Continuemos o inventário.

Um dos presentes mais memoráveis que já ganhei foram dois ingressos para o Super Bowl XLV. Depois que os Green Bay Packers derrotaram os Chicago Bears na final do campeonato da NFC em 2011, tuitei que pregaria em troca de ingressos. Era uma brincadeira, mas um pastor de Dallas levou a sério! Eu não faria aquela compra extravagante, mas fiquei feliz em pregar em troca delas! E, para completar, o Super Bowl XLV aconteceu bem no dia do aniversário de 9 anos de meu filho Josiah! Posso dizer que ganhei o título de "pai do ano"? O pastor Bryan Jarrett e a Northplace Church nos deram não apenas dois ingressos, mas também uma lembrança que guardaremos para sempre.

Você se lembra do discurso motivacional que fiz no dia de abertura da concentração dos Ravens? Levei comigo Jim Tanious, um dos membros da nossa equipe. Acho que Jim teria pedido demissão caso eu não o tivesse levado, pois é fã, de carteirinha dos Ravens. Você se lembra do último jogo da temporada, quando os Ravens ganharam a regional norte da AFC e o técnico Harbaugh ergueu a garra de leão em campo? Antes do jogo, eu pedi um favor, e um dos técnicos dos Ravens teve a gentileza de dar ingressos para Jim e sua filha Lily, que jamais havia assistido a um jogo no estádio! Enquanto assistia à partida pela televisão, eu não parava de sorrir, ao pensar na pequena Lily torcendo por seu time. É claro que isso também me trouxe de volta algumas memórias do Super Bowl!

Uma bolsa de estudos e ingressos para o Super Bowl são bênçãos grandes, fáceis de lembrar em um inventário. Mas algumas das bênçãos mais significativas correspondem a pequenos atos de bondade!

Após um dos primeiros sermões que preguei na vida, um homem veio me cumprimentar, mas não foi um aperto de mão comum. Foi um aperto de mão pentecostal. Pelo menos foi esse o nome que ele deu! Ele, escondeu uma nota de 20 dólares na mão direita e a passou para a minha mão enquanto me cumprimentava, dizendo: "Leve a sua esposa para almoçar fora". Quero esclarecer que você não precisa ser pentecostal para dar um aperto de mão pentecostal. Mas tome cuidado — isso pode acabar fazendo você virar um!

Como aquele momento foi muito significativo para mim, tentei devolver o favor de formas significativas. Às vezes, é por meio de um aperto de mão pentecostal mesmo, mas também amo dar um aleluia no Halloween. A maioria das pessoas distribui doces, mas eu gosto de colocar notas de 2 dólares em alguns dos baldinhos! Sim, até mesmo isso é passar a bênção adiante para mim. As balas que eu ganhava no Halloween logo foram esquecidas, mas me lembro bem da ocasião em que encontrei uma nota de 1 dólar no fundo da sacola!

Grande ou pequena, liste a bênção. Como? Comece contando ou narrando as bênçãos. Que atos de bondade mudaram a sua vida? Quem andou a segunda milha para ajudar você? De que sacrifícios você já se beneficiou? Quem demonstrou amor quando você menos esperava ou menos merecia? Depois de identificar quem e o que, comece a pensar em como passar essas bênçãos adiante. Às vezes é algo tão simples quanto fazer para os outros aquilo que lhe fizeram. Mas não tenha medo de ser criativo e colocar a sua digital única no ato de bondade.

Visão periférica

Eu costumava pensar que ter uma visão significava simplesmente sonhar alto e pensar no longo prazo, mas, com o tempo, passei a apreciar um tipo menos celebrado de visão que pode ter igual importância. Visão periférica é enxergar o que está nas beiradas. Em geral, isso significa os mais marginalizados.

Anatomicamente, o escopo da nossa visão vertical é de aproximadamente 150 graus, ao passo que o nosso campo de visão horizontal é de 210 graus.[13] Qualquer coisa fora desses parâmetros é invisível para nós, e, em geral, é nessas áreas que a bênção se esconde. Ter uma visão periférica é notar aquilo que os outros ignoram. É interpretar o ambiente e ler nas entrelinhas. É identificar potencial onde os outros só veem problemas. É encontrar oportunidades onde os outros só enxergam inconvenientes.

Na parábola do bom samaritano, o sacerdote e o levita desviaram o olhar" de seu irmão necessitado e passaram de largo. Por quê? Porque tinham visão, mas era uma visão em túnel. Estavam tão focados em chegar aonde achavam que Deus queria que eles fossem que perderam a oportunidade de ser uma bênção. Por favor, não leia correndo essa parte, sem prestar atenção: *às vezes, as rotinas religiosas nos levam a perder compromissos divinos que Deus põe no nosso caminho*. Por quê? Porque essas oportunidades em geral parecem inconveniências! O bom samaritano, em contrapartida, observou a necessidade com o canto do olho.

[13] Wikipedia, verbete "Field of View", última modificação em 13 de março de 2019, 23:52, <https://en.wikipedia.org/wiki/Field_of_view>.

Dave Schmidgall é um dos pastores da National Community Church e também lidera as nossas iniciativas missionárias. Ele e a esposa Kate têm grande compaixão pelos refugiados. Eles já ministraram em campos de refugiados, organizaram ligas de futebol para crianças refugiadas e até já abrigaram refugiados em sua casa.

Em uma das partidas de futebol, Davi viu um homem sírio sentado sozinho. Com a ajuda do Google tradutor, Davi começou uma conversa que levou a uma amizade. Dave e Kate ajudaram Bashir a montar um negócio. Lançaram uma iniciativa chamada Ouvir e Aprender na nossa igreja, dando aos refugiados a oportunidade de cozinhar pratos de sua terra natal enquanto compartilham a própria história. Eles já ajudaram crianças a se matricular na escola e adultos a tirar carteira de habilitação. Veja só, se levar alguém ao Departamento de Trânsito não for amor, não sei mais o que é!

Assim como o homem que estava à beira da estrada, os refugiados necessitam de ajuda. A maioria não conhece a língua e a cultura do novo lar. Muitos fugiram do país em tempos difíceis. Então, assumimos a responsabilidade de passar adiante a bênção para eles. Conforme já mencionei, a NCC ajuda a reinstalar 65% dos refugiados na região de Washington, D.C. Mas tudo começou com o pastor Dave, que identificou Bashir com o canto do olho!

Deus adora nos posicionar estrategicamente no lugar certo e na hora certa — tenho certeza disso. Ele organiza os nossos passos e prepara boas obras com antecedência (Efésios 2.10). Isso significa que a pessoa ao seu lado não está ali por acaso.

Que Deus nos conceda visão periférica
para identificar os encontros divinos que nos
rodeiam o tempo inteiro.

Há alguns anos, o meu carro estava no conserto. Sim, o mesmo carro que me fez ganhar a carteira de sócio do Clube dos Carros Velhos.

Pedi ao mecânico que consertasse um pneu furado, trocasse o óleo e desse uma conferida na água. Quando fui buscar o carro, a conta pareceu um pouco mais baixa do que deveria, mas longe de mim reclamar. Após passar o meu cartão de crédito, o funcionário me entregou a chave. Só que não era a chave do meu carro. Era a chave do carro da mulher que estava na fila logo atrás de mim! Eu sabia que poderia cancelar a transação financeira, mas tomei uma decisão espontânea. Virei-me para aquela mulher e disse: "Feliz Natal! Seu conserto está pago". Para ficar claro, o valor era de apenas 41 dólares. Então, fui pego desprevenido quando ela começou a chorar! Ela não parava de dizer: "Obrigada! Obrigada!", ao que eu repetia: "Feliz Natal! Feliz Natal!".

Não tenho certeza do motivo para ela ter apresentado uma reação tão emocionada a um gesto relativamente pequeno de generosidade, mas tenho algumas teorias. Ou ela estava passando por dificuldades financeiras e não tinha condições de pagar a revisão, ou fazia tempo demais desde que havia recebido um ato aleatório de bondade. De todo modo, poucas coisas são mais divertidas de passar adiante do que esse tipo de bênção! Pode transformar um momento trivial em uma memória inesquecível! Pode transformar um encontro de dez segundos em um compromisso divino que fará a diferença por toda a eternidade.

O bolso de Deus

Há um comentário na história do bom samaritano que é facilmente negligenciado e tem que ver com a administração do dinheiro:

> "No dia seguinte, deu dois denários ao hospedeiro e lhe disse: 'Cuide dele. Quando eu voltar, pagarei todas as despesas que você tiver' " (Lucas 10.35).

Um denário era o salário de um dia. Em dólares atuais, com base na renda média na região de Washington, D.C., seria o equivalente a 594 dólares. O que isso me diz é que o bom samaritano havia criado margem financeira para poder ser uma bênção nesse tipo de situação!

No livro *Você nasceu para isso*, Bruce Wilkinson conta a história de um encontro divino que aconteceu em Joanesburgo, na África do Sul. Tarde da noite, depois de falar em um evento, Bruce e o filho David ficaram com vontade de tomar sorvete. O restaurante que escolheram estava acabando de fechar, mas Bruce insistiu: "Será que você conseguiria encontrar um pouco de sorvete para dois caras que ficariam muito agradecidos?". A garçonete sorriu e respondeu: "Vou ver o que posso fazer".[14]

Enquanto ela se afastava depois de atendê-los, Bruce se sentiu tocado a deixar uma bela gorjeta para ela. Na verdade, ele estava com um maço recheado de notas no bolso e se sentiu movido a deixar até o último *rand* (a moeda sul-africana).

Bruce e David tentaram ir embora antes que a garçonete os visse, mas ela saiu correndo da cozinha. Com lágrimas nos olhos, ela perguntou: "Você conhece Jesus, não é mesmo?". Bruce não negou. Então, a jovem explicou: "Isto é um milagre. Tenho um bebê. Não estávamos conseguindo pagar o aluguel, e o proprietário do imóvel ia nos despejar do apartamento amanhã de manhã. Orei a Deus quando estava vindo trabalhar hoje à tarde, pedindo: 'Por favor, Senhor, manda-nos o dinheiro, se não acabaremos na rua' ".Ela limpou as lágrimas e completou: "Senhor, este é o valor exato de aluguel que estou devendo — nenhum centavo a mais, nenhum centavo a menos. Foi assim que eu soube que você conhece Jesus!".[15]

Não seria maravilhoso as pessoas saberem que conhecemos Jesus pelas gorjetas que deixamos? E, ao falar em gorjeta, não estou me referindo a folhetos sobre o evangelho que parecem notas falsas!

[14] Wilkinson, Bruce. **You Were Born for This:** 7 Keys to a Life of Predictable Miracles. Colorado Springs: Multnomah, 2009. p. 1535054 [**Você nasceu para isso:** como Deus faz milagres e abençoa pessoas através de você. São Paulo: Mundo Cristão, 2010].

[15] Ibidem, p. 154-155.

Fiquei tão inspirado com a história de Bruce que decidi mudar o patamar da minha prática de dar gorjetas. Às vezes, deixo uma gorjeta generosa, seguindo a orientação do Espírito. Mas também amo deixar gorjetas para pessoas que geralmente não são alvos de reconhecimento. Com certeza, existem trabalhos mais fáceis do que limpar banheiros públicos, certo? Costuma ser uma tarefa bem ingrata. Então, comecei a deixar gorjetas. Às vezes, deixo uma gorjeta anônima no carrinho de limpeza. Às vezes, olho o funcionário dentro dos olhos e agradeço. De todo modo, é mais uma forma divertida de passar a bênção adiante!

Agora, mais uma dica para você.

Bruce Wilkinson coloca um maço de dinheiro no que ele chama de "bolso de Deus" e explica: "O bolso de Deus é um lugar específico da carteira ou da bolsa no qual você guarda dinheiro que dedicou a Deus a fim de poder doá-lo a alguém necessitado assim que o Senhor o instruir a fazê-lo".[16]

Simples. Prático. Poderoso.

Parece algo que o bom samaritano faria!

Patronos do evangelho

Você já ouviu falar de Selina Hastings? Eu ficaria surpreso se você me desse uma resposta afirmativa. Assim como as mulheres que patrocinaram Paulo, Selina Hastings é uma heroína esquecida — e digo isso no sentido positivo. Caso tivesse vivido nos tempos de Cristo, teria se juntado às mulheres que apoiaram o ministério de Jesus.

Em 1739, ela ingressou na célebre Sociedade de Fetter Lane.[17] Considerada o berço da igreja moraviana e precursora do metodismo,[18] seus membros contam com nomes como John e Chales Wesley,

[16] Ibidem, p. 159.

[17] Lady Huntingdon and Her Friends, **Revival Library**.

[18] Wikipedia, verbete "Fetter Lane Society", última modificação em 18 de janeiro de 2019, 10:02, <https://en.wikipedia.org/wiki/Fetter_Lane_Society>.

bem como George Whitefield. Selina Hastings, mais conhecida como condessa de Huntingdon, foi uma aristocrata inglesa e herdeira de uma antiga fortuna. John Rinehart descreve essa força da natureza de 1,67 metro de altura da seguinte forma: "Ela convivia com a realeza, gostava de cheirar rapé e realmente acreditava na Bíblia".[19]

Quando ela tinha 39 anos, o marido de *lady* Huntingdon morreu em decorrência de um derrame. Cinco de seus sete filhos morreram antes que ela, dois de varíola. Ela poderia ter se fechado, arrasada pela dor das perdas. Em vez, disso, sua generosidade ajudou a dar ímpeto ao Grande Despertamento tanto na Inglaterra quanto nos Estados Unidos. Como? Ela propôs uma parceria com ninguém menos do que George Whitefield. *Lady* Huntingdon foi para George Whitefield o que Febe foi para o apóstolo Paulo.

Ela usou sua influência a fim de abrir portas para George Whitefield e usou sua riqueza para financiar o ministério dele. Conta-se que Whitefield pregou 18 mil sermões, algo extraordinário, se levarmos em conta que ele viveu somente até os 55 anos. Estima-se que antes da declaração de independência das colônias norte-americanas, quatro quintos da população havia ouvido George Whitefield pregar.[20] Mas sua obra não teria sido possível sem o patrocínio de *lady* Huntingdon!

Há mais um motivo que me leva a amar *lady* Huntingdon. Ela tinha uma visão além do próprio tempo, mesmo aos 80 e poucos anos. Além de financiar 116 igrejas e um seminário para formar pastores, ela pensava fora da caixa. Em 1790, quis alugar um grande teatro os leste de Londres que fora usado antes para *shows* com cavalos a fim de transformá-lo em um templo. Um de seus conselheiros mais experientes foi contra, por causa do preço — 500 libras. Enquanto *lady* Huntingdon

[19] RINEHART, **Gospel Patrons,** p. 58.

[20] JOHNSTON, E. A. **George Whitefield:** A Definitive Biography. Tentmaker, 2009, V. 2. p. 504-505.

ouvia a grande lista de objeções, chegaram as correspondências. Uma das cartas continha uma nota promissória de exatamente 500 libras! Atualizando os valores, seria o equivalente a 97.846,50 dólares. Então, *lady* Huntingdon aconselhou seu conselheiro: "Pegue a nota, pague pela nova igreja e não seja mais incrédulo. Acredite!".[21]

Faça o mesmo!

Prepare um inventário.

Passe a bênção adiante.

Repita.

[21] Rinehart, **Gospel Patrons**, p. 82-83.

Capítulo 16

PARTICIPE DA PARTIDA LONGA

Tinha em vista sua grande recompensa.
Hebreus 11.26, NVT

Em 1785, um matemático francês chamado Charles-Joseph Mathon de la Cour escreveu uma paródia zombando do otimismo norte-americano de Benjamin Franklin. Era assim que os nossos antepassados trocavam farpas uns com ou outros antes das redes sociais. Bem, assim e duelando até a morte... Franklin é mais lembrado hoje por suas realizações políticas e científicas, mas ele também foi autor de um periódico bastante lido nos Estados Unidos durante o século XVIII, chamado *Poor Richard's Almanac* [Almanaque do pobre Richard]. Como Mathon de la Cour zombou do otimismo norte-americano de Franklin? Ele criou uma personagem com o nome de "afortunado Richard", que deixou em testamento uma pequena quantia de dinheiro que só poderia ser usada após render por quinhentos anos.[1]

Em vez de ficar chateado por ter sido motivo de chacota do francês, Franklin, aos 79 anos de idade, escreveu uma carta para Mathon

1 Jeppson, Peter. Benjamin Franklin's Experiment with Compound Interest Will Astound You, **Money Mastery**, 23 de janeiro de 2016, <https://money mastery.com/benjamin-franklins-experiment-with-compound-interest-will-astound-you>.

de la Cour agradecendo a excelente ideia. Benjamin Franklin deixou 1.000 libras para sua cidade natal, Boston, e também para sua cidade do coração, Philadelphia. A doação foi concedida com uma condição: deveria ser investida em um fundo que rendesse juros para apoiar o bem comum por duzentos anos. Só depois o dinheiro poderia ser sacado.

Pare e pense! Duzentos anos? Foi necessário uma fé tremenda, levando em conta que o futuro da nação recém-criada, com o nome: de Estados Unidos da América, ainda era bastante incerto quando Franklin morreu em 17 de abril de 1790.

Por duzentos anos, os juros foram usados como capital inicial para comerciantes. Por quê? Foi a forma de Franklin de passar a bênção adiante. Um empréstimo havia ajudado Franklin a começar seu negócio de publicações, e a herança foi uma maneira de devolver o favor.

Avance duzentos anos, e o investimento original de 2 mil libras rendeu o equivalente a mais de 5 milhões de dólares. Pensar no longo prazo ajuda a doar muito! Aliás, tem o potencial de se tornar uma bênção geracional — um presente que não para de dar.

Eterno otimista

A generosidade nasce do otimismo.

O otimismo é um transbordar de amor e de fé. É simbolizado pelo garotinho que deu seus cinco pães e dois peixinhos para Jesus. O que estava passando em sua mente? O meu palpite é: "Se eu der o que tenho para Jesus, quem sabe ele possa usar para alimentar mais pessoas do que somente eu!". No frigir dos ovos, o otimismo é a disposição de pular uma refeição a fim de alimentar um mundo faminto.

O otimismo é um transbordar de amor e de fé.

De modo geral, os pessimistas são focados no passado. Deixam que as coisas negativas que lhes aconteceram antes influenciem exageradamente o prognóstico do futuro. Em vez de viver de mão aberta e entregar para Deus aquilo que ele lhes confiou, vivem de mãos cerradas. Acabam possuídos por suas posses. Aquilo que possuem os possui.

Já os otimistas trilham um caminho diferente. Focam a recompensa futura, crendo que o melhor ainda está por vir. Os otimistas vivem de mãos abertas porque têm o coração aberto. O mantra do otimista é a mentalidade de Jônatas: "Talvez o SENHOR aja em nosso favor" (1Samuel 14.6). É uma abordagem à vida do tipo "vai com tudo ou nem vai" que confia em Deus para cada detalhe.

O otimismo de Jônatas me lembra o de Moisés:

> Pela fé Moisés, já adulto, recusou ser chamado filho da filha do faraó, preferindo ser maltratado com o, povo de Deus a desfrutar os prazeres do pecado durante algum tempo. Por amor de Cristo; considerou sua desonra uma riqueza maior do que os tesouros do Egito, porque contemplava a sua recompensa (Hebreus 11.24-26).

Moisés estava jogando a partida longa! Por quê? Ele era um eterno otimista, algo que estava muito em falta em meio ao povo hebreu após quatrocentos anos de escravidão! A mentalidade da bênção dobrada foca o tesouro celestial, não os prazeres terrenos. É claro que não é fácil manter a eternidade em foco. Nas palavras do filósofo francês Blaise Pascal, "nossa imaginação amplia tanto o presente, porque pensamos nele o tempo inteiro, e reduz tanto a eternidade, porque não pensamos nela, que transformamos a eternidade em nada, e o nada em eternidade".[2]

Você está vivendo para o tempo ou para a eternidade? Se estiver vivendo para a eternidade, isso afetará profundamente a maneira que você passa o tempo. Por quê? Porque o tempo deixa de ser um jogo de saldo zero! Claro que você ainda precisará de um calendário, mas é bem mais fácil ser generoso com o tempo quando você sabe que ele não irá acabar.

[2] Blaise Pascal Quotes, **Goodreads**, <www.goodreads.com/quotes/395165-our-imagination-so-magnifies-the-present-because-we-are-continually>.

Critique criando

Em 589 a.C., os babilônios sitiaram a cidade de Jerusalém. Quando entraram pelos muros de Jerusalém três anos depois, saquearam o templo, arrasaram a cidade e levaram membros da classe criativa e da nobreza como prisioneiros de guerra. Por muitas décadas, esses refugiados judeus viveram como expatriados em Babilônia. Não sabiam ao certo se um dia voltariam a ver Jerusalém.

Sua condição de refugiados implorava por resposta à pergunta: como então devemos viver?[3] Eles deveriam se aculturar, adotando os costumes dos babilônios e se adaptando a eles? Deveriam tentar preservar suas tradições distintivas e sua identidade única como povo judeu? Deveriam menosprezar seus captores? Ou influenciá-los por meio do contato próximo, como fizeram José, Daniel e Ester? Eram questionamentos práticos que precisavam ser respondidos e decisões difíceis que tinham de ser tomadas. E havia posições conflitantes a respeito. Antes, porém, de compartilhar essas posições, vamos brincar de múltipla escolha.

Para nos engajar em uma cultura do "mais" e do "meu", creio que temos quatro opções básicas. Podemos: (a) consumir desenfreadamente; (b) condenar arrogantemente; (c) copiar preguiçosamente ou (d) criar conscientemente. Você provavelmente já adivinhou qual resposta eu defendo, pelos advérbios que acrescentei!

Há cristãos demais consumindo a cultura, condenando a cultura ou copiando a cultura. Na minha opinião, são formas de fuga. Somente uma das quatro opções promove o derramamento da bênção.

> Somos chamados para criar cultura e para fazer isso de forma consciente! No papel de cocriadores, derramamos bênçãos sobre o mundo ao nosso redor.

3 Tirando o chapéu um pouquinho para o clássico de SCHAEFFER, Francis. **How Should We Then Live?** The Rise and Decline of Western Thought and Culture. Wheaton, IL: Crossway Books, 1983 [**Como viveremos?:** uma cuidadosa análise das principais características de nossa época em busca de soluções para os problemas que enfrentamos. 2. ed. São Paulo: Cultura Cristã, 2019].

Tento viver de acordo com a máxima de Michelangelo: "Critique criando".

Precisamos nos levantar em defesa do que é correto? Com certeza! Existe o pecado do silêncio, e há momentos que requerem coragem tremenda para chamar o pecado pelo nome! Mas sair atirando na cultura é a saída fácil. Na melhor das hipóteses, é preguiça e, na pior, uma invocação de maldições. Nós, seguidores de Cristo, deveríamos ser mais conhecidos por aquilo que *defendemos* do que pelas coisas que *condenamos*. Tradução? Pare de rogar maldições e comece a acender velas. Como? Produzindo filmes melhores, empreendendo negócios melhores, escrevendo músicas melhores e formulando leis melhores. Como? Com a ajuda do Espírito Santo. Por quê? Porque amaldiçoar as trevas, não acaba com elas. Somos chamados a passar a bênção adiante.

Daqui a setenta anos

Durante o cativeiro de Israel, um profeta chamado Hananias declarou que Deus quebraria o jugo babilônico em dois anos. Ele profetizou que os utensílios que Nabucodonosor havia saqueado do templo seriam devolvidos, bem como o remanescente levado cativo. Parece atraente, certo? Mas não passava de *fake news* de um falso profeta.

O profeta Jeremias expôs o blefe: "Você persuadiu esta nação a confiar em mentiras" (Jeremias 28.15). Hananias se assentava em um trono de moscas, e Jeremias sabia disso. Jeremias havia profetizado setenta anos de cativeiro. Isso não o ajudava a vencer pesquisas de popularidade! As pessoas preferiam a predição mais curta de Hananias, mas era Jeremias quem estava certo.

Dois anos? Ou setenta anos?

Qual a diferença, além de sessenta e oito anos?

Para viver apenas dois anos em Babilônia, conforme sugeriu Hananias, não é preciso nem desfazer a mala! Você não é "proprietário" da cidade, apenas a "aluga". Por quê? Está lá por apenas metade de um mandato eleitoral! Mas, se vai ficar setenta anos, conforme Jeremias profetizou, a mentalidade muda. É preciso pensar no longo prazo — um prazo de setenta anos! E o pensamento mais amplo capacita você a sonhar alto. Você começa a realizar coisas que farão a diferença para a terceira e a quarta geração. E isso capacita você a ser uma bênção maior!

Jeremias escreveu uma carta aberta para os exilados judeus e o conselho que ele deu continua tão relevante hoje quanto há 2.500 anos. Você conhece um pedaço dessa profecia, pois é um dos versículos mais estampados em pôsteres da Bíblia inteira:

> "Porque sou eu que conheço os planos que tenho para vocês", diz o SENHOR, "planos de fazê-los prosperar e não de causar dano, planos de dar a vocês esperança e um futuro" (Jeremias 29.11).

Amamos essa promessa, certo? Mas poucos entendem o contexto no qual ela foi feita. Permita-me voltar alguns versículos. Essa promessa faz parte de uma profecia, e essa profecia faz parte de uma teologia da cidade. Babilônia era arqui-inimiga de Israel. Havia saqueado o templo de Israel e zombado do Deus de Israel. Você deve estar esperando que Jeremias sugira algum subterfúgio ou aconselhe um golpe de Estado, mas não é isso que acontece. Reflita no conselho que ele dá:

> "Construam casas e habitem nelas; plantem jardins e comam de seus frutos. Casem-se e tenham filhos e filhas; escolham mulheres para casar-se com seus filhos e deem as suas filhas em casamento, para que também tenham filhos e filhas. Multipliquem-se e não diminuam" (v. 5,6).

A exortação para aumentar em número lembra a bênção original, não é mesmo? Mas como exatamente o povo deveria se multiplicar? Jeremias defendeu a partida longa. Não aluguem apenas; finquem raízes. Não namorem somente; casem-se.

Tradução: joguem a partida longa realizando coisas que farão a diferença daqui a setenta anos! A promessa de Deus por intermédio de Jeremias — "sou eu que conheço os planos que tenho para vocês" — é mais do que um discurso motivacional ou uma bela frase para colocar em um pôster. Deus estava revestindo a mente e o coração do povo, aumentando a abertura da lente a fim de ampliar sua perspectiva. Aquilo que Deus, quer realizar por meio da sua vida é mais duradouro do que o seu tempo de existência. Mais uma vez, pensamos no aqui e agora. Deus, por sua vez, pensa em nações e gerações!

Em um dos nossos últimos aniversário, de casamento, Lora e eu ganhamos de presente ingressos para a peça *Hamilton*, na Broadway. Será uma bênção divertida de passar adiante! Cada ato foi produzido e encenado com brilhantismo. Amo um verso de uma das músicas: "O que é um legado? É plantar sementes em um jardim que você nunca verá".[4] Assim é a mentalidade da bênção dobrada: sonha grande e alto, e o resultado se revela em forma de bênçãos geracionais.

Paz e prosperidade

Após exortar os exilados judeus a jogar a partida longa, Jeremias deu mais um conselho inestimável:

> "Busquem a prosperidade da cidade para a qual eu os deportei e orem ao SENHOR em favor dela, porque a prosperidade de vocês depende da prosperidade dela" (v. 7).

Posso dividir algumas convicções com você?

Em primeiro lugar, a visão de Deus para a sua vida é maior que a sua visão!

Segundo, Deus quer que você seja uma bênção maior!

Você se lembra do quarteirão da cidade que estamos transformando em *campus* protótipo e mercado multiuso? Pense no Chelsea Market, em Nova York; no Armature Works, em Tampa; no Ponce City Market, em Atlanta; ou no Anaheim Packing House, em Los Angeles — alguns dos meus lugares e espaços preferidos. O nosso incluirá um local de eventos para *shows*, congressos e convenções. O espaço do ministério infantil também funcionará como centro de

[4] Leslie Odom Jr., Lin-Manuel Miranda e elenco original de Hamilton, "The World Was Wide Enough", por LIN-MANUEL MIRANDA, Hamilton (Original Broadway Cast Recording), copyright © 2015, Hamilton Uptown LLC.

desenvolvimento infantil de segunda a sexta, atendendo a necessidades reais em tempo real. Até mesmo a seção de escritórios contará com um espaço para *coworking*. Por que não construir um templo tradicional? Poderíamos fazer isso, e não haveria nada de errado com essa escolha. Mas não estamos tentando apenas construir uma igreja. Queremos abençoar a cidade. Aliás, somos ousados o bastante para acreditar que a igreja pode resolver os problemas da cidade. E, quando a cidade prosperar por causa disso, nós também prosperaremos!

Temos uma convicção fundamental: *a igreja pertence ao meio do mercado público.* Jesus não ficava apenas em lugares religiosos com gente religiosa. Ele passava tempo próximo aos poços, locais naturais de encontro na cultura antiga. Estamos construindo um poço pós-moderno, um lugar no qual as pessoas possam trabalhar, comer, brincar e orar. Como a Ebenezers Coffeehouse, o nosso rendimento será uma bênção dobrada. Cada centavo do lucro patrocinará as causas do Reino. E cuidaremos dos nossos negócios como se fossem negócios do Pai, porque de fato são!

O nosso mercado será uma incubadora de empreendedores e facilitará a realização de negócios como missão. Criaremos centenas de empregos e o faremos de forma consciente. A, nossa visão é dar oportunidade de trabalho para quem mais tem dificuldade de encontrar emprego. Isso inclui, mas não se limita a: ex-presidiários, refugiados instalados no país e os jovens que mentoreamos no D.C. Dream Center. A visão para esse quarteirão da cidade começou em um círculo de oração. Mais de duas décadas depois, a ideia está se materializando à medida que o alavancamos holisticamente para abençoar a cidade de maneiras maiores do que jamais teríamos pensado.

Um último detalhe.

Em 2018, a National Community Church recebeu uma doação de 14 milhões de dólares. Não é erro de digitação. De onde veio essa bênção? De alguém que está jogando a partida longa do jogo da doação! Esse presente veio de alguém com experiência no mundo dos negócios e coração apaixonado pelo Reino.

Posso compartilhar uma convicção crescente? O *milagre vem de dentro!* E, se não estiver ali ainda, Deus o mandará entrar porta adentro! E me permita dividir mais uma convicção: talvez devêssemos discipular mais empreendedores. Para jogar a partida longa e pensar no futuro, não devemos apenas plantar igrejas. Precisamos começar negócios focados em ser uma bênção dobrada — comércios que não só criam empregos e vendem produtos, mas também ajudam a custear as causas do Reino!

Espero que este livro ajude você a crescer na graça de dar. Se todos jogarmos a partida longa, tenho convicção absoluta de que todas as causas do Reino serão completamente custeadas. Que Deus levante a próxima geração de Lídias e Febes! Que Deus libere a generosidade e a criatividade de mil Barzilais!

Peçam-me!

Diga-me o tamanho do seu sonho, e eu lhe direi o tamanho do seu Deus. É claro que, não importa o tamanho do seu sonho, Deus é ainda maior! Temos dificuldade de acreditar que Deus nos dará *cidades*. Sabe o que é mais irônico? Ele nos oferece nações! "Pede-me, e te darei as nações como herança." (Salmos 2.8.)

Segundo as Nações Unidas, cerca de 428 mil pessoas se mudam para cidades todos os dias![5] Infelizmente, muitas igrejas estão saindo das grandes cidades enquanto as massas chegam. Um artigo recente do *Washington Post* observou que 40% dos prédios religiosos em Capitol Hill foram fechados ou reformados para uso não religioso.[6]

5 International Organization for Migration, **World Migration Report 2015:** Migrants and Cities — New Partnerships to Manage Mobility, 2015:1, <www.iom.int/sites/default/files/country/docs/syria/IOM-World-Migration-Report-2015-Overview.pdf>.

6 Boorstein, Michelle. Does a Religious Community Need Its Own Building to Flourish?, **Washington Post,** 23 de novembro de 2018, <www.washingtonpost.com/local/social-issues/does-a-religious-community-need-its-own-building-to-flourish/2018/11/23/d350ca6c-ed1d-11e8-baac-2a674e91502b_story.html?utm_term=.b3ffff5bc0c1>.

Por quê? Para ser franco, porque falhamos em encarnar o evangelho na cultura. Falhamos em buscar a paz e a prosperidade da cidade fora das quatro paredes da igreja, escondendo-nos lá dentro.

Estamos fazendo o melhor para reverter essa tendência. Conforme já destaquei, transformamos uma boca de fumo na Ebenezers Coffeehouse. Transformamos um prédio abandonado no D.C. Dream Center. E o próximo passo é transformar um quarteirão da cidade em um *campus* protótipo, um centro de desenvolvimento infantil, um mercado multiuso e um espaço de *coworking*.

Sei que alguns questionarão essa visão e perguntarão: *por quê?* É claro que fazer as coisas da forma costumeira é bem mais fácil! Mas quem continua só fazendo as coisas da forma costumeira acaba defasado, e isso se aplica às coisas do Pai. Mais uma vez, fidelidade não é impedir que a fortaleza caia, mas promover o avanço do Reino de novas maneiras! E acreditamos no seguinte: *existem maneiras de fazer igreja nas quais ninguém pensou ainda.*

Talvez uma pergunta melhor do que *por quê?* seja *por que não?*.

Nas palavras de George Bernard Shaw: "Há aqueles que veem as coisas como são e se perguntam *por quê?* Eu sonho com coisas que nunca existiram e pergunto: *por que não?*".[7]

A National Community Church é uma igreja do tipo "por que não?" e temos uma visão do tipo "por que não?". Não afirmamos ser melhores ou piores que qualquer outra igreja, mas não temos medo de ousar ser diferentes. Por quê? Porque, se você quer alcançar pessoas que ninguém mais está alcançando, precisa fazer o que ninguém mais está fazendo. Se quer alcançar pessoas que estão fora da caixa, você precisa fazer coisas fora da caixa!

De acordo com a última contagem, havia 116.607 pessoas vivendo abaixo da linha da pobreza na capital da nação.[8] Há 6.904

7 SHAW, George Bernard. **Back to Methuselah:** A Metabiological Pentateuch. New York: Brentano's, 1921. p. 6 [**Volta a Matusalém:** um pentateuco metabiológico. São Paulo: Melhoramentos, 1953].

8 "QuickFacts: District of Columbia", United States Census Bureau, <www.census.gov/quickfacts/fact/table/dc/PST045217>.

pessoas em situação de rua.[9] Existem 853 crianças e adolescentes sob os cuidados do conselho tutelar. E há 1.540 crianças fora da escola.[10] Por que conheço esses números? Porque cada número tem nome, cada nome tem história, e cada história é importante para Deus. Essas são as estatísticas que estamos tentando mudar — uma pessoa de cada vez! Por quê? Porque fomos abençoados para abençoar.

As estatísticas são a ponta do *iceberg*, mas revelam quanto estamos feridos por baixo da superfície. Você pode acrescentar outros elementos a essa mistura, como a saúde mental. E pode preencher a lacuna com base no local onde vive. Mas, não importa a sua maneira de interpretar a realidade, vivemos em um mundo ferido, cercado por pessoas em dor. Pode parecer um pouco estarrecedor, mas tenho certeza de que não é tão ruim quanto ser prisioneiro de guerra na Babilônia! A boa notícia? O Reino de Deus está vindo, e seremos seus canais de bênção.

Para alcançar pessoas que ninguém mais está alcançando, precisamos fazer o que ninguém mais está fazendo.

Buscar a paz e a prosperidade da cidade é nos posicionar de mãos e coração abertos. Nas palavras de Emma Lazarus, inscritas na Estátua da Liberdade, “Dá-me teus cansados e pobres / Tuas grandes massas que anseiam por respirar livres”.[11] Parece demais com Mateus 25, não é mesmo? Ser uma bênção maior começa aqui — vestindo o nu, alimentando o faminto e cuidando do enfermo.

Jesus disse: “O que vocês fizeram a algum dos meus menores irmãos, a mim o fizeram” (Mateus 25.40). Esse é o cerne do grande

[9] Austermuhle, Martin. D.C. Homeless Population Decreases for Second Year, but Advocates Worry Many Are Still at Risk, **WAMU**, 8 de maio de 2018, <https://wamu.org/story/18/05/08/d-c-homeless-population-decreases-second-year-advocates-worry-many-still-risk>.

[10] Breakdown of Foster Care System, **Best Kids**, <www.bestkids.org/uploads/2/7/0/6/27067547/bestkidsbrochureupdated_2019.pdf>.

[11] Lazaus, Emma. The New Colossus, **Poetry Foundation**, <www.poetyfoundation.org/poems/46550/the-new-colossus>.

mandamento e da grande comissão. É assim que jogamos a partida longa do jogo da doação!

O que você acredita que Deus fará? Tiago, irmão de Jesus, nos lembrou: "Não têm, porque não pedem" (Tiago 4.2). Cristo leva essa questão a, um novo patamar: "Peçam, e será dado; busquem, e encontrarão; batam, e a porta será aberta" (Mateus 7.7).

A bênção é sua; basta pedir! Mas a única forma de *mantê-la* é *passando-a adiante*. Nas palavras do mártir missionário Jim Elliot, "sábio é aquele que dá o que não pode reter para ganhar o que jamais poderá perder".[12] O segredo para a bênção dobrada é simples: *você a recebe quando a dá*.

Este não é um livro para ser *lido*. É um livro para ser *praticado*.

A quem você abençoará hoje? Como você abençoará essa pessoa?

Está esperando o quê?

[12] ELLIOT, Jim, citado por ELLIOT, Elisabeth. **Through Gates of Splendor**. Wheaton, IL: Tyndale, 1981. p. 172 [**Através dos portais do esplendor**. São Paulo: Vida Nova, 2010].

Epílogo
O ANO DA BÊNÇÃO

> Bendiga o SENHOR a minha alma!
> Não esqueça nenhuma de suas bênçãos!
> Salmos 103.2

Washington, D.C., é uma cidade de memoriais, museus e monumentos. Ao subir os degraus do Lincoln Memorial e se colocar à sombra do décimo sexto presidente dos Estados Unidos, a estátua grandiosa evoca emoções escondidas no mais profundo da alma. Na primeira vez em que visitei o Museu do Holocausto, precisei controlar as lágrimas. O mesmo se aplica ao Museu Nacional de História e Cultura Afro-americana. O sofrimento humano retratado nesses dois museus é palpável. E não me esquecerei de entrar na rótula do Capitólio para estender as minhas condolências pela morte de Billy Graham.

A capital da nação está salpicada de espaços e lugares sagrados. Mas não existe solo mais sacro que o Arlington National Cemetery, o lugar de repouso para mais de 400 veteranos que deram o último suspiro em devoção ao país.

No Dia dos Veteranos de 1921, o presidente Warren G. Harding presidiu uma cerimônia de sepultamento em homenagem a um dos heróis não identificados da Primeira Guerra Mundial. Os restos mortais de soldados desconhecidos da Segunda Guerra Mundial, da Guerra da Coreia e da Guerra do Vietnã têm sido depositados no Túmulo do Soldado Desconhecido. A placa ocidental diz: "Aqui jaz em glória honrosa um soldado norte-americano desconhecido de todos, menos de Deus".[1]

Desde 1937, o Túmulo dos Desconhecidos é vigiado 24 horas por dia por meio da velha guarda de elite que faz ronda ali em volta ininterruptamente, 7 dias por semana. Os guardas marcham exatamente 21 passos, param para prestar seu respeito por 21 segundos cronometrados, depois se viram e repetem essa sequência sagrada até estarem dispensados do plantão.[2] Os membros da velha guarda não usam insígnia de posição para não superar o título dos soldados Desconhecidos. Poucos rituais inspiram mais reverência do que a troca da guarda ou a cerimônia das coroas de flores em feriados nacionais.

Por que a mudança da guarda é realizada com tanta atenção aos detalhes, mesmo quando já escureceu e ninguém está vendo? A resposta é simples: o soldado desconhecido representa incontáveis homens e mulheres que pagaram um preço supremo pelo país. As bênçãos que desfrutamos todos os dias foram pagas pelo sangue, suor e lágrimas de homens e mulheres desconhecidos, bem como de seus familiares, que os perderam na linha de frente do conflito.

O que quero dizer com isso? Que cada bênção tem sua história, e isso inclui as liberdades que desfrutamos. São liberdades que não foram gratuitas! Elas chegaram até nós a um preço tremendo. E, se você não calcular esse custo, não terá contado a bênção!

Chegamos ao fim deste livro, mas mal
arranhamos a superfície das bênçãos de Deus.

[1] The Tomb of the Unknown Soldier, **Arlington National Cemetery**, <www.arlingtoncemetery.mil/Explore/Tomb-of-the-Unknown-Soldier>.

[2] Collins, Elizabeth M. The Tomb of the Unknowns, **US Army**, 26 de abril de 2010, <www.army.mil/article/38013/the_tomb_of_the_unknowns>.

Em poucas palavras, *é impossível fazer um inventário completo das bênçãos de Deus*. Ou das histórias por trás delas!
Somente a eternidade contará toda a história da bênção,
mas cada uma delas foi gerada pela bênção original.
E, quando puxamos o fio até o fim,
nunca chegamos ao fim. Há bênção eterna!

Em seu âmago, a palavra hebraica *barak* significa "abençoar aquele que abençoa você".[3] Foi ali que começamos e é para lá que vamos terminar. A maior parte das bênçãos de Deus é um mistério, e levaremos boa parte da eternidade para desvendar o fio de Ariadne. A boa notícia?

Quando estivermos lá há dez mil anos
Resplandecentes como o sol a brilhar
Não teremos menos dias para louvar a Deus
Do que no momento em que acabamos de começar.[4]

Assim como oramos em prol de necessidades expressas e não expressas, louvamos a Deus pelas bênçãos conhecidas e desconhecidas. Os israelitas inclusive ofereciam um sacrifício pelos pecados não intencionais (Números 15.22-29). Tenho medo de sermos culpados de ingratidão não intencional, mas Deus é gracioso. Para as bênçãos que não conseguimos recordar para listar no inventário, as palavras de Charles Wesley me vêm à mente:

[3] Strong's H1288 — Barak, **Blue Letter Bible**, <www.blueletterbible.org/lang/lexicon/lexicon.cfm?t=kjv&strongs=h1288>.

[4] NEWTON, John. Amazing Grace, **The Broadman Hymnal**. Nashville: Broadman, 1940, domínio público (tradução livre).

Que mil vozes cantem
Os louvores do meu grande Redentor!
As glórias do meu Deus e Rei proclamem
Os triunfos de sua graça e amor![5]

As incontáveis bênçãos que não conseguimos nem começar a catalogar, cantamos assim mesmo!

Período de carência

Em 1996, Lora e eu herdamos um grupo base de 19 pessoas e começamos a pastorear a National Community Church. Aqueles primeiros anos não fora. nada fáceis. Demorou três anos até a igreja conseguir se sustentar. Levou cinco anos até ter 250 pessoas. Não foi fácil nem rápido. Mas eu não queria que tivesse sido de nenhuma outra maneira! Ao olhar para trás, chamo aqueles cinco primeiros de plantio da igreja de *período de carência.*

Na lei, o período de carência é quando determinada regra não se aplica. Nas finanças pessoais, significa ser liberado de uma taxa de atraso mesmo depois de perder um vencimento. Na política, é uma medida extra de boa vontade no início de um novo mandato.

Espiritualmente falando, o período de carência acontece quando Deus não lhe dá o que você quer na hora em que você quer. Por quê? Porque você ainda não está pronto para receber. É assim que as bênçãos acabam como tiros que saem pela culatra! Bons pais não dão aos filhos tudo o que eles pedem.

Ao longo daqueles cinco primeiros anos de plantio de igreja, aprendi que Deus precisava que eu *crescesse* antes que nossa igreja pudesse crescer. á ouviu falar que Deus não manda provação maior do que você é capaz de suportar (1Coríntios 10.13)? Bem, Deus também

5 WESLEY, Charles. **O for a Thousand Tongues to Sing**, 1739, domínio público (tradução livre).

não o abençoa além do seu nível de maturidade espiritual. Ele o ama demais para isso!

As bênçãos de Deus vêm na sequência perfeita e requerem grande paciência da nossa parte. Nesse processo, porém, nós nos tornamos mais semelhantes a Cristo. A boa notícia? Se você chegou até o epílogo, provavelmente tem o tipo de paciência que Deus pode abençoar! O que quero dizer com isso? Vivemos no período de carência, cada um de nós! Sem dúvida, há bênçãos que você já recebeu, pelas quais é eternamente grato. Mas não é inspirador saber que Deus está preparando *bênçãos para você, e você para as bênçãos*? E preciso acrescentar: *ele está preparando bênçãos além da sua habilidade de pedir ou pensar*!

As bênçãos de Deus vêm na sequência perfeita e requerem grande paciência da nossa parte.

Vale

No mundo do empreendedorismo, muitos novos negócios passam por uma queda acentuada de diversos reveses nas etapas iniciais, uma espécie de *vale*. É praticamente inevitável. E aquilo que acontece no mundo dos negócios também costuma valer para a vida. Até mesmo Jesus passou por um vale. Dá para chamar quarenta dias no deserto sendo tentado pelo Diabo de alguma outra coisa (Lucas 4.1-12)? Mas Cristo saiu daquele período de prova com unção e bênção maiores.

Quase todo casamento que eu conheço passa por um vale. Assim como os sonhos e a fé. Se você estiver no vale agora, acredito que há bênção do outro lado!

Quando Jesus saiu dos quarenta dias de vale, voltou para sua cidade natal. No sábado, pegou o rolo de Isaías e começou a ler:

> O Espírito do Senhor está sobre mim,
> porque ele me ungiu
> para pregar boas-novas aos pobres.

> Ele me enviou para proclamar liberdade aos presos
> e recuperação da vista aos cegos,
> para libertar os oprimidos
> e proclamar o ano da graça do Senhor (v. 18,19).

O que aconteceu em seguida? Jesus fechou o rolo e o entregou ao jovem no altar. Então, disse: "Hoje se cumpriu a Escritura que vocês acabaram de ouvir" (v. 21). O que ele falou foi chocante, sem dúvida! Mas tão chocante quanto suas palavras foi o que ele *não* disse! O público sabia de cor a profecia de Isaías, por isso tinha consciência de que ele havia parado a leitura no meio de uma frase.

Após "proclamar o ano da bondade do Senhor", Isaías declarou "o dia da vingança do nosso Deus" (Isaías 61.2). Mas Jesus não fez o mesmo. A pergunta, então, é: por que não? Em poucas palavras, Jesus não veio condenar o mundo (João 3.17). Ele veio salvá-lo do pecado, e isso inclui salvar você. Você tem a *abençoada segurança* da salvação?

> É tão fácil quanto abrir um presente, mas você precisa aceitá-lo. Aos que o receberam, aos que creram em seu nome, deu-lhes o direito de se tornarem filhos de Deus. (João 1.12)

> " 'Eu o ouvi no tempo favorável e o socorri no dia da salvação.' Digo que agora é o tempo favorável, agora é o dia da salvação!" (2Coríntios 6.2)

Antes de você começar a leitura deste livro, orei pedindo a Deus que isso desse início a uma nova fase de bênçãos em sua vida. Posso elevar o nível? Que este livro seja o marco do ano do favor do Senhor, o ano da bênção!

Nostalgia de Deus

Há cem anos, uma dupla de ornitólogos ingleses pegou alguns pássaros do ninho na ilha de Skokholm, na costa do País de Gales. Eles colocaram uma identificação nos pássaros e os transportaram para vários lugares distantes de onde haviam nascido. Então, os soltaram para ver se as aves encontrariam seu lar.

Um dos pássaros foi de avião para Veneza. A despeito da distância tremenda, de cerca de 1.600 quilômetros, e apesar de essa espécie de pássaro não ser encontrada na região de Veneza, a ave conseguiu voltar para casa voando por um caminho que jamais havia percorrido — em pouco mais de 341 horas! O experimento foi repetido com distâncias maiores. Dois pássaros foram transportados em uma caixa fechada para Londres. De lá, foram de avião para Boston. Somente um deles sobreviveu à viagem. O único sobrevivente, o pássaro número AX6587, voou através do oceano Atlântico e conseguiu retornar ao ninho da mãe em 12 dias e 12 horas![6]

Muito impressionante, não é mesmo? Até mesmo os ornitólogos ficam surpresos com essa capacidade natural chamada de instinto de retorno ao lar. É a capacidade inerente a certos animais de encontrar o caminho de casa, passando por grandes distâncias, mesmo ao percorrer terreno não familiar.

Há um instinto semelhante intrínseco à alma humana — o anseio de ser abençoado por Deus. Por quê? Porque essa é a nossa memória mais antiga! Nas palavras de Agostinho, "Tu nos fizeste para ti, e o nosso coração só encontra descanso quando repousa em ti".[7] O filósofo francês do século XVII Blaise Pascal se referiu a isso como "o vazio no formato de Deus". E o papa Francisco o chamou de "nostalgia por Deus".[8]

Só podemos alcançar a medida plena do nosso
potencial ou a medida plena de significado na vida em Deus.
Por quê? Porque em nós está impressa sua imagem.
É do ninho dele que nós viemos.
Foi ele quem nos abençoou no princípio.

6 HEINRICH, Bernd. **The Homing Instinct:** Meaning & Mystery in Animal Migration. New York: Houghton Mifflin Harcourt, 2014. p. 67-68.

7 AUGUSTINE, **Confessions**. Trad. Henry Chadwick. New York: Oxford University Press, 1991. p. 3 [AGOSTINHO. **Confissões**. São Paulo: Paulus, 2002].

8 FRANCIS. **The Name of God Is Mercy**. Trad. Oonagh Stransky. New York: Random House, 2016. p. 68.

Você se lembra do filho pródigo? Creio que foi nostalgia de Deus, uma saudade santa do lar, que abalou sua memória e voltou seu coração para o lar. O pródigo que havia desonrado o pai agora buscava sua bênção. E assim devemos fazer. Se este livro ajudar você a encontrar o caminho de volta para Deus, cumpriu seu propósito. Que você encontre fé com a sua digital exclusiva.

O pródigo estava muito longe de casa, mas não tão longe que a graça de Deus não o pudesse trazer de volta. E, quando o fez, ele encontrou o pai observando e aguardando seu retorno. Você também encontrará! O pai correu até o filho com os braços escancarados. Então, fez uma festa, bem maior do que três minutos! Ele celebrou o filho, e Deus fará o mesmo por você. Seu antigo instinto não mudou. Não há nada que Deus queira mais do que lhe dar toda a sua bênção.

Deus quer abençoar você além da sua habilidade de pedir ou pensar. É verdade, eu disse mais uma vez! Mas agora você já conhece o segredo da bênção dobrada: *você a recebe quando dá.*

Conte as suas bênçãos.
Passe-as adiante.
Repita tanto quanto possível!

AGRADECIMENTOS

Tantas pessoas investiram tempo, talento e dinheiro neste livro! Agradeço a toda a equipe da WaterBrook e Multnomah! É preciso o trabalho de um time inteiro para realizar um trabalho excepcional. Gratidão especial a Tina, Andrew, Campbell, Chris e Brett pela visão que tiveram para este livro! Obrigado a Andrew, Helen, Abby, Kayla e Dan pelos olhos de águia na edição! A atenção que vocês demonstram aos detalhes fizeram enorme diferença! Obrigado a Laura, Lori, Jennifer, Ericka, Ginia, Mark e tantos outros cujas digitais se encontram espalhadas por todo este livro.

Um agradecimento especial à minha agente, Ester Fedorkevich, bem como a Whitney e toda a equipe da agência FEDD!

Sou extraordinariamente grato pelo privilégio de pastorear a National Community Church, em Washington, D.C. Gratidão especial à nossa liderança executiva — Joel, Jim e Heather; à nossa equipe de mordomia — Sarah, Heather e Brian; bem como aos nossos funcionários, líderes, voluntários e membros.

Obrigado a todos que têm sido modelo de um estilo de vida de bênção dobrada — vocês sabem quem são!

Por fim, a maior alegria da minha vida é ser marido de Lora e pai dos nossos filhos, Parker, Summer e Josiah. Obrigado por me permitirem compartilhar dois dos nossos valores familiares — gratidão e generosidade — com os leitores deste livro.

Esta obra foi composta em *Arno Pro*
e impressa por Promove Artes Gráficas sobre papel
Offset 70 g/m² para Editora Vida.